AF537644

Helmut Hollenstein

Glaubensheiterkeit
oder
Die Weisheit des Lassens

Wittgensteiner Predigten und Vorträge

Herausgegeben von
Marco Hofheinz und Ulf Lückel

Luther-Verlag

Bibliographische Information der Deutschen Nationalbibliothek

Die Deutsche Nationalbibliothek verzeichnet diese Publikation in der Deutschen Nationalbibliographie; detaillierte bibliographische Daten sind im Internet über http://dnb.d-nb.de abrufbar.

ISBN: 978-3-7858-0893-1

Umschlagfotos: Umschlag v.: Pfarrer Dr. theol. Helmut Hollenstein
(Foto: M. Ernst, Berlin)
Umschlag Rückseite: Ev.-ref. Kirche in Diedenshausen
(Foto: St. Völkel, Bad Berleburg (Wittgensteiner Heimatverein e.V.)
Satz und Umschlaggestaltung: Luther-Verlag GmbH, Bielefeld
Druck und Bindung: Rudolph Druck GmbH & Co. KG, Schweinfurt
Printed in Germany

INHALT

VORWORT

Im Frühjahr 1978 wurde ich von Superintendent Reinhard Henrich in Bad Laasphe ordiniert. Das heißt, kurz gesagt, ich wurde beauftragt, die frohe Botschaft unter die Menschen zu bringen. Ein Freund gratulierte mir damals und erinnerte mich daran, dass ein Prediger im Neuen Testament „Mitarbeiter der Freude" (2Kor 1,24) genannt wird. Eine Predigt vorbereiten heiße demnach, Freude vorbereiten und der Prediger selbst werde damit in die kommende Freude hineingezogen. Er wünschte mir, dass mir diese Freude und die Lust zu predigen in meinem Dienst erhalten bliebe. Nun liegt der Grund dieser Freude nicht bei mir, sondern darin, dass Gott zur Welt gekommen ist: „Siehe, ich verkündige euch große Freude …" (Lk 2,10). Diese Botschaft habe ich selbst über viele Jahre immer wieder neu hören und weitergeben dürfen und dafür bin ich heute sehr dankbar.

Der vorliegende Sammelband enthält Predigten, Andachten und Gemeindevorträge. Die Predigten habe ich überwiegend in der Lukas-Kirchengemeinde im Elsoff- und Edertal gehalten, insbesondere in der früheren Kirchengemeinde Wunderthausen-Diedenshausen. Gerade in den letzten Jahren gab es eine längere Vakanz in der Gemeinde, so dass ich ehrenamtlich und vertretungsweise Gottesdienste übernommen habe. Daneben habe ich einige Gastpredigten zu Jubiläen in den Wittgensteiner Nachbargemeinden Berleburg, Laasphe und Erndtebrück in die Sammlung aufgenommen. Die Gemeindevorträge habe ich meistens im Frauenabendkreis Berleburg und in der Landeskirchlichen Gemeinschaft Erntebrück gehalten. Die theologischen Klassiker Luther, Comenius, Kierkegaard, Buber und Bonhoeffer gehörten neben anderen zu meinen geschichtlichen Gesprächspartnern, die mich auf meinem theologischen Weg impulsgebend begleitet haben. In der Regel habe ich in den Vorträgen bewusst zugunsten der besseren Lesbarkeit auf Anmerkungen und den wissenschaftlichen Apparat verzichtet.

Es war für mich – aus heutiger Sicht sage ich das umso nachdrücklicher – eine glückliche Fügung, 1982 in eine überschaubare Gemeinde mit etwa tausend Gemeindegliedern gewählt zu werden. Nicht zuletzt durch zahlreiche Hausbesuche lernte ich die Gemeinde, ihre Geschichte, Tradition und Mentalität kennen und konnte mit der Zeit eine Art Erdung und Empathie für die Gemeinde entwickeln. Da ich mit meiner Familie vor Ort im Pfarrhaus wohnte, meine Frau als Lehrerin in der Grundschule am Ort unterrichtete und unsere Kinder mit ihren Freundinnen und Freunden in den Häusern spielten, ergab sich wie von selbst eine vielfadige, lebendige Vernetzung mit der Gemeinde. Wir hielten Kontakt zu vier Generationen von Pfarrfamilien, die vor uns das Pfarrhaus bewohnten. Durch regen Austausch mit meinen Amtsvorgängern, vor allem mit Karl Halaski, lernte ich deren Vorarbeit schätzen und konnte darauf aufbauen. Diese Vertrautheit mit der Gemeinde und ihrer Geschichte half mir auch bei der Predigtarbeit, die Hörerin und den Hörer im Predigt-Text zu entdecken. Aus diesem Grund möchte ich der früheren Kirchengemeinde Wunderthausen-Diedenshausen, in der wir uns wohl gefühlt haben, diesen Predigtband widmen.

Prof. Dr. Marco Hofheinz (früher Feudingen; heute: Leibniz Universität Hannover) und Pastor Dr. Ulf Lückel (früher Girkhausen; heute: Kloster Amelungsborn) haben nicht nur die Herausgabe des Buches übernommen, sie haben seine Entstehung initiiert und sie von Anfang an mit Rat und Tat begleitet – bis hin zu ihrem Geleitwort, in dem sie an unsere ersten Begegnungen in Wittgensteiner Gemeinden und unsere langjährige Weggemeinschaft erinnern. Für ihre zuvorkommende und unermüdliche Hilfe möchte ich mich hier herzlich bedanken.

Pfingsten 2024 *Helmut Hollenstein*

SCHRIFTSCHÜLERSCHAFT, GLAUBENSHEITERKEIT UND DIE WEISHEIT DES LASSENS

Ein Geleitwort zu Helmut Hollensteins Wittgensteiner Predigten und Vorträgen

Marco Hofheinz und Ulf Lückel

Es ist uns eine große Freude und auch Ehre, diesen Band herausgeben zu dürfen. Das hat primär mit seinem Verfasser zu tun: Helmut Hollenstein. Er beeindruckte uns beide bereits als Jugendliche und stand uns bei unserer eigenen Berufswahl durchaus als nachahmenswertes Beispiel vor Augen. Ohne es damals so benennen zu können, spürten wir doch: Hier kommt etwas zusammen, was zusammengehört – hier verbindet sich das Feuer des gläubigen Herzens mit der Kraft des klaren Denkens; eines Denkens, das – vor allem altsprachlich inspiriert – begrifflich auf den Punkt gebracht wird. Aus dem Nähkästchen geplaudert: Wenn wir uns im Theologiestudium zu dem nicht immer ganz leichten Erlernen des Hebräischen und Griechischen motivieren mussten, zum Vokabellernen, Übersetzen und Grammatikbimsen, dann stand uns die Leichtigkeit vor Augen, mit der Helmut immer wieder auf die alten Sprachen zurückgriff und sie lebendig werden ließ.

Sehr gerne erinnern wir uns auch zurück an Wittgensteiner Gemeindeveranstaltungen mit ihm, in denen Kirche für uns zu einem unvergesslichen Bildungserlebnis wurde. Ulf denkt u.a. an großartige gemeinsame Reisen nach Herrnhut und Dresden zurück, aber auch an eine Exkursion „auf den Spuren der Schwabenväter" nach Württemberg, die Helmut als Leiter des Schulreferats glänzend organisierte. Auch mancher Gottesdienst wurde zusammen gestaltet – mit Helmut als Prediger und Ulf an der Orgel. Für Marco war und ist Helmut ein treuer theologischer Begleiter, der alle seine Schritte von Schülertagen an bis zur Professur aufmerksam verfolgte und heute noch nahezu jede seiner Publikationen liest und kommentiert.

Die herzliche und freundschaftliche Verbindung zwischen Helmut und uns ist nun bereits über 30 Jahre alt und umso mehr freuen wir uns, dass es uns gelungen ist, Helmut zu diesem Band zu überreden. Eine kleine Indiskretion am Rande: Er selbst war, wie nicht anders zu erwarten, zunächst etwas zögerlich und zaudernd, was die Qualität seiner „Wittgensteiner Predigten und Vorträge“ betrifft. Auch das kennen alle, die ihn kennen. Unser Zuspruch, diesen Band zu wagen, scheint ihm gutgetan und ihn ermutigt zu haben, was uns sehr freut. Jedenfalls gehen die Konzipierung und Ausgestaltung des vorliegenden Buches bis ins Detail ganz auf ihn zurück.

„Der ist ein ganz belesenes und schlaues Haus“ – solche Reaktionen löst man in unserer gemeinsamen Wittgensteiner Heimat, aber auch im benachbarten Siegerland (Helmut stammt aus Hilchenbach) aus, wenn auf ihn die Rede kommt. Das ist im bäuerlich-handwerklichen Milieu unserer Heimat mit ihrem ganz eigenen Idiom durchaus als ein Kompliment zu verstehen, das ungleich mehr Wertschätzung als Distanz zum Ausdruck bringt. In der Tat, Helmuts breite Belesenheit und Intellektualität hat etwas stark Affizierendes an sich. Doch vor allem die Ernsthaftigkeit und Seriosität, mit der er das, was man „theologische Existenz“ nennt, verkörpert, nötigt uns höchsten Respekt ab. Dieser Respekt ist haltungsbezogen gepaart mit Bewunderung für all die Charismen, die er mitbringt. Das Maß, in dem er mit „Gnadengaben“ bedacht wurde, mögen Neidende als ungerecht empfinden. Die Anfechtung der Eitelkeit weiß er mit dem paulinischen Ethos zu parieren, nämlich einem seiner biblischen Lieblingsverse: „Was hast du, das du nicht empfangen hast“ (1Kor 4,8).

Von Helmuts Charisma als Prediger und Lehrer zeugt auch die vorliegende Sammlung, insbesondere von seiner Fähigkeit, deren ordnende Gattungen Predigt und Vortrag unterscheiden zu können und zwar im praktischen Vollzug von beiden. Seine theologische Kompetenz ist unbestritten. Sie findet ihre Ausdrucksform in immer neuen geistreichen sprachlichen Variationen. Helmut ist nicht nur ein geschickter Wortakrobat, sondern auch ein geschulter Begriffsarchäologe. Mit dem humanistischen Impetus eines Altphilologen wendet er sich dem biblischen Text zu und all jenen Quellen, die er aus mehr aus 3.000 Jahren Geistesgeschichte als dessen Referenzgrößen zu erschließen vermag. Die Tiefe seiner etymologischen Bohrungen ist ebenso beeindruckend wie die Weite seines intellektuellen Horizonts, der vielfältigste Traditionen aus Geistes- und Kulturgeschichte zu Achsenzeiten verschmelzen lässt. Es ist erstaunlich, was alles bei ihm einander beigesellt und synchron geführt wird: natürlich Bibel, Gesangbuch und Heidelberger Katechismus in üppigstem Maße, daneben aber auch über die theologischen Disziplinen hinaus Beispiele aus Philosophie,

Psychologie, Pädagogik, Literatur und nicht zuletzt seiner eigenen pastoralen Praxis. Immer wieder versteht er es, in seinen Predigten mit geistlichen und weltlichen Beispielen („exempla sacra et profana" – so Johannes Althusius) aufzuwarten, ja zu „demonstrieren".

Was dabei entsteht, ist weitaus mehr als eine Zitatanthologie, ein Florilegium an Geistreichem oder ein Klangteppich aus Intellektualitäten. Nein, seine Bezugsquellen haben „Zubringerfunktion", d.h. sie referieren auf das biblische Zeugnis, um dessen Erschließung es ihm geht. Dabei ist seinem theologischen Selbstverständnis nach nicht etwa er es, der als Lehrer die Schrift erschließt, sondern vielmehr ist es umgekehrt die Schrift, die sich als Subjekt (und nicht als Objekt!) uns erschließt. Der von Helmut sehr geschätzte Theologe Karl Barth (1886–1968) pflegte mit Blick auf die Bibel zu betonen: *Tua res agitur* – frei übersetzt: Hier wird unsere Sache verhandelt, hier steht von uns geschrieben. Hintergrund bildet die hermeneutische Überzeugung: Wir befinden uns gewissermaßen im Bibeltext. Es ist diese Intratextualität, die Helmut zur Sprache bringt.

Mit anderen Worten: Es geht ihm darum zu zeigen, wie wir uns in der Bibel wiederentdecken können und sie unsere Geschichte erzählt. Dass wir selbst mit unserem kleinen Leben mit seinen Sorgen, aber auch seinen Freuden Teil der großen „story" Gottes mit dieser Welt sind, davon ist er überzeugt. Wo Menschen diese Sicht auf ihr Leben und auf diese Welt geschenkt wird, da wird das Wort Gottes Ereignis, da hören sie es. In seinem berühmten Aarauer Vortrag „Biblische Fragen, Einsichten und Ausblicke" (1920) hat Barth es auf den Punkt gebracht: „Es kann sich ja eigentlich gar nicht fragen: Was bietet die Bibel? *Sie* hat schon geboten, unsre ganze Erkenntnis *lebt* von Erkenntnis Gottes. Wir sind nicht draußen, sondern drinnen. Erkenntnis Gottes ist nicht eine Möglichkeit, mit der wir es zur Deutung des Weltgeschehens versuchen oder allenfalls auch *nicht* versuchen können, sondern die Voraussetzung, von der belehrt oder halbbelehrt oder unbelehrt immer schon herkommen bei all unsern Deutungsversuchen" (Karl Barth GA III/48, 667).

An dieser Umkehr der vermeintlichen Subjektstellung ist auch Helmut Hollenstein gelegen. Er versteht sich als Prediger und Lehrer mit dem Reformator Johannes Calvin als „discipulus scripturae" (Inst. [1559], I,6,2), als Schüler der Schrift. Weil der Glaube aus der „Höre" kommt (Röm 10,17), ist auch, was das Schüler- und Lehrer-Verhältnis betrifft, unsere Rolle im Blick auf die Heilige Schrift festgelegt. Helmut weiß darum und versucht, seiner Schülerschaft – genauer: dem Wort in den Wörtern – mit dem ihm eigenen theologischen Ausdrucksvermögen Zeugnis zu verleihen. In diesem Sinne sind die vorliegenden Beiträge nicht einfach nur das Zeugnis eines höchst aktiven Ruhestandes, sondern genauer noch: eines theologischen Lehrers, der im Hören auf die Heilige Schrift als einer Gestalt des Wortes Gottes selbst nicht ausgelernt hat.

Helmut Hollenstein ist höchst engagiert seinen Weg in seinem Wunderthäuser Gemeinde- und dann seinem Wittgensteiner Schulpfarramt gegangen. Beide Ämter lebte er in jenem „Rückzug" in die Schrift, in dem sich die Weite der Welt öffnet und in ihrer Offenheit zum Engagement befreit. Kennzeichnend für sein Tun waren dabei zwei Haltungen, die im Doppeltitel dieses Bandes zur Sprache kommen, den Helmut selbst gewählt hat: Glaubensheiterkeit und die Weisheit des Lassens. Beide Titel verdienen eine kurze Erläuterung. Dazu bedienen wir uns gerne pietistischer bzw. erwecklicher Hilfestellung, wie sie ja auch Helmut seit Kindertagen vertraut ist, wurde er doch – wie so viele Siegerländer*innen und Wittgensteiner*innen (auch wir beiden, Ulf und Marco) – in Kirche und Vereinshaus, also mit EKG und „Reichs-Liedern", groß.

Stichwort „Glaubensheiterkeit": Der niedersächsische Erweckungstheologe und Dichter Philipp Spitta (1801–1859) kreierte diese Wortbildung, als er den Vers reimte: „In dem rasenden Getümmel / schenk uns Glaubensheiterkeit" (EG 137,8). Eberhard Busch führt dazu aus, dass dieser ein Doppeltes zur Sprache bringt:

> „Einmal: Echte ‚Glaubensheiterkeit' ist nicht zu verwechseln mit einer leichtfertigen, gedankenlosen Lebenshaltung, die blind wäre für das ‚rasende Getümmel', blind für die Last und das Abgründige des Lebens. Der Glaube sieht nicht darüber hinweg, aber er glaubt sich gerade darin geliebt, getragen, geführt. Er übersieht nicht das Finstere, aber er übersieht vor allem Gott nicht. Und er weiß damit um ein Licht, das über dem Dunkel leuchtet und das ‚mit seinem hellen Schein vertreibt die Finsternis'. Darum kann er auch im ‚rasenden Getümmel' heiter sein. Darum kann er gar nicht glauben außer in Glaubensheiterkeit.
>
> Zum anderen: Solche Glaubensheiterkeit versteht sich nicht von selbst. Sie ist nicht die natürliche Habe der Lebenslustigen, die dann notwendig den Schwerlebigen fehlen müsste. Sie ist auch nicht logische Schlussfolgerung aus der allzu vernünftigen oder auch allzu verzweifelten Überlegung, es sei vielleicht auch alles nur als halb so schlimm anzusehen. Sie ist vielmehr

> erbetene und sie ist geschenkte Glaubensheiterkeit. Auch der Lebenslustige muss darum bitten. Auch der Schwerlebige betet nicht umsonst darum. Sie ist, in der Vorläufigkeit unseres jetzigen, bedrängten Lebens, Gottes schönste Gabe. Sie ist, inmitten all es ‚rasenden Getümmels', die Morgenröte und der Frühtau des Ewigen."[1]

Bei dieser Charakterisierung der Glaubensheiterkeit treten ohne Zweifel auch Charakteristika des Denkens und Wirkens Helmut Hollensteins in Erscheinung.

Stichwort „Weisheit des Lassens": Wer die Beiträge des vorliegenden Bandes liest, wird sehr schnell merken: Hier ist kein Prediger des Verzichts am Werk, der Wasser statt Wein predigt und mit der geforderten „innerweltlichen Askese" das einzuüben pflegt, was Max Weber zum Kennzeichen des Calvinismus erhoben hat. Nein, es geht ihnen um ein spezifisches Lassens, das der von Helmut geschätzte reformiert-pietistische Mystiker vom Niederrhein Gerhard Tersteegen (1697–1769) in seinem Lied „Gott ist gegenwärtig" so trefflich auf den Punkt gebracht hat: „Wie die zarten Blumen / willig sich entfalten / und der Sonne stille halten, / lass mich so / still und froh / deine Strahlen fassen / und dich wirken lassen" (EG 165,6).

Gott wirken zu lassen – das ist die Pointe der Weisheit des Lassens. Mit Bedacht wählt Tersteegen die Sprachform des sog. Tolerativs. Diese Sprachform bezieht sich auf einen grammatikalischen Fall, der anzeigt, dass etwas erlaubt oder geduldet wird. Tersteegen gebraucht den Tolerativ „wirken lassen", um den Anteil des menschlichen Handelns am gelingenden Tun in rechter Weise zu dimensionieren. Es geht weder um den trägen Handlungsverzicht noch um ein vollmundig-überschießendes „Das machen wir alles selbst!". Beides würde den eigenen Kräften nicht gerecht. Nein, es geht um ein Einstimmen in Gottes vorlaufendes Tun, um ein menschliches Gelten-Lassen seines Tuns. Der Tolerativ ist der spezifische Modus eines genuin weisheitlichen Handelns. Es ist passiv und aktiv zugleich:

a) Passiv darin, dass Gottes Tun die Initiative hat und behält, allem menschlichen Tun vorausgeht und dieses überhaupt erst ermöglicht. Übrigens: Weil an Gottes vorauseilendem Handeln, seiner „vorlaufenden Gnade" (*gratia praeveniens*) alles gelegen ist, darum wird die Furcht des Herrn biblisch als An-

1 Eberhard Busch, Karl Barth, Erfahrungen und Begegnungen, Neukirchen-Vluyn [5]1987, 7f.

fang der Weisheit identifiziert (Spr 9,10): „Der Weisheit Anfang ist die Furcht des Herrn." So lautet der Grundsatz der Weisheit Israels (vgl. Spr 1,7; 15,33; Ps 111,10; Hi 28,28, Sir 1). Die Furcht ist gewissermaßen der menschliche Reflex, in welchem die Anerkennung der *gratia praeveniens* erfolgt.

b) Zugleich ist ein Handeln im Modus des Tolerativs höchst aktiv, denn es antwortet auf Gottes vorauseilendes Tun und zwar in rechter Weise, indem es zur rechten Zeit erfolgt, dann nämlich, wenn Gott zuvor gehandelt und der Mensch Wegweisung und Orientierung empfangen hat. Ein solches Tun ist nicht voreilig, es prescht nicht vor, es erfolgt aber umso entschlossener, nachdem Gott das Seine zum Gelingen getan hat. Es ist höchst aktiv darin, dass es sich in seinem Vollzug von Gottes anfänglichem und dann auch begleitendem Handeln geleiten lässt.

Die Weisheit des Lassens, die Helmut Hollenstein als Motiv titelgebend verwandt hat, umschreibt somit präzise die Haltung, in der *vita passiva* und *vita activa* übereinstimmen. Maria und Marta kommen beide, wohlgemerkt in dieser Reihenfolge, zu ihrem Recht (Lk 10,38–42).

Abschließend dürfen wir all denjenigen danken, die das Erscheinen von Helmut Hollensteins „Wittgensteiner Predigten und Vorträgen" ermöglicht haben. Für großzügige Spenden danken wir sehr Dr. Johannes Burkardt und der Lukasgemeinde im Elsoff- und Edertal. Wir danken auch dem Wittgensteiner Heimatverein für die verdienstvolle Bewerbung dieses Bandes. Danken möchten wir auch den Mitarbeitern am Lehrstuhl für Systematische Theologie der Leibniz Universität Hannover, an der wir beide lehren. Namentlich seien Dr. Kai-Ole Eberhardt und Dr. Jan-Philip Tegtmeier genannt. Ebenso danken wir auch Prof. Dr. Georg Plasger (Universität Siegen), der den Kontakt zum Luther-Verlag herstellte. Für die verlegerische Betreuung danken wir herzlich Herrn Hans Möhler. Zuletzt möchten wir nochmals Helmut Hollenstein selbst danken, der uns als Herausgebern seine „Wittgensteiner Predigten und Vorträge" zur Verfügung stellte, uns ein hohes Maß an Vertrauen entgegenbrachte und uns bei unserer herausgeberischen Tätigkeit tatkräftig unterstützte.

Sein wie auch unser Wunsch ist es, dass die Glaubensheiterkeit und die Weisheit des Lassens auch die Lesenden anstecken und diesen Band begleiten und geleiten möge.

Hagenburg am Steinhuder Meer und Kloster Amelungsborn,
Pfingsten 2024 *Marco Hofheinz und Ulf Lückel*

I.

DIE GROSSE FREUDE: IHRE DYNAMIK UND KREATIVITÄT

DIE ETWAS ANDERE FREUDE

Predigt zu Philipper 4,4-7
am 3. Advent 2021
in der Dorfkirche zu Wunderthausen

„Freuet euch in dem Herrn allewege, und abermals sage ich: Freuet euch! Eure Güte (Lindigkeit) lasst kund sein allen Menschen! Der Herr ist nahe! Sorgt euch um nichts, sondern in allen Dingen lasst eure Bitten in Gebet und Flehen mit Danksagung vor Gott kundwerden! Und der Friede Gottes, der höher ist als alle Vernunft, bewahre eure Herzen und Sinne in Christus Jesus." (Phil 4,4–7)

Liebe Gemeinde,

kürzlich erhielten die kirchlichen Mitarbeiterinnen und Mitarbeiter der westfälischen Landeskirche einen Weihnachtsgruß von Frau Präses Annette Kurschus. Ihr Wunsch hat mich zunächst ein wenig verblüfft: „Lassen wir uns den Kopf verdrehen! Das wünscht Ihnen für den Advent und die Weihnachtstage: Annette Kurschus". Um diesen merkwürdigen Wunsch zu verstehen, musste ich mir noch einmal das Bild auf der Frontseite der Doppelkarte anschauen. Da war nämlich ein fröhliches, ja lustiges Weihnachtsbild von dem italienischen Maler Botticelli abgedruckt. Die heilige Familie mit dem Jesuskind in der Mitte. Bunte Engel tanzten fröhlich um Stall und Krippe Reigen: weiße Engel des Glaubens, grüne der Hoffnung und rote der Liebe. Aber am Rande des Bildes gab es auch unheimliche, böse Gestalten, bedrohliche Tiere, die sich aber angesichts des fröhlichen Treibens aus dem Staub machten. Das also wünscht uns Frau Kurschus: Unsere Welt ist voll mit Leid und Leiden, mit schwersten Krisen und Katastrophen, die Klimaveränderung, die Epidemie, der weltweite Hunger und die Migration ... Aber gerade in dieser schmerzlichen und schwierigen Zeit: Schaut hin! Der Heiland ist geboren! Lasst euch von dem Singen und Feiern, dem ungetrübten Jubeln und Umarmen der Engel berühren. Lasst euch vom Weihnachtsgeschehen den Kopf verdrehen!

Es fällt sofort ins Auge! Ganz ähnlich und doch anders klingen die Worte des Apostels Paulus: Freuet euch im Herrn! Ja, noch mehr, freuet euch allewege, allezeit. Dieser Ruf zur Freude gehört unbedingt zum Advent. Er hat sogar diesem Sonntag den Namen gegeben, der 3. Advent heißt Gaudete-Sonntag, *gaudete*: Freuet euch! Welchen Grund hat denn Paulus für seine überbordende Freude? Für ihn steht ja nicht Weihnachten vor der Tür, er sagt vielmehr: Der Herr ist nahe!

Es ist fast so, wie damals in Athen. Die antike Stadt stand im Krieg mit den Persern, die in großer Übermacht, zahlenmäßig weit überlegen, Athen bedrohten. Die Stimmung war gedrückt, fast aussichtslos. Da kommt der Läufer von Marathon, atemlos stößt er hervor: Wir haben gesiegt! Diese Siegesbotschaft löste einen unvorstellbaren Jubel in Athen aus. Die Menschen lagen sich in den Armen, waren wie verwandelt. Unbeschreibliche Freude griff um sich.

Ähnlich, aber nicht martialisch tönt die paulinische Freudenbotschaft: Freuet euch allewege! Denn der Herr ist nahe! Was das heißt? Paulus reißt gewissermaßen Fenster und Türen auf, hinter denen Zweifel, Angst und Sorgen sitzen, und ruft seinen Freunden in der römischen Kolonie Philippi zu: „Freut euch! Der Sieger steht vor der Tür!"

Ich will es mit dem kraftvollen Bild aus Psalm 130 sagen: „Meine Seele wartet auf den Herrn mehr als die Wächter auf den Morgen" (Ps 130,6). Wie die Wächter wissen, dass der Morgen kommt und die Morgenröte bald sichtbar wird, so soll auch die Gemeinde zu Philippi wachen, wachsam und in großer Vorfreude sein. Denn der Herr des Hauses kommt und klopft an der Tür, um einzutreten. Mag sich Paulus auch über den Zeitpunkt der Ankunft seines Herrn getäuscht haben, die Erwartung seiner Nähe bleibt. Denn damals wie heute möchte er mit uns reden, trösten, aufrichten, in einer innigen Lebensgemeinschaft uns begleiten, in unserem Lebenshaus Raum greifen und wohnen. Immer wieder findet man im Neuen Testament diesen sehnsüchtigen, adventlichen Ruf: „Ja, komm, Herr Jesus" (z.B. Offb 22,30)! So wie wir es gleich in dem Adventslied singen werden: „Komm, o mein Heiland Jesu Christ, meins Herzenstür dir offen ist. Ach zieh mit deiner Gnade ein, dein Freundlichkeit auch uns erschein. Dein Heilger

Geist uns führ und leit den Weg zur ewgen Seligkeit […]" (EG 1,5) – das Lied bleibender Naherwartung unseres Herrn.

Verweilen wir noch einen Augenblick bei der Freude! Die adventliche oder weihnachtliche Freude ist ja eine ganz besondere innere, stille Freude. Sie äußert sich nicht unbedingt in guter Laune oder ausgelassener Fröhlichkeit. Der römische Philosoph Seneca hat einmal bemerkt: Glaube nicht, dass jeder, der lacht, sich auch freut. Seneca kannte die Allüren und Launen der römischen Kaiser gut. Er war der Erzieher des Kaisers Nero. Er wusste, dass sich die Kaiser zu ihrem *Amusement* Hofnarren hielten, die kurzweilig Späße und Spökes machten, die aber keine bleibende Freude erzeugen konnten.

Die hier gemeinte Freude ist nämlich eine ernste Sache. Sie entsteht in der Tiefe meines Herzens, wenn ich im Leid und in der Trauer getröstet werde, in meiner Verlorenheit vor Gott gefunden und in meiner spirituellen Armut beschenkt werde. Freude im Herrn meint immer Umkehren, freudige Erwartung, neues Sein. Ich erinnere hier daran, dass Paulus im Gefängnis saß, als er den Philipperbrief schrieb. Er wartete auf seinen Prozess und wusste nicht, ob er das Gefängnis wieder lebend verlassen könnte. Und trotzdem schreibt er der vertrauten Gemeinde: „Freuet euch im Herrn allewege, und abermals sage ich: Freuet euch!" Diese Freude kann Paulus, seiner Gemeinde und uns niemand wegnehmen. Sie bleibt allewege. Vielleicht ist Paulus im Kerker das Lachen vergangen, die adventliche Freude: diese Freude blieb.

Paulus schreibt weiter in seinem Gefängnisbrief: „Eure Lindigkeit lasset kund sein allen Menschen". So hat Martin Luther den griechischen Text übersetzt. Er wählte das Wort „Lindigkeit" für das griechische *epieikés*. Lindigkeit ist ein ausgestorbenes Wort. Es wird heute leider nicht mehr benutzt. Aber was meinte es? Lindigkeit ist eine Haltung, die wir im Umgang mit anderen zeigen: Sacht sein, gütig, verbindend, beschenkend, aufbauend, wohlwollend, jemandem gewogen und herzlich zugetan sein … In den neueren Bibelübersetzungen wird das Wort oft mit „Güte" wiedergegeben, das breite Bedeutungsspektrum des Wortes wird damit aber eingeengt. Der Übersetzer Jörg Zink formuliert überlegt: „Eure Güte mache allen Menschen Freude". Schauen wir einen kurzen Augenblick auf das Gegenteil von Lindigkeit. Wie oft schimpfen und kritisieren wir! Das furchtbare Wetter, das schreiende Kind, die unfähigen Politiker, das Fehlverhalten der Polizei, die falschen Maßnahmen gegen Corona … Unsere Urteile sind oft hart, unsere Schelte und unsere Verwerfungen gehen uns leicht von der Zunge. Wir alle kennen diese Konzentration auf das Negative, auf die

Fehler der anderen, auf das Böse und Schlechte. Das Gegenteil von Lindigkeit ist uns allen geläufig. Und das war bei Paulus' Zeitgenossen nicht anders. Seiner Gemeinde und seinen Freunden aber sagt der Apostel: „Eure Lindigkeit lasset kund sein allen Menschen". Er spricht sie also auf das neue Sein an. Ja, sagt er, es gibt eine Lebensbewegung der Freude. Die adventliche Freude will sich äußern und weitergegeben werden wie eine Kerze, die andere anzündet. Paulus wiederholt also nur, was Jesus selbst gesagt hat: „Lasst euer Licht leuchten [...]" (Mt 5,16).

„Sorgt euch um nichts, sondern in allen Dingen lasst eure Bitten in Gebet und Flehen mit Danksagung vor Gott kundwerden!". Paulus weiß zu gut, dass uns immer wieder einmal die Sorge überfällt: Unruhe, quälende Gedanken, Kummer, was wird einmal in Zukunft auf mich, auf uns zukommen? Er weiß, dass die Sorge überall durchs Schlüsselloch schlüpft, da, wo wir stillschweigend voraussetzen, dass der Herr fern ist. Er weiß: Ein Leben, das kein wartendes, adventlich-hoffendes, Ausschau haltendes Leben ist, verfällt unweigerlich der Sorge. Nun aber ist der Herr nahe! Und das genügt. Wann immer ich meine Angelegenheiten vor Gott trage, vor ihm ausbreite, weitet sich das Herz und das ängstliche Sorgen weicht. Denn im Gebet begegne und spüre ich die Lindigkeit Gottes: „wie gut er's mit mir meint". Seine Lindigkeit springt über und lässt mich neu denken, sehen, fühlen. Wo ich zuvor überaus kritisch und richtend mit anderen umging, lerne ich, was es heißt, barmherzig mit den anderen umzugehen und natürlich auch barmherzig mit mir selbst umzugehen.

Mit dem uns allen bekannten Kanzelsegen schließt der Predigttext: „Und der Friede Gottes, der höher ist als alle Vernunft, bewahre unsere Herzen und Sinne in Christus Jesus". Zwei Dinge fallen uns sofort ins Auge. Einmal, dass der Friede Gottes einen Namen hat. Er heißt Jesus Christus. In ihm leben wir in einem Schutz- und Freiraum, der uns den inneren Frieden gibt. Einen Frieden, der ganz gewiss nach außen drängt, der eine friedvolle Lebensbewegung in stiller Freude und in der Lindigkeit ermöglicht. Und das Andere: Dieser Friede ist höher als unsere Vernunft. Paulus unterscheidet also zwischen dem höheren Frieden und der Vernunft! Mit unserer Vernunft nehmen wir die Krisen und Katastrophen unserer Zeit wahr und suchen Wege, die Not zu lindern. Das ist gut, wichtig und richtig und hier sind voller Einsatz und Unterstützung nötig! Wer wüsste das nicht! Ich wünschte mir ein bisschen mehr von dieser Vernunft bei Corona-Leugnern, bei den Verschwörungstheoretikern und bei Menschen, die nach der sogenannten alternativen Wahrheit suchen. Ja, wir sollten die Mittel und Möglichkeiten der Vernunft voll ausschöpfen! Aber erst eine durch den Frieden Gottes geleitete, friedenstiftende Vernunft wird auch die Bereitschaft wecken, Wege der Versöhnung zu beschreiten und die Überwindung der Gegensätze voranzubringen, der Gegensätze zwischen Mensch und Natur, zwischen Armen und Reichen, zwischen Mehrheiten und Minderheiten, zwischen Privilegierten und Benachteiligten. Das ist die frohe, adventliche Botschaft! Wie es die etwas andere Freude gibt, so gibt es auch diesen anderen Frieden! Denn der Herr ist nahe und möchte eintreten: in unser Leben, in die Politik, in unsere Welt, die nach wie vor ihm gehört. Amen.

DER ADVENT ALS RUHERAUM ODER DIE WEISHEIT DES LASSENS

Ansprache auf einer Seniorenfeier
am 2. Advent 2019
in Diedenshausen

Vor einigen Jahren machten meine Frau und ich einige Tage Urlaub in Südtirol. Wir erfuhren, dass im nahegelegenen Meran eine neue Therme gebaut worden sei, die wir unbedingt besuchen sollten. Wir fanden ein großangelegtes Schwimmbad, alles nagelneu und hochmodern, eine parkähnliche Außenanlage mit verschiedenen Schwimmbecken, alle mit unterschiedlicher Wassertemperatur und einem eigenen Bademeister am Beckenrand. Für Menschen mit Behinderung gab es eine Hebevorrichtung, so dass sie sicher auf Rollstühlen ins Wasser gelangen konnten. Wir besuchten ein riesiges Hallenbad, auch hier gab es verschiedene Pools und an den Seiten Wellness-Angebote. Was uns aber auffiel, war ein Holzhaus in der Mitte der Schwimmhalle, eine Art Blockhütte mit Fenstern. Ab und zu gingen Badegäste hinein oder kamen heraus. Ich fragte schließlich einen der Bademeister nach der Hütte. Er half mir: „Ja, das ist ein Relaxraum, ein Ruheraum, lärmgeschützt vor dem Trubel ringsum, nur zum Entspannen: Gehn se mal rein!" Innen fand ich dann gepolsterte Liegen, gedämpftes Licht, Stille, Kopfhörer, mit denen man entspannt Barockmusik hören konnte. Hier konnte man, wie man so sagt, die Seele baumeln lassen …

Der Zeitraum Advent ist solch ein Ruheraum, ein Raum der Stille und der Besinnung, des Wartens und der Vorfreude auf das Fest, ein Ort auch der inneren Einkehr. Wir können uns Zeit nehmen, einmal in uns hineinzuhorchen, was eigentlich dran ist … Es ist freilich eine andere Sache, wenn wir aus dem Ruheraum ein Fitnessstudio machen und uns bis zum Fest ein schweißtreibendes Programm auferlegen. Die Mittel und die Freiheit haben wir natürlich dazu. Im tiefsten Kern aber dient die Adventszeit eigentlich dazu, eine neue Einstellung zum Leben, eine neue Haltung zu gewinnen.

Schauen wir dazu einmal auf den 1. Advent, den es in der Geschichte gab! Auf die Szenerie und die Gestalten vor, bei und nach der Geburt Jesu! Egal auf wen wir blicken, auf Elisabeth, Zacharias, die Hirten, Simeon oder Hanna: Sie tun nichts! Sie lassen sich die Botschaft sagen, öffnen sich, reiben sich die Augen und staunen, wie Gott sie in seine Geschichte hineinholt.

Ganz besonders berühren mich immer wieder die Worte Marias: Mir geschehe, wie du gesagt hast! Maria lässt die Botschaft in ihr Leben ein und kann warten, sie vertraut den Worten und bewegt sie in ihrem Herzen, wie es im Weihnachtsevangelium heißt.

Von dieser adventlichen Haltung können wir uns anstecken und begeistern lassen: Ich will es einmal für uns, für die Älteren, sagen: Das Geheimnis von Advent heißt: Lassen, geschehen lassen! In diesem kleinen unscheinbaren Wörtchen „lassen" liegt eigentlich alles!

Zum Lassen gehört das Los-lassen, das Loslassen dessen, was wir so gerne festhalten, von dem wir glauben, daran Halt zu finden. Ich meine nicht nur die Besitztümer, die wir früher oder später sowieso loslassen müssen. Ich meine auch die Aktivitäten, die wir nicht mehr in dem Maße ausüben können wie früher, wenn die Gesundheit schwindet und unser Lebensradius altersbedingt kleiner wird.

Zu dem Lassen gehört auch das Zu-lassen, was wir nicht ändern können. Vielleicht wenn wir nicht mehr im Mittelpunkt des Interesses im Dorf, im Verein oder der Familie stehen. Wenn unser Einfluss schwindet oder wenn wir übergangen und zurückgesetzt werden. Zum Lassen gehört das Zu-lassen …

Zum Lassen gehört auch das Be-lassen: eine nicht ganz einfache Kunst! Zum Beispiel, wenn wir sehen, dass da und dort Unkraut wächst und Fehlentscheidungen getroffen werden, zumal wenn Jüngere Holzwege betreten, auf denen wir selbst bittere Erfahrungen machen mussten. Wem fiele die Selbstrücknahme in diesem Zusammenhang nicht schwer!

Zum Lassen gehört auch das Bleiben-lassen oder das Unter-lassen! Ich beziehe das jetzt einmal auf unsere eingeschliffenen Verhaltensmuster, manchmal auch Unarten, die wir wohl alle an uns haben und mitschleifen. Wie heißt es so treffend in dem bekannten Gebet, das Teresa von Avila zugeschrieben wird: „Herr, bewahre mich vor der Aufzählung endloser Einzelheiten und verleihe mir Schwingen, zur Pointe zu gelangen. Herr, lehre mich Schweigen über meine Krankheiten und Beschwerden. Sie nehmen zu, und die Lust sie zu erzählen, wächst von Jahr zu Jahr. Herr, ich wage nicht, die Gabe zu erflehen, mir die Krankheitsschilderungen anderer mit Freude anzuhören, aber lehre mich, sie geduldig zu ertragen …".

Zum Lassen gehört auch das Heraus-lassen von unseren Gefühlen, von Trauer, Tränen, Schmerz und Sehnsucht bei wirklich vertrauten Menschen, so dass wir uns dem ehrlichen, echten Leben nähern.

Wir merken, die Lektion des Lassens, die adventliche Haltung, reicht hinein in die Wurzeln und Verästelungen unseres persönlichen Lebens. Gewiss wird niemand bei dieser Lektion je zu einem Ende kommen. Aber im Lassen, im Geschehen-lassen, liegt ein tiefes Geheimnis. Es wird getragen von dem Vertrauen, dass Gott seine Geschichte mit mir macht und mich einbezieht, mich dabeihaben will, also dass meine Geschichte noch nicht zu Ende geschrieben ist. Ich darf schweigen, ruhen und mich beschenken lassen in der stillen Gewissheit, während ich ruhe, arbeitet Gott an mir und auch an den anderen.

Ich wünsche uns, dass uns das ein bisschen gelingt und wir genügend Zeit finden, den adventlichen Ruheraum zu genießen, den Gott uns bereitet hat! Dass auch dieser Nachmittag mit den Liedern und Gedichten und Gesprächen dazu dient, diese Ermutigung und frohe Botschaft an uns heranzulassen: Nicht wir müssen etwas tun, sondern wir dürfen los-lassen und die Dinge, die uns kümmern, Gott über-lassen! In diesem Sinne wünsche ich uns einen gesegneten und frohen Advent und dass wir immer wieder die Türe finden zu jenem vorweihnachtlichen Ruheraum!

UNSERE ZUKUNFT UND GOTTES GNÄDIGE ANKUNFT

Ansprache auf einer Seniorenfeier
am 2. Advent 2017
in Diedenshausen

Seit Kindertagen ist für uns alle der Advent eine schöne Zeit, Wochen voller Vorfreude und Erwartung. Draußen ist es dunkel, kalt und Nebelschwaden ziehen über die Felder. In den Häusern und in der Familie rückt man zusammen, entzündet Kerzen, da und dort singt man gewiss die schönen, alten Adventslieder, backt Plätzchen und bereitet je nach Familientradition das Weihnachtsfest vor. Über allem liegt der Schleier des Geheimnisvollen. Theologisch mutet uns die Adventszeit allerdings einiges zu. Ich will das kurz erklären!

Wir erleben die vier Wochen vor Weihnachten in unseren Breitengraden als üppige, als satte Zeit. Die Regale der Supermärkte sind seit Oktober reich gefüllt mit Weihnachtsgebäck aller Art, mit Marzipan, Lebkuchen, Pfeffernüssen; die Weihnachtsmärkte locken mit Glühwein und anderen Spezialitäten. Und gleich werden wir auch hier ausgiebig Kaffeetrinken, die Tische sind festlich geschmückt, leckerer Kuchen steht bereit. Aber im Kirchenjahr gilt die Adventszeit als Buß- und Fastenzeit. Als Leitgestalt gilt Johannes der Täufer, der mit seiner Bußpredigt zu einer ernsten, bußbereiten Haltung führt: „Mit Ernst, o Menschenkinder, das Herz in euch bestellt ..." (EG 10,1). Neben diesem Thema gehört die Erwartung der Wiederkunft Christi zum Liedgut der Adventszeit: „Ihr lieben Christen, freut euch nun, bald wird erscheinen Gottes Sohn ..." (EG 6,1). Das sind uralte liturgische Traditionen. Dem Fest geht das Fasten voran, das Nachdenken, ob es noch so weitergehen kann wie bisher oder ob ich nicht doch etwas ändern sollte. Und die Erwartung des Herrn spielt eine zentrale Rolle in der Verkündigung im Advent. Der frühere Bundespräsident Gustav Heinemann hat das Gemeinte einmal sehr treffend zusammengefasst: „Die Herren dieser Welt gehen, aber unser Herr kommt".

Bedenken wir darum heute einmal die ganz persönliche Frage: Was kommt auf mich zu? Wie sieht meine Zukunft aus? Zunächst einmal gilt ja unbestritten, dass wir für unsere Zukunft selbst verantwortlich sind, einfach weil sich die Zukunft aus der Gegenwart entwickelt. Da gibt es bestimmte Gesetze. Wer Jahrzehnte Raubbau an seinem Körper begeht, wird das wahrscheinlich irgendwann zu spüren bekommen. Oder denken wir an die Klimakonferenz in Bonn! Es gibt eine internationale Phalanx von Klimaforschenden, die warnen mit allem Nachdruck, die Klimafrage sei die Schicksalsfrage unserer Zeit. Wenn wir nicht umsteuern, wenn sich nicht der Lebensstil besonders der Industrienationen ändert und der Raubbau an der Natur und an der Luft weitergeht, werden bereits am Ende unseres Jahrhunderts ganze Länder von der Landkarte verschwunden sein. Es erfüllt sich der alte Spruch: Was der Mensch sät, das wird er ernten!

Was wird einmal auf uns zu kommen?

Da schrieb vor einiger Zeit eine Krankenschwester aus Australien ein Buch. Sie hatte 8 Jahre in der Palliativ-Medizin gearbeitet und mit vielen Menschen in deren letzten Lebensphase gesprochen. Die Gespräche hat sie protokolliert und die Ergebnisse auf ihre Website gestellt. Hunderttausende haben sich dafür interessiert und die Gespräche gelesen. Daraufhin hat sie ein Buch geschrieben, das in kürzester Zeit in dreißig Sprachen übersetzt wurde und auch in Deutschland ein Bestseller wurde.

Ich will nur kurz darauf eingehen. Bronnie Ware sagt, dass die meisten Menschen an ihrem Lebensende etwas bereuen und sie zählt dann fünf Dinge auf, die die von ihr betreuten Patientinnen und Patienten am meisten bereuten. Sie formuliert sie in der Ich-Form:

- Ich wünschte, ich hätte den Mut gehabt, mein Leben nach meinen eigenen Vorstellungen zu leben und nicht nach den Vorstellungen der anderen. Die Patientinnen und Patienten bedauerten, dass sie ihre Anlagen und Talente nicht verwirklicht hätten und in Spuren getreten seien, die andere ihnen angewiesen hätten.
- Ich wünschte, ich hätte nicht so hart gearbeitet. Sie bedauerten nicht, dass sie gearbeitet hätten, aber dass sie zu viel gearbeitet und zu wenig gelebt hätten …
- Ich wünschte, ich hätte den Mut gehabt, meine Gefühle auszudrücken. Viele Menschen, so sagt sie, hätten ihre Gefühle unterdrückt, um mit den anderen im lieben Frieden zu leben. Hätte man zu seinen eigenen Gefühlen gestanden, hätte man vermutlich auch ein ganz anderes Leben gelebt.
- Ich wünschte, ich hätte den Kontakt zu meinen Freunden gepflegt. Allgemein hat man am Ende bedauert, dass gute Freundschaften zu früh eingeschlafen seien und dass man hier zu wenig investiert zu habe.

- Ich wünschte, ich hätte mir erlaubt, glücklicher zu sein. Dahinter stand, dass viele Menschen nicht erkannt hätten, dass das Glücklichsein ein Menschenrecht ist und unseren Einsatz und unsere Entscheidungen braucht. Ware meint, dass die Angst vor Veränderung die Menschen daran gehindert habe, das von ihnen Gewünschte zu verwirklichen. Viele hätten sich in ihrem Leben gar nicht klar gemacht, dass sie die Freiheit zu wählen gehabt hätten. Sie hätten die Bequemlichkeit des Gewohnten vorgezogen, anstatt einmal auf ein neues Gleis zu springen, vielleicht ein Gleis zum Glück zu betreten.

Das war der Tenor der Gespräche: Viele Menschen bereuen diese Dinge, wenn sie am Lebensende bilanzieren, wie sie gelebt haben.

Was werden wir einmal über unser Leben sagen? Wie werden wir es im Rückblick beurteilen? Werden wir in ähnlicher Weise etwas bedauern?

Wer jetzt genau zugehört hat, der spürt etwas! Es gibt zwei Weisen von der Zukunft zu reden. Die eine Zukunft geht von uns Menschen aus. Die haben wir zu verantworten. Diese Zukunft entwickelt sich aus unserem Tun und Lassen. Was der Mensch sät, das wird er ernten! Nur diese, von uns vorbereitete, gewissermaßen durch unsere Hände gegangene Zukunft können wir bedauern!

Aber, aber es gibt – Gott sei Dank – noch eine ganz andere Zukunft. Sie wird nicht bestimmt von dem, was hinter uns liegt, was wir getan, unterlassen oder falsch gemacht haben. Diese Zukunft kommt gewissermaßen von vorne auf uns zu, völlig unerwartet. Und diese Zukunft, die ganz in Gottes Hand beschlossen liegt, die nennen wir Advent. Und allein weil Gott stark und mächtig in unsere Welt eingezogen ist, völlig unabhängig von unserem rechten oder schlechten Leben, allein darum gibt es Trost, Hoffnung und Zuversicht. Weil Gott seinen Fuß auf unsere Erde gesetzt hat, nicht in der Höhe geblieben ist und geschwiegen hat, sondern tief herabstieg, sich als Kind elend, nackt und bloß in die Krippe legte, er ein Knecht und ich ein Herr wurde: darum dürfen wir über unser Leben urteilen: „Wechselnde Pfade, Schatten und Licht, alles ist Gnade!" Das ist die befreiende, tröstliche und hoffnungsvolle Botschaft des Advents: „Siehe, dein König kommt zu dir, ein Gerechter und ein Helfer" (Sach 9,9). Und von diesem König und Helfer wird niemand ausgeschlossen, und wenn er noch so viel in seinem Leben versemmelt und versäumt hat. Gott selbst zieht in unsere Welt und unser Leben ein, bringt Heil und Leben mit sich, wie wir singen, bringt den Gefangenen Befreiung und den Armen das Evangelium. Denn er ist der Friedefürst, ein Gott voll Rat, voll Tat, voll Gnad.

Ich wünsche uns, dass uns die Adventszeit auch dazu dient, uns von dieser Botschaft neu berühren zu lassen und in ihrem weihnachtlichen Licht auch nochmal das ein und andere gut und sorgsam zu bedenken. Falls das dem ein oder anderen doch zu viel (geistiges) Fasten, zu viel Besinnliches und Nachdenkliches war, den darf ich trösten: Nach dem Lied „Macht hoch die Tür" (EG 1) werden wir ausgiebig Kaffeetrinken, denn Fasten und Feste gehören, wie gesagt, unbedingt zusammen!

GOTTES HEILSAME GNADE UND DIE „GROSSE FREUDE"

Predigt zu 1. Johannes 3,1 und
über die Weihnachtsgeschichte nach Lukas
am 2. Weihnachtstag 2021
in der Dorfkirche zu Wunderthausen

„Seht, welch eine Liebe hat uns der Vater erwiesen, dass wir Gottes Kinder heißen sollen – und wir sind es auch." (1Joh 3,1)

Liebe Gemeinde!

Bis ins späte 19. Jahrhundert hinein gab es eine ganz besondere kirchliche Tradition. Jesus wurde in Kirchenfenstern, auf Gemälden und Kupferstichen gerne als Arzt oder Apotheker dargestellt. Oft als Apotheker mit einer Apothekerwaage in der Hand. Diese Vorstellung ist durchaus begründet. Denken wir etwa an die vielen Heilungsgeschichten, die in den Evangelien überliefert sind. Oder erinnern wir uns an den berühmten Heilandsruf im Matthäus-Evangelium: „Kommet her zu mir alle, die ihr mühselig und beladen seid; ich will euch erquicken" (Mt 11,28). Der Heiland der Welt ist auch der Heilende! Diese therapeutische Dimension dürfen wir beim Hören der Weihnachtsbotschaft immer auch mit bedenken!

Das Bild vom heilenden Heiland hat auch in späteren Jahrhunderten unser weihnachtliches Brauchtum geprägt. Das Bewusstsein davon ist allerdings heute weitgehend verloren gegangen. Wer weiß noch, dass Marzipan früher aus Myrrhe hergestellt wurde, jenes kostbare Baumharz, das die drei Weisen dem Kind schenkten? Früher wurde es als Therapeutikum wegen seiner blutstillenden und desinfizierenden Wirkung bei der Wundbehandlung eingesetzt. Und dasselbe gilt auch für einige Weihnachtsgewürze, mit denen man Lebkuchen und Pfefferkuchen schmackhaft machte. Sie wurden jahrhundertelang als Heilmittel und Arznei eingesetzt. Als eine feine Anspielung auf diesen therapeutischen Akzent dürfen wir gewiss auch die weihnachtliche Botschaft hören: „Denn erschienen ist die ‚heilsame' Gnade allen Menschen" (Tit 2,11).

Viele dieser Bräuche und Traditionen weisen auf den Kern von Weihnachten, auf die frohe Kunde, auf das frohe Gekreische! Und die lässt sich am besten mit der Botschaft der Engel ansagen: „Fürchtet euch nicht! Siehe, ich verkündige euch große Freude, die allem Volke widerfahren wird. Denn euch ist heute der Heiland geboren" (Lk 2,10 f.). Gott ist also nicht in fernen Höhen geblieben. Unendlich weit weg. Irgendwo im Dunkel des Universums. Er ist herabgestiegen und hat seinen Fuß auf unsere Erde gesetzt, ist Mensch geworden, dir Mensch zugute! Da in der Krippe will Gott gefunden werden, ja, noch viel mehr: In seinem Sohn hat er uns gefunden, um unser Freund und Bruder zu sein. Darum singen wir mit Martin Luther: „Das ewig Licht geht da herein, gibt der Welt ein' neuen Schein; es leucht' wohl mitten in der Nacht und uns des Lichtes Kinder macht" (EG 23,4).

Ein kleines, unscheinbares Wort in der Weihnachtsbotschaft der Engel kann man schnell überhören. Das Wort „Siehe"! Genau mit diesem Wort beginnt auch unser Predigttext: „Seht, welch eine Liebe hat uns der Vater erwiesen [...]" Das Weihnachtsevangelium führt uns also in eine Art Sehschule. Darin heißt es: Macht die Augen auf! Schaut genau hin! Denn das Weihnachtsevangelium ist keine erdachte Geschichte oder gar ein Märchen. Schaut in die reale Geschichte! „Es begab sich aber zu der Zeit, dass ein Gebot von dem Kaiser Augustus ausging [...]" (Lk 2,1). Der das erzählt, ist nach der Überlieferung Lukas, der Arzt. Er hat sich über die „Geschichten, die unter uns geschehen sind" (Lk 1,1), gründlich informiert und recherchiert. Er weiß: Gott, der Ewige und Gute, lässt in Geschichte Leben fluten, wie man es später auf den Punkt gebracht hat. Diese Geschichte – man kann sie im lukanischen Sinn gar nicht anders als Heilsgeschichte bezeichnen – läuft auf einen Punkt zu, auf die „Mitte der Zeit" (Hans Conzelmann).

In der Zeit des Gesetzes und der Propheten flammen immer wieder Hoffnung und eine sehnsüchtige Erwartung auf, Verheißungen werden laut, Jesaja, Micha, Sacharja und andere rufen ihre Prophezeiungen eines universalen Heils und Friedens ihren Zeitgenossen zu: „Ach, dass du den Himmel zerrissest und führest herab [...]!" (Jes 64,1). Oder denken wir an die Hoffnung auf einen kommenden Messias aus Davids Stamm und auf sein Friedensreich, wo Wölfe und Lämmer versöhnt nebeneinander wohnen (Jes 11,6). All diese Verheißungen werden in der Weihnachtsbotschaft aufgenommen und auf eine ganz eigene Weise erfüllt. Aber auch die Bitten, Klagen und Erwartungen der Psalmbeter gehen in Erfüllung. In einem Psalm heißt es: „Verlass mich nicht! […] Gott, sei nicht ferne von mir" (Ps 71,9.12). Und im Lobgesang des Zacharias wird diese Bitte aufgenommen! „Gelobt sei der Herr, der Gott Israels! Denn er hat besucht und erlöst sein Volk" (Lk 1,68).

In diesen Worten scheint weihnachtliche Freude hell auf: Gott lässt uns nicht allein. Das ist eine zentrale Botschaft der Engel für alle Menschen, die sich einsam und verlassen fühlen. Die Pandemie hat viele Menschen einsam gemacht und in die Isolation gebracht. Auch unter uns. Genau ihnen sagt der Chor der himmlischen Heerscharen: „Fürchte dich nicht! Denn auch dir ist heute der Heiland geboren!" Gott hat uns besucht aus der Höhe – dich und mich. So erweist seine Verheißungstreue Gott als Herrn der Geschichte, die auf das Weihnachtsgeschehen zuläuft und sich in der Geschichte seiner Gemeinde fortsetzt, eine Treue, die tief in unsere Lebensgeschichte und unser Herz hineinreicht, uns tröstet und aufrichtet. Darum ist es kein Zufall, dass Lukas nur zweimal von der „großen Freude" spricht: in der Weihnachtsgeschichte (Lk 2,10) und in der Ostergeschichte (Lk 24,52), da, wo der Tod überwunden und der „Anführer des Lebens" den „Weg des Heils" geht.

„Seht, welch eine Liebe hat uns der Vater erwiesen …" Nach allem, was wir gehört und gesagt haben, eröffnet uns dieses Wort einen einmaligen Einblick in das Weihnachtsgeschehen. Einen Einblick in die Gedanken und die Gesinnung Gottes. Denn hier hat ja die weihnachtliche Freude ihren Ursprung. Im Herzen Gottes sehen wir, so hat es Luther ausgedrückt, im Herzen des Vaters schauen wir wie in einen glühenden Backofen voller Liebe, der vom Himmel bis zur Erde reicht. Diese Liebe des Vaters hat der Sohn sichtbar gemacht – mit seinem Wort, mit seinen Taten, mit seinem Leben. Denken wir an die Gleichnisse! Wie der Vater den verlorenen Sohn wieder aufnimmt und ein großes Freudenfest feiert. In all diesen Erzählungen vom Suchen und Finden des Verlorenen leuchtet die alles begründende und bewegende Liebe des Vaters auf. Sie ist der tiefste und letzte Grund für Gottes Heilshandeln in der Geschichte, für die Friedensbotschaft der Engel, für den Trost der Menschen, die im Schatten des Todes sitzen (vgl. Lk 1,79). Und wie in Gott die Gegensätze zusammenfallen, die Gegensätze von höchster Majestät und Niedrigkeit, von seinem Herrsein und Knechtsein (vgl. Phil 2,6–11), so verbinden sich auch bei uns und in uns die Gegensätze: In der Finsternis, in den Nächten des Lebens erfahren wir Gottes Gesinnung, seine Liebe und sein Licht, intensiver als an hellen, ungetrübten Tagen.

„Seht, welch eine Liebe hat uns der Vater erwiesen, dass wir Gottes Kinder sollen heißen, und es auch sind.“ Gott hat seine Liebe „erwiesen“, nicht einfach demonstriert, wie etwa ein Lehrer seinen Schülern eine physikalische Formel erklärt. Er hat seine Liebe auch nicht wie in einem Theaterstück auf der Bühne von Bethlehem aufgeführt. Nein, er hat jedem Einzelnen seine Liebe erwiesen, an ihn herangetragen, nicht nur bis ans Ohr, sondern unter die Haut, ins Herz hinein. So wird es uns erzählt. Und diese ganz persönlich zugesprochene Liebe macht etwas mit uns Menschen, orientiert uns neu, schenkt uns eine neue Lebensausrichtung, macht uns zu weihnachtlichen Menschen. Das können wir sofort an den Menschen ablesen, die in der Weihnachtsgeschichte auftreten.

Als der Engel Gabriel die Geburt des Kindes ankündigte: „Sei gegrüßet Maria, du Begnadete unter den Frauen […]“ (Lk 1,28), da bricht sie zunächst zu ihrer Verwandten Elisabeth auf, die in einer Stadt im judäischen Bergland wohnt. Später stimmt sie den berühmten Lobgesang an, das Magnificat: „Meine Seele erhebt den Herrn […]“ (Lk 1,46–55). Durch die Ankündigung der Geburt Jesu, durch die Zusage: „Maria, du hast Gnade bei Gott gefunden“ (Lk 1,30), verändert sich das Leben dieser Frau von Stund an. Sie wird Mutter, sie wird aber auch wortmächtig und bezeugt die Stärke Gottes in der Geschichte. Ja, sie formuliert eine damals wie heute provozierende Ansage. Wie die Liebe Gottes in die Geschichte eingeht, so wirkt sie in Marias Lebensgeschichte ganz persönlich, ganz konkret.

Dasselbe können wir bei den Hirten beobachten. Sie sind der erste Adressat des Weihnachtsevangeliums. Ihnen wird gesagt: „Fürchtet euch nicht! Siehe ich verkündige euch große Freude […]“ (Lk 2,10). Sie brechen auf, gehen nach Bethlehem, um die Geschichte zu sehen, die da geschehen ist. „Und sie kehren wieder um, preisen und loben Gott […]“ (Lk 2,20). Auch hier sehen wir: Die Liebe Gottes verwandelt Menschen. Die Hirten gehörten zu den Randgruppen der damaligen Gesellschaft, nicht einmal das Zeugenrecht gestand man ihnen zu. Und doch gerade sie werden als die ersten Hörer erwählt. Ich will es einmal mit unseren Begriffen sagen: Die Weihnachtsbotschaft von der Liebe Gottes gibt ihnen ihre Würde zurück, sie erhalten eine neue Identität: die Identität, Gottes Kind zu sein. Sie werden hineingeholt in die große Freude, die allem Volk widerfahren wird. In dieser neuen Würde und Identität loben und preisen sie Gott.

Was den Hirten widerfährt, erlebt auch der betagte Simeon, der im Tempel auf den Messias wartet. Als die Eltern Jesus zur Beschneidung in den Tempel brachten und er das Kind auf seinen Arm nahm, bricht ein Lobpreis aus ihm hervor: „Herr, nun lässt du deinen Diener in Frieden fahren, wie du gesagt hast, denn meine Augen haben deinen Heiland gesehen [...]" (Lk 2,29 f.). Auch er schaut nun anders in die Welt. Seine Sehnsucht ist in Erfüllung gegangen. Wie das neugeborene Kind den greisen Simeon verändert hat, hat keiner so gut zum Ausdruck gebracht wie der Maler Peter Paul Rubens. Er malte den alten Mann mit dem Kind auf dem Arm, die ganze Gestalt, die Haltung der Hände, die Falten im Gesicht, die zum Himmel gerichteten Augen: alles war durchdrungen von einer einzigartigen Dankbarkeit. Die Antwort auf die Weihnachtsbotschaft kann nur Freude und Dankbarkeit sein.

Jeder von uns wird heute anders von der Weihnachtsbotschaft angesprochen, entsprechend seiner Biographie und der aktuellen Lebenssituation. Und doch haben wir mit den Gestalten der Weihnachtsgeschichte eins gemeinsam: „Wir heißen nicht nur Kinder Gottes, sondern wir sind es auch." Diesen Status, diese Würde und Auszeichnung macht unsere neue Identität aus. Kinder sind wir, weil uns der Sohn die Liebe des Vaters kund getan hat. Kinder sind immer Schutzbefohlene, und so sind auch wir Schutzbefohlene des Vaters. Wie sich Kinder jederzeit vertrauensvoll an ihren Vater wenden können, so auch wir. Und wie sich Kinder über die Geschenke zu Weihnachten freuen und glückselig sind, so dürfen wir uns beschenken lassen von dem Kind in Krippe. Wie es Albrecht Goes gesagt hat: „Wir können dich, Kind in der Krippe, nicht fassen. Wir können die Botschaft nur wahr sein lassen" – in unserem Leben, in unserer Gemeinde, in unserer Welt. Amen.

II.

KONKRETIONEN DES GLAUBENS IN DER KULTUR DES ALLTAGS

DIE SELTSAME BITTE DES WEISEN KÖNIGS SALOMO UND DER KÖNIGSWEG ZUR WEISHEIT

Predigt über Psalm 43,3
am 20. Januar 2019
in Wunderthausen

„Sende dein Licht und deine Wahrheit,
dass sie mich leiten zu deiner Wohnung." (Ps 43,3)

Liebe Gemeinde!

Der König Salomo war klug. Die Leute sprachen damals vom weisen König Salomo. Noch heute sprechen wir von einem „salomonischen Urteil". Die Weisheit des Königs hatte ihren Grund. Die Bibel erzählt, Gott habe ihm eines Nachts ein Angebot gemacht: „Sag mir, was ich dir geben soll!" (1Kön 3,5). Und Salomo habe geantwortet: „Gib mir ein weises Herz und einen klugen Verstand, damit ich die Menschen verstehe und dein Volk regieren kann und ein gerechter Richter bin" (1Kön 3,9). Das hatte Gott gut gefallen. Salomos Bitte wurde erfüllt.

Es lohnt sich, hier kurz zu verweilen und nachzudenken. Salomo bittet nicht um Reichtum, militärische Macht, Expansion seines Reiches; auch nicht um Ruhm, dass er und seine Regierungszeit in die Geschichtsbücher eingehen. Auch bittet er nicht um Gesundheit und ein langes Leben. Nein, er bittet um das, was ihm fehlt. Um ein weises Herz, um einen klugen Verstand. Dazu gehört Selbsterkenntnis, dazu muss er um seine Stärken und Schwächen wissen, dazu gehört Einsicht in seine eigenen Grenzen. Er weiß, dass während der Regierungszeit viel passieren kann, was sich jeder Kontrolle entzieht. Wie soll er damit umgehen? Es geht ihm nicht um Wissen. Damals gab es eine Blüte der Wissenschaften am salomonischen Hof, die Salomo selbst förderte. Er hätte viele Gelehrte fragen können, daran mangelte es nicht. Er jedoch weiß: Wissen ist gut, aber Weisheit ist besser, ja, eine ganz andere Nummer. Ganz demütig und bescheiden bittet er um das, was ihm fehlt: um ein weises Herz und einen klugen Verstand.

Ich denke, wir alle können von ihm lernen. Der Königsweg zur Weisheit ist das Gebet, die Zwiesprache mit Gott. Hier ist der Ort, wo uns Weisheit zuteilwird. Wenn wir Gott unsere Sorgen und Konflikte, Probleme und Ängste hinhalten, werden uns sicher Weisheit und Rat, Weg und Kraft, geschenkt. Vielleicht ganz anders, als wir erwarten. Darum: „Sende dein Licht und deine Wahrheit, dass sie mich leiten zu deiner Wohnung!"

So könnte Salomo gesprochen haben, wie es unser Psalm-Vers formuliert. Und so könnten wir sprechen und bitten – am Anfang dieses Jahres und jeden Tag neu: „dass sie mich leiten zu deiner Wohnung". Wo wohnt Gott? Ich denke, wir alle wissen es! Da, wo man ihn einlässt, einlässt in sein Lebenshaus. Wo wir offen sind für ihn, sein Wort, seine Weisheit, sein Licht und seine Wahrheit. Im Zwiegespräch mit Gott erfahre ich, was ein anderer Psalm-Beter so ausdrückt, dass „sein Wort meines Fußes Leuchte und ein Licht ist auf meinem Wege" (Ps 119,105).

Wenn ich Gott in meinem Leben Redefreiheit gebe, erfahre ich ganz am Anfang – tiefe Dankbarkeit. Ich erkenne nämlich, was der Heidelberger Katechismus in Frage 26 sagt, „dass Gott mich mit allem versorgt, was ich für Leib und Seele nötig habe, und auch alles Übel, das er mir in diesem Jammertal zuschickt, zu meinem Besten wendet". Weisheit und die ihr folgende Dankbarkeit verdrängen nicht das Schwere, das Tragische, das Unausschließbare im Leben. Ja, es gibt Momente, die sich jeder ärztlichen, politischen und polizeilichen Kontrolle entziehen. Das weiß Salomo, das wissen wir. Der Heidelberger Katechismus fasst diese unsäglichen Momente in dem Wort „Übel" zusammen. Aber: Er wendet sie zu meinem Besten. Wo wir das Ende sehen, Chaos und Verlust, da entdeckt die Weisheit einen neuen Anfang, neues Leben. Diethard Zils hat sehr schön ausgedrückt, dass die Mitte der Nacht mit dem Anfang eines neuen Tages zusammenfällt: „Blühende Bäume haben wir gesehn, wo niemand sie vermutet, Sklaven, die durch das Wasser gehn, das die Herren überflutet. Zeichen und Wunder sahen wir geschehn in längst vergangnen Tagen, Gott wird auch unsre Wege gehen, uns durch das Leben tragen" (EG 648,2).

In diesen poetischen Zeilen drückt sich ein herzliches Vertrauen, eine verwegene Zuversicht aus. Wir dürfen auch schicksalhafte Wendungen und Ereignisse *ad optimam partem*, zu unserem Besten deuten und schließlich annehmen. Nein, dies ist nicht Ausdruck von blindem Optimismus oder positivem Denken, so hilfreich diese auch gelegentlich sein mögen. Optimismus und positives Denken schöpfen aus der eigenen Vernunft und Kraft, aus der eigenen Subjektivität. Salomos Weisheit kommt von außen, gründet in der Zusage Gottes, der auch aus Ruinen neues Leben wachsen lässt. Sie ist Geschenk und Gabe mit weitreichenden Folgen. Salomos Bitte wurde, wie wir wissen, erhört. Seine Worte, seine Gedanken wurden aufgeschrieben und gesammelt. Ganze Bücher des Alten Testaments hat man dem weisen König zugeschrieben: Die Sprüche Salomos, das Hohe Lied, die Weisheit Salomos, der Prediger Salomo.

Ich zitierte bereits die Frage 26 des Heidelberger Katechismus. Die nächste Frage 27 enthüllt noch eine weitere Eigenart der salomonischen Weisheit. Es geht in dieser Frage um die Vorsehung, besser: um die Für-Sehung und Für-Sorge Gottes. Da heißt es: „Laub und Gras, Regen und Dürre, fruchtbare und unfruchtbare Jahre, Essen und Trinken, Gesundheit und Krankheit, Reichtum und Armut, und alles andere wird uns nicht durch Zufall, sondern aus seiner väterlichen Hand zuteil". Wenn wir Gott in unser Leben einlasen, dann dürfen wir ihm in allen Lebenslagen, in Höhen und Tiefen begegnen, in allen Dingen mit ihm rechnen. Diese Fürsorge Gottes für uns schließt eine besondere Haltung der Offenheit, Aufmerksamkeit und Achtsamkeit ein, aus der die Dankbarkeit wächst. Ich darf das Selbstverständliche als das Nicht-Selbstverständliche achten, das Geringe hochschätzen, die Schönheit und Würde des Einfachen entdecken, in dem die Güte und Fürsorge Gottes aufscheint: „Seht die Vögel unter dem Himmel an […]. Schaut die Lilien auf dem Feld an […]" (Mt 6,26.28).

Ich kehre zum Schluss noch einmal an den Anfang zurück: „Sende dein Licht und deine Wahrheit, dass sie mich leiten zu deiner Wohnung." Wir sahen, wie sich die Bitte erfüllt bei dem weisen König Salomo. Ganz anders wird diese Bitte im Neuen Bund erfüllt. Die Weisheit, um die der Psalm-Beter bittet, führt uns unabdingbar in den Stall und zur Krippe des Herrn. Denn wer sagt, „ich bin der Weg und die Wahrheit und das Leben" (Joh 14,6) und uns auf diesen Weg und zu dieser Wahrheit und zu einem anderen, neuen Leben ruft, der schenkt uns auch in seiner Nachfolge eine ganz andere Weisheit, die, wie Paulus sagt, „noch kein Auge gesehen und kein Ohr gehört und in keines Menschen Herz gekommen ist (1Kor 2,9), eine Weisheit allerdings, die unter Kreuz und Leiden verborgen ist. Aber darum öffnet sie auch unsere blinden Augen. Und in ihrem Licht entdecken wir auf einmal die, die im Dunkel sitzen, die Hungernden, die Trauernden, die Flüchtenden, die Fremden, die Menschen, die unter die Räuber gefallen sind, die Mühseligen und Beladenen. Diese Weisheit, die im Kreuz geboren ist, erfüllt sich in der praktizierten Nachfolge und der praktizierten Nächstenliebe. Und wenn das Gebet der Königsweg zur Weisheit ist, dann gilt dies ja genauso für die Nachfolge Jesu. Ist nicht das Gebet das Kernstück der Nachfolge, das uns hilft, in der Nachfolge zu bleiben und ein weises Herz und einen klugen Verstand zu bekommen? Amen.

WAS UNSER LEBEN LEICHT UND EINFACH MACHT …

Predigt zu Jesaja 57,15
am 15. Januar 2017
in der Stadtkirche Bad Berleburg

„Denn so spricht der Hohe und Erhabene, der ewig wohnt, dessen Name heilig ist: Ich wohne in der Höhe und im Heiligtum und bei denen, die zerschlagen und demütigen Geistes sind, auf dass ich erquicke den Geist der Gedemütigten und das Herz der Zerschlagenen." (Jes 57,15)

Liebe Gemeinde,

vor einigen Jahren übernahm ich eine Dorfführung in Diedenshausen. Es war eine sehr aufgeschlossene und interessierte Gruppe, ehemalige Schülerinnen und Schüler des Johannes-Althusius-Gymnasiums, die sich nach fünfzig Jahren noch einmal trafen. Wie bei anderen Führungen so versuchten auch diesmal die Besucher, die alten Inschriften auf den Balken der Fachwerkhäuser zu entziffern und zu lesen: „Mit Gottes Hilfe und Beistand erbaut durch Johannes Wilhelm Homrighausen und dessen Eheweib." Oder: „Wo der Herr das Haus nicht bauet, da arbeiten die Arbeiter umsonst. Wo der Herr nicht die Stadt behütet, da wachet der Wächter umsonst." Oder: „Dies Haus ist mein und doch nicht mein, wer nach mir kommt, wird's auch so sein. Ich wandre durch die Prüfungszeit zur freudevollen Ewigkeit." Als wir die Inschriften gemeinsam lasen, bemerkte einer der Teilnehmer: „Wie viel Demut kommt doch in diesen alten Inschriften zum Ausdruck! Dabei konnten die Hausbesitzer doch stolz sein, unter den damaligen Verhältnissen ihr Haus errichtet zu haben, um noch rechtzeitig vor Wintereinbruch einzuziehen und darin zu wohnen." Ja, in unserer Zeit ist Demut selten geworden, im privaten Bereich, in der Politik, in der Wirtschaft, im Sport. Im Vordergrund steht die Selbstdarstellung, man trägt sich selbst zu Markte, stellt sich ins Licht, um erfolgreich zu sein. Die Persönlichkeit wird gern darauf reduziert, wie jemand aussieht, wie jemand wirkt, wie sich jemand möglichst wirksam von anderen unterscheidet. Die Selbstinszenierung steht im Mittelpunkt. Und da fällt die Demut auf einer Balkeninschrift schon ins Auge.

Eine zweite Erinnerung. Es war im Religionsunterricht in einer Klasse 12, in einem Kurs, an den ich mich gerne erinnere. Wir lasen zu dem Thema „Naturwissenschaft und Glaube“ einen Text von Carl Friedrich von Weizsäcker. Darin forderte der Naturwissenschaftler, wir sollten demütig mit der Schöpfung umgehen. Ich fragte, was er damit meine. Nach einigen Versuchen merkte ich, die Schülerinnen und Schüler verstanden das Wort „Demut“ nicht. Es war zum Fremdwort geworden. Nun, das war dann die Hausaufgabe für die nächste Stunde. Jeder sollte sich kundig machen, in einem schlauen Buch nachschlagen oder googeln, was es mit der Demut auf sich hat. Ich muss sagen, diese Begriffsarbeit hatte es in sich. Eine Schülerin schaute bei Wikipedia nach und trug eine erste, schon recht umfassende Umschreibung vor, die die weite Bedeutung erkennen ließ: „Demut ist der Verzicht auf Eitelkeit und Geltungsdrang. Demut ist der Mut, vom anderen her zu denken und zu handeln. Demut ist die Eigenschaft, sich selbst um Gottes und der Menschen willen zurückzustellen. In der Demut akzeptiert der Mensch seine eigenen Grenzen und unterstellt sich dem Gebot der Gottes- und Nächstenliebe.“ Das brachte uns auf den Weg. Hier haben wir „weitergegraben“. – Ein anderer Schüler hatte herausgefunden, Hitler habe diesen Begriff wie die Pest gehasst und vom Standpunkt der „Herrenrasse“ verworfen: Demut sei „das größte Übel für das deutsche Volk“, eine Erfindung „orientalischer Faulenzerei“. Wir fanden heraus, dass Hochmut und Arroganz und Rassismus die Feinde der Demut sind. Uns wurde auch klar, dass es Missverständnisse der Demut gibt: Wenn sich jemand bemüht, es jedem Menschen recht zu machen, nur nirgends aufzufallen und nirgends Anstoß zu erregen, so ist das noch lange keine Demut. Demut hat nichts mit Unterwürfigkeit und Kriecherei zu tun. Ich will es einmal mit einem Beispiel aus der Geschichte verdeutlichen. Als Franz von Assisi zum Papst ging und vor Innozenz niederkniete, war das noch keine Demut. Er erkannte das Papstamt an, der Stellvertreter Christi war höher als er. Hier war Franz ganz konventionell, das machte damals jeder so. Aber als er auf dem Rückweg sich vor einem Bettler verneigte und einen Lepra-Kranken in die Arme schloss – eingedenk des Wortes Jesu: „Was ihr einem meiner geringsten Brüder getan habt, das habt ihr mir getan“ – da leuchtete Demut auf (Mt 25,40), Demut in der Nachfolge Jesu Christi.

Es war nun interessant und überraschend für mich und natürlich auch für die Schülerinnen und Schüler: Nachdem wir uns einmal auf diesen Begriff eingelassen hatten, begleitete er uns bei vielen Themen bis hin zum Abitur. Jetzt verstanden wir auch, was von Weizsäcker meinte, als er von einem demütigen

Umgang mit der Schöpfung sprach: sich selbst zurückzunehmen, sich zu bescheiden, die begrenzten Ressourcen nicht maßlos zu plündern. Und das andere, das dezentrale Denken: von unseren Ur-Ur-Enkeln her unseren Umgang mit der Schöpfung bedenken.

Hören wir hier noch einmal den Predigttext: „Denn so spricht der Hohe und Erhabene, der ewig wohnt, dessen Name heilig ist: Ich wohne in der Höhe und im Heiligtum und bei denen, die zerschlagenen und demütigen Geistes sind, auf dass ich erquicke den Geist der Gedemütigten und das Herz der Zerschlagenen."

Ist das nicht merkwürdig! Der hohe, ewige Gott will in der Tiefe wohnen und ganz besonders bei den Armen, Zerschlagenen, Hilfsbedürftigen. Der wahre Gott, dessen Name heilig ist, will unter uns sein, heilend, rettend, helfend, tröstend. Ist das nicht eine wunderbare Botschaft! Der Gott in der Höhe ist zugleich und vor allem ein Gott der Tiefe, ein Heiland und Tröster. Das aber ist gar nicht anders möglich: Gott selbst muss demütig sein. In ihm, dem Ewigen, dem Schöpfer des Himmels und der Erde, muss eine Bereitschaft sein, herabzusteigen und bei denen zu wohnen, die in der Finsternis sitzen und im Schatten des Todes. Um die Trauernden zu trösten, die Geschlagenen und Gedemütigten aufzurichten, den Witwen und Waisen Gerechtigkeit zu verschaffen. Dabei befürchtet er nicht, dass er sich verliert oder aufhört, Gott zu sein. So erzählt die Bibel viele Geschichten, die alle auf ein Ziel und einen Endpunkt zulaufen: Gott gibt sich hinein in das Leben eines unbekannten Menschen aus dem Dörfchen Nazareth. Ja und hier in dem, was Jesus sagt und tut, spiegelt und verkörpert er die Demut Gottes.

So heißt es im Matthäus-Evangelium: „Und als er das Volk sah, jammerte es ihn; denn sie waren verschmachtet und zerstreut wie die Schafe, die keinen Hirten haben" (Mt 9,36). Jesus schaut mit den Augen Gottes in die Welt: „es jammerte ihn", diese Übersetzung des griechischen Verbs *splangchnizomai* bringt das Gemeinte zu zaghaft zum Ausdruck. Das Verb bezeichnet ein heftiges, den ganzen Körper erfassendes Mitleiden und Mitfühlen. Es wird immer verwendet, wenn die Barmherzigkeit Gottes auf das Elend des Menschen trifft.

Diese Bewegung Gottes von der Höhe in die Tiefe, sein Ankommen im Leid und im Elend trifft nicht immer auf Gegenliebe und Sympathie. Nicht einmal im Kreis seiner Freunde. Als Jesus ankündigt, dass er hinauf nach Jerusalem gehen und viel leiden müsse, da protestiert Petrus: „Gott bewahre dich, Herr! Das widerfahre dir nur nicht! Er aber wandte sich um und sprach zu Petrus: Geh weg von mir, Satan! Du bist mir ein Ärgernis; denn du meinst nicht, was göttlich, sondern was menschlich ist" (Mt 16,22 f.). Petrus ist zu diesem Zeitpunkt noch blind für den Weg der Demut, für den Weg in die Tiefe, für den Weg unter dem Kreuz. Gerade war Petrus noch vorgeprescht und hatte ein klares Bekenntnis abgelegt: „Du bist Christus, des lebendigen Gottes Sohn!" Aber Christus war für ihn der starke, kämpferische und siegreiche Gesalbte nach dem Vorbild Davids. Der die Römer davonjagt und ein nationales Friedensreich aufrichtet. Wie kann da der Messias leiden? Das wollte ihm partout nicht in den Kopf. Aber: Du denkst, was menschlich ist! Petrus vertritt den Weg des Menschen, den glorreichen Weg aus der Misere zum Sieg, und Jesus wählt den Weg der Demut und der Niedrigkeit.

Liebe Gemeinde, wir stehen am Anfang eines neuen Jahres, einer Zeit, in der wir gerne gute Vorsätze und Entscheidungen treffen: Was bedeutet für uns Gottes Bewegung von oben nach unten bis hin zum Leidensweg unseres Herrn? Ich wage es einmal so zu sagen: Wir dürfen uns in diese Bewegung Gottes hineinstellen. Dazu sind wir eingeladen, diese Bewegung mit zu vollziehen. In diesem Geist der Demut unser Leben zu gestalten, aus dieser Haltung unsere Entscheidungen treffen. So wichtig es ist, vom hohen Ross herabzusteigen, sich von Selbstüberschätzung und zu hohen Ansprüchen zu lösen und vorschnelles Urteilen und Verurteilen aus Hochmut zu unterlassen – aber Demut ist nicht die Summe guter Vorsätze und Einsätze. Wir sollten sie nicht mit Tugend und Moral verwechseln. Demut, wirkliche Demut ist genauso wie der Glaube eine Gabe, ein Geschenk, um das wir Gott bitten dürfen. Sie wird uns in der Nachfolge zuteil. Wir brauchen dazu den Geist der Jesus-Geschichten, um den wir bitten dürfen und der uns an den Ort führt, wo wir Demut einüben können.

Ich weiß nicht, ob wir es alle gemerkt haben! Durch das Geschenk der Demut werden wir reich beschenkt! Man muss sich nicht mehr selbst in den Mittelpunkt stellen, sich selbst inszenieren und mit anderen konkurrieren! In der Demut werden wir frei von der Selbstüberschätzung, als könnten wir durch unsere Taten irgendetwas verdienen. Aber ich bekomme ein sehendes Herz. Nicht umsonst ruft Jesus seinen Freunden zu: „Nehmt auf euch mein Joch und lernt von mir; denn ich bin sanftmütig und von Herzen demütig; so werdet ihr Ruhe finden für eure Seelen. Denn mein Joch ist sanft und meine Last ist leicht" (Mt 11,29 f.). Es liegt auf der Hand, was Jesus meint. Demut macht das Leben leicht, vereinfacht es, macht unabhängig, schenkt Freude, lässt erkennen, wie unwichtig das meiste ist, dem wir nachjagen. Demut macht unser Herz sehend und lässt uns näher bei der Wahrheit leben, bei Gott. Amen.

DIE ANDERE WEISHEIT

Predigt zu Kolosser 2,4
am 16. Januar 2022
in der Dorfkirche zu Wunderthausen

„In Christus liegen verborgen alle Schätze der Weisheit und der Erkenntnis" (Kol 2,4)

Liebe Gemeinde!

In der Schule schrieb ich eigentlich ganz gerne Besinnungsaufsätze. Man bekam ein Thema und viel Zeit, und dann konnte man völlig frei seine Gedanken fliegen lassen, natürlich konzentriert auf ein spezielles Thema. Die Themen der Aufsätze habe ich längst vergessen. Bis auf ein Thema, an das ich mich immer wieder einmal, manchmal schmerzlich, erinnert habe: „Reden ist Silber, Schweigen ist Gold" – eine Lebensweisheit. Nun machten wir das damals in der Weise des dialektischen Besinnungsaufsatzes. Erstens: Ja, das Sprichwort ist berechtigt. Es stimmt. Zweitens: Nein, das Sprichwort ist falsch und führt in die Irre: These – Antithese und im 3. Teil kam dann die sogenannte Synthese. Man hob das Thema auf eine höhere Stufe, differenzierte es und gab ihm einen tieferen Sinn. So machte ich das auch damals.

„Reden ist Silber, Schweigen ist Gold." Wie schnell rutscht uns manchmal etwas über die Lippen – im Zorn, in einem unkonzentrierten Augenblick, im Affekt ... Es kommt zu einer dummen Bemerkung, zu einer Beschimpfung, zu einem allzu schnellen Urteil oder auch zu einer Verurteilung, ohne auch die andere Seite gehört zu haben. Wir merken es zu spät, es ist gesagt, und wir können das Wort nicht zurückrufen. Wir haben uns den Mund verbrannt. Ich könnte viele Beispiele anführen aus der eigenen Erfahrung oder aus der Politik und Literatur. „*O si tacuisses, philosophus mansisses* – Hättest du geschwiegen, du wärst ein weiser Mann geblieben", ruft ein römischer Philosoph, als er merkt, dass er sich verrannt hat. Wie viele Menschen haben ihm diese Selbstkritik nachgesprochen! Für mich war es später nicht nur in der Seelsorge eine Mahnung: Dem Gegenüber ganz das Ohr zu schenken, ihm, wie man so sagt, mit zugenähtem Mund, aber aufmerksam und teilnehmend zuzuhören – was mitunter sehr schwerfällt. Also lange zu schweigen – oft findet der Ratsuchende selbst die Lösung seines Problems. So der Punkt 1.

Punkt 2. Das Sprichwort führt in die Irre. Erst wenn man ein Wort spricht und sich erklärt, weiß der Andere, wo er dran ist, kann antworten und ein Gespräch von Rede und Gegenrede kommt in Gang. Stellt euch vor, Martin Luther hätte angesichts der damaligen Missstände in seiner Kirche geschwiegen, in Wittenberg, vor Cajetan oder auf dem Wormser Reichstag! Oder ein anderes Beispiel! Bleiben wir am Ort! Als die Nazis die sogenannten „Krüppel" aus unseren Häusern holten und nach Haina oder Hadamar brachten, als die Roma und Sinti aus Berleburg nach Theresienstadt „abtransportiert" wurden, hätte man da sagen können: Reden ist Silber, Schweigen ist Gold? Hätte man damals nicht nur reden, sondern schreien müssen? Ja, Reden wäre damals Gold gewesen und Schweigen war feig und erbärmlich!

Lebensweisheiten sind also durchaus nützlich und hilfreich. Aber sie sind situativ, in bestimmten Situationen richtig und zielführend, in anderen Situationen deplaziert und irreführend. Man muss also gründlich überlegen, also lebenserfahren und weise sein, um sich das richtige Sprichwort zum richtigen Zeitpunkt zu sagen.

Liebe Gemeinde, ich hole deswegen so weit aus, um Paulus zu verstehen. Er denkt nämlich ganz anders. Er sagt: „In Christus liegen verborgen alle Schätze der Weisheit und der Erkenntnis." Was das heißt, das macht er seiner Gemeinde in Korinth deutlich. Er schreibt ihnen: „Wisst ihr noch, als ich damals zu euch kam? Ich kam nicht mit hohen Worten und hoher Weisheit. Ich hielt es für richtig, unter euch nichts zu wissen als allein Jesus Christus, den Gekreuzigten. Und ich war bei euch in Schwachheit und in Furcht und mit großem Zittern. Und meine Worte und meine Predigt geschahen nicht mit Überredungskunst und menschlicher Weisheit, sondern Gottes Geist und seine Kraft wirkten durch mich. Denn euer Glaube sollte sich nicht auf Menschenweisheit gründen, sondern auf Gottes rettende Kraft" (1Kor 2,1–5).

Natürlich hätte der geschulte Rabbiner Paulus auf die hebräische Weisheit zurückgreifen können. Er kannte zudem die griechischen Philosophen, die Stoiker und Peripatetiker und deren Lehren. Das war damals die verbreitete und allgemein geteilte Auffassung: Der Mensch wird nur, wozu er bestimmt ist, wenn er sich darum bemüht. Ein Leben, das gelingt, galt als Resultat der Arbeit an sich selbst. Ohne Klugheit und Besonnenheit, ohne Selbstkritik, ohne Beachtung der Tugenden und ohne einen maßvollen Lebensstil muss das Leben scheitern, es bleibt dann armselig, banal, oberflächlich und lächerlich. Diese Vorstellung von kluger und besonnener Lebensführung fasste man unter dem Begriff der Weisheit zusammen. Jeder, Herren wie Sklaven, teilte diese Auffassung. Erst die Weisheit macht den Menschen lebenstauglich und lässt das Leben genießen.

Ich staune: Paulus lässt das alles links liegen. Damit hätte er doch gerade bei den philosophisch geschulten Griechen punkten können! Nein, er mutet ihnen zu: „In Christus liegen verborgen alle Schätze der Weisheit und Erkenntnis." Hier ist er ganz kompromisslos! Er sagt nicht einmal: „Christus und die Weisheit". Denn er weiß: das wäre weniger als Christus allein! Das ist Paulus! Die Weisheit Gottes ist gewissermaßen in der Krippe geboren, in unserem Herrn und Heiland Fleisch und Blut geworden. Und diese Weisheit können wir uns nur aneignen, indem wir uns von unserem Herrn rufen lassen und in seine Nachfolge treten. Das ist für den Apostel der einzige Zugang zum verborgenen Schatz der Weisheit. In der Nachfolge, das heißt: im Vertrauen auf Gott, im Gebet, in der praktizierten Gottes- und Nächstenliebe, in der Dankbarkeit, im Lobpreis und in der Anbetung und nicht zuletzt in der Gemeinde von Schwestern und Brüdern: da schenkt er uns seine Weisheit.

Dazu gehört auch, dass er unsere blinden Augen öffnet. Ja, dass wir mit den Augen Christi in die Welt schauen. Mit seinen Augen sehen wir auf einmal die, die im Dunkeln sitzen, die Hungernden, die Trauernden, die Flüchtenden … Und es ist ganz merkwürdig: Diese Weisheit ist keine Kopfgeburt, nichts, was sich Menschen ausgedacht haben, nichts, was aus dem Erfahrungswissen der Menschen stammt. Es ist die Weisheit, die in der Heiligen Nacht zu uns Menschen kam. Darum zitiert Paulus ein Wort des Propheten Jesaja: „Was kein Auge gesehen hat und kein Ohr gehört hat und in keines Menschen Herz gekommen ist, das hat Gott denen bereitet, die ihn lieben" (Jes 64,3 bzw. 1Kor 2,9).

Dietrich Bonhoeffer hat diese „Weisheit" nicht nur gekannt, er hat aus ihr gelebt. Aus der Weisheit, die Menschen in der Nachfolge Christi geschenkt wird. Aus der Weisheit, die in Krippe und Kreuz geboren ist. Wie Paulus hat auch er mit den Augen Christi auf die Kirche und die Gemeinde geblickt. Er sagt einmal: „Kirche ist nur Kirche, wenn sie für andere da ist – so wie Christus nur für andere war." Und darum ist Kirche „Christus als Gemeinde existierend". Die Gemeinde lebt und wächst, wenn sie für andere da ist …, dann, und nur dann, bleibt sie *kyriaké*, die zum Herrn Gehörige.

Ich weiß aus der eigenen Gemeindearbeit: Das ist nicht immer leicht, Kirche für andere zu sein. Aber ich habe auch Sternstunden erlebt, wo dies gelang! Etwa wenn die Kindergottesdienst-Kinder mit ihren Helferinnen in der Adventszeit in die Häuser gingen, zu alten und einsamen Menschen, und sangen mit Flötenbegleitung ein paar Weihnachtlieder, trugen ein Gedicht vor und überreichten ein kleines Transparent.

Oder ich erinnere mich an eine andere Aktion mit den Konfirmandinnen und Konfirmanden in den 80er Jahren. Vor einem Erntedankfest beschäftigten wir uns mit der Umweltproblematik und lasen den Text „Schöpfung rückwärts" von Jörg Zink. Damit die Umwelt-Probleme auch wirklich berührten, kam nach der Reflexion die Aktion. Wir sammelten den Müll in dem Straßengraben zwischen Wunderthausen und Diedenshausen. Es kamen 6 Müllsäcke zusammen, die wir zum Erntedankfest draußen vor der Kirche der Gemeinde präsentierten. Dass die Schöpfung Gott gehört und wir sie zu hegen und zu pflegen haben, dass wir nur Gäste auf dieser Erde sind und dass wir uns auch als Gemeinde stellvertretend für andere für die Erhaltung der Schöpfung einsetzen sollten: das ist uns damals wohl erstmals bewusst geworden. Schöpfungsverantwortung gehört zur Nachfolge und ist ganz tief in der biblischen Weisheit verankert.

Oder ich denke an die Leipziger Kinder, die wir zweimal kurz nach der Wende in unserer Gemeinde für einige Wochen aufnahmen. Die Kinder und Jugendlichen kamen alle aus sogenannten „broken families", waren innerlich verletzt, teils traumatisiert. Es war alles andere als einfach, mit einigen von ihnen umzugehen. Aber für die Kinder war es eine gute, vielleicht sogar heilsame Zeit zum Auf- und Durchatmen. Eine Gastfamilie erzählte mir, dass sie nach mehr als 25 Jahren plötzlich Post, einen Gruß, eine Erinnerung und Dankkarte von dem nunmehr 36-Jährigen erhalten hatten. Von dem 9-jährigen Kind, das damals bei ihnen wohnte. Kirche ist nur Kirche, wenn sie für andere da ist, so wie Christus für andere da war und da ist.

Das, was Bonhoeffer sagt, konzentriert kirchliche Arbeit auf diesen Punkt, auf das FÜR-ANDERE-DASEIN. In der Hingabe an den anderen werden unsere Augen geöffnet, hier strömt uns Weisheit zu. Wer hat das nicht schon einmal erlebt? Wenn wir unverhofft einen Menschen besuchen, uns ihm zuwenden, Zeit für ihn haben, ein offenes Gespräch mit ihm führen, Leid mit ihm teilen: wie viel Dankbarkeit, Sinnfülle und Daseinsfreude erleben auch wir in einer solchen Begegnung!

Allerdings, Bonhoeffer schloss mit seiner Bestimmung aber auch andere Arbeitsbereiche der Kirche aus. Er wollte die Kirche auf Kurs und in der Nachfolge des Herrn halten. Die Nazis wünschten, dass die Kirche mitmacht, an den großartig inszenierten Parteitagen und Fackelzügen mitmarschiert, unter Fahnen und Hakenkreuzen ihre Gottesdienste feiert. Gegen diesen Irrweg stand Bonhoeffer auf. Die Kirche sollte unabhängig bleiben! Sie hat ihren eigenen Auftrag! Sie sollte keine verhängnisvolle Koalition eingehen! Die Bestimmung „Kirche ist Christus als Gemeinde existierend“ hat auch heute nichts von ihrer Brisanz eingebüßt.

Ich selbst weiß von den Debatten und Beschlüssen auf Synoden um die Gefahr, dass sich die Kirche im Vielerlei verlieren kann. Die Gemeinde Jesu hat aber den einen Auftrag, für andere da zu sein. Oder wie es Paulus sagt: „Ich hielt es für richtig, unter euch nichts zu wissen als allein Christus Jesus“ (1Kor 2,2). Es gibt darum eine Leitfrage für die Gemeindearbeit. Früher hatten einige Gemeindeglieder diese Frage auf einer kleinen Holztafel gebrannt in der Küche hängen: „Was würde Jesus dazu sagen?“ Vielleicht sollte man diese Frage besser als Bitte formulieren: „Herr, was würdest du dazu sagen?“ Es ist meine Überzeugung und Erfahrung, dass wir eine Antwort und Weisung erhalten. Vielleicht nicht sofort. Vielleicht anders als wir gedacht haben. Aber wir dürfen sicher sein. Wenn wir anklopfen und fragen, wird uns aufgetan und geantwortet. Amen.

DIE „LOGIK DES HERZENS" UND DER „SPRUNG" DES GLAUBENS

Predigt zu 1. Samuel 3,1–10
am 20. Februar 2022
in der Dorfkirche zu Alertshausen

„Und zu der Zeit, als der Knabe Samuel dem Herrn diente unter Eli, war des Herrn Wort selten, und es gab kaum noch Offenbarung. Und es begab sich zur selben Zeit, dass Eli lag an seinem Ort, und seine Augen hatten angefangen, schwach zu werden, so dass er nicht mehr sehen konnte. Die Lampe Gottes war noch nicht verloschen. Und Samuel hatte sich gelegt im Heiligtum des Herrn, wo die Lade Gottes war. Und der Herr rief Samuel. Er aber antwortete: Siehe, hier bin ich! Und lief zu Eli und sprach: Siehe, hier bin ich! Du hast mich gerufen. Er aber sprach: Ich habe nicht gerufen; geh wieder hin und lege dich schlafen. Und er ging hin und legte sich schlafen. Der Herr rief abermals: Samuel! Und Samuel stand auf und ging zu Eli und sprach: Siehe, hier bin ich! Du hast mich gerufen. Er aber sprach: Ich habe nicht gerufen, mein Sohn; geh wieder hin und lege dich schlafen. Aber Samuel hatte den Herrn noch nicht erkannt, und des Herrn Wort war ihm noch nicht offenbart. Und der Herr rief Samuel wieder, zum dritten Mal. Und er stand auf und ging zu Eli und sprach: Siehe, hier bin ich! Du hast mich gerufen. Da merkte Eli, dass der Herr den Knaben rief, und sprach zu ihm: Geh wieder hin und lege dich schlafen; und wenn du gerufen wirst, so sprich: Rede, Herr, denn dein Knecht hört. Samuel ging hin und legte sich an seinen Ort. Da kam der Herr und trat herzu und rief wie vorher: Samuel, Samuel! Und Samuel sprach: Rede, denn dein Knecht hört." (1Sam 3,1–10)

Liebe Gemeinde!

Viele menschliche Dinge haben zwei Seiten. Eine Innenseite und eine Außenseite, die darf man nicht trennen, aber man muss sie unterscheiden. Denken wir an zwei junge Leute, die sich mögen. Sie ziehen zusammen in eine Wohnung und entwickeln gemeinsam Zukunftspläne. Irgendwann beschließen sie, ihre Beziehung öffentlich zu machen. Sie gehen zum Standesamt, vielleicht lassen sie sich kirchlich trauen. Der Polterabend und die Hochzeit werden gefeiert. Musik bestellt, die Hochzeitskleidung ausgewählt usw. Das alles ist wichtig und trägt zum Gelingen des Festes bei. Aber es ist und bleibt die Außenseite. Die Innenseite ist ihre Liebe und ihr Vertrauen zueinander, die Hoffnung und die Zuversicht, dass sie auf dem gemeinsamen Weg glücklich werden.

Ganz ähnlich verhält es sich mit der Religion und der Kirche. Da sind die Gebäude: die Kirchen und Kapellen, die Gemeindehäuser und Pfarrhäuser, die Kirchensteuer und die kirchliche Verwaltung, die Gottesdienste und Gemeindebriefe, die Sitzungen des Presbyteriums und die Gemeindekreise. Das ist das äußere Erscheinungsbild von Kirche. Die Innenseite von Religion und Kirche ist etwas anderes. Es ist der lebendige Glaube, dass es Gott gibt. Dass er nicht schweigt, sondern uns anredet. Dass Gott in der Geschichte gewirkt hat und auch weiterhin wirkt. Dass er auch mein Leben und meine Lebensgeschichte in seinen Händen hält. Dass es also einen „einzigen Trost im Leben und im Sterben" gibt, wie es der Heidelberger Katechismus sagt. Das ist gewissermaßen der feuerflüssige Kern, die Innenperspektive von Religion und Kirche.

Die Nacht-Geschichte aus dem Tempel von Schilo stammt aus dem Alten Testament. Hier gibt es zwei umfangreiche Samuel-Bücher, die zu den Geschichtsbüchern gerechnet werden. Sie erzählen über Samuel, dass er als Richter und Prophet in Israel fungierte, eine führende Stellung innehatte, ein kluger Mann war mit Charisma und Weitblick. Und es wird erzählt, dass er Saul zum ersten König in Israel ernannte und salbte. Das ist wieder die Außenperspektive!

Die Geschichte, die wir gehört haben, erzählt dagegen den innersten Kern und den Anfang dieser großen Geschichte. Sie versetzt uns ins 11. Jahrhundert vor Christus. Die Israeliten hatten sich gerade im Land Kanaan niedergelassen. Eine staatliche Ordnung gab es noch nicht. Für die religiöse Praxis gab es im ganzen Land verteilt Zentren, Heiligtümer, wo Gott verehrt wurde. In Schilo, einem Heiligtum im Bergland von Samaria, ging der Priester Eli seinem Amt nach. Von Samuel wissen wir, dass seine Mutter Hanna, eine Frau mit sehnlichstem Kinderwunsch, lange Zeit kein Kind bekam. Immer wieder bittet und fleht sie zu Gott um einen Sohn. Als er ihr geschenkt wird, nennt sie ihn Samuel und weiht ihn von seiner Kindheit an dem Dienst im Tempel von Schilo. So hatte sie es Gott in ihren Gebeten versprochen.

Die damalige Zeit war unsicher, politisch und wirtschaftlich. Viele Menschen lebten in Armut. Auch die Religion und der Glaube der Menschen brannten auf Sparflamme. Gott schien den Menschen fremd und abwesend zu sein. Man kümmerte sich nicht mehr um ihn. Im Tempel brannte nur noch eine kleine Lampe, die wohl an Gottes Gegenwart erinnern sollte.

In dieser nächtlichen Szene kommt es nun zu einem merkwürdigen Missverständnis. Gott ruft den Jungen. Und Samuel erkennt nicht die Stimme des Herrn. Er geht zu dem alten, halbblinden Priester Eli, weil er meint, dieser rufe ihn. Der schickt ihn zurück: Geh, leg dich wieder schlafen! Dreimal wiederholt sich das. Beim dritten Mal schöpft der alte Priester Verdacht. Es könnte der Herr sein, der den jungen Samuel ruft. Der Junge braucht offensichtlich die Lebenserfahrung und Führung des alten Priesters. Erstaunlich, was er ihm nun rät! Er rät nicht, aufzustehen, sich anzukleiden, gespannt und hellwach hinzuhören. Sondern: Geh, leg dich wieder schlafen! Gott lässt aber nicht nach. Er redet Samuel ein viertes Mal an. Diesmal antwortet Samuel, bittet bescheiden: Rede, denn dein Diener hört.

Liebe Gemeinde, diese Geschichte fragt uns: Rechnen wir noch damit, dass Gott redet, mich ganz persönlich anredet? Hören wir im Stimmengewirr unserer Zeit Gottes Anruf? Bin ich im Lärm des Alltags offen für ihn, der mich sucht und mit mir reden will? Hat unser Gebet nicht in der Regel den Inhalt: „Höre, Herr, dein Diener *redet*" – anstatt der einfachen Worte Samuels: „Rede, Herr, dein Diener *hört*". Bin ich bereit, mir Rat geben zu lassen von Menschen wie Eli, der Samuel überhaupt erst auf die Idee bringt: Gott möchte mit dir reden! Dietrich Bonhoeffer hat einmal sehr treffend gesagt:

„Das Wort unserer Schwestern und unserer Brüder ist stärker, kräftiger und tröstender als das Wort, das wir uns selber sagen können."

Ich bin überzeugt: jeder Mensch wird in seinem Leben – manchmal in besonderen Situationen, manchmal im grauen Alltag – von Gott ganz persönlich angerufen. Viele Menschen haben davon ergreifende Zeugnisse abgelegt. Von der biblischen Zeit bis zum heutigen Tag. Sie sagen es ähnlich wie Jeremia: „Gottes Wort ist wie ein Hammer, der Felsen zerschmeißt" (Jer 23,29). Oder Gottes Wort ist wie ein zweischneidiges Schwert (Hebr 4,12), das Licht und Finsternis trennt. Und die Menschen haben ihre Hörwunder ganz unterschiedlich artikuliert. Aber sie alle haben sich verändert. Ihre Lebensausrichtung, ihr Lebensstil, ihre seelische Befindlichkeit waren neu und anders als vorher. In diesem Sinne sprechen wir vom Damaskus-Erlebnis. Die Apostelgeschichte (9,1–18) erzählt, dass sich Gott vor Damaskus dem Rabbi Paulus in den Weg stellte. Für die schroffe Umkehr hat sich die Redensart eingebürgert: Aus Saulus wurde ein Paulus. Aus Paulus, der Christen blutig verfolgte, wurde ein Nachfolger Christi, der erstmals das Evangelium nach Europa trägt. Viele Prominente haben es ähnlich erlebt. Der russische Dichter Dostojewski sagte nach seiner Neuorientierung: „Ich begann danach, noch einmal zu leben." Der englische Schriftsteller C.S. Lewis drückte es so aus: „Ich wurde von Gott schachmatt gesetzt." Carl Zuckmayer merkte: „Gott ist doch nicht tot." Und ich könnte die Reihe beliebig fortsetzen.

Diese Menschen haben den Anruf Gottes sehr unterschiedlich erfahren. Und in aller Freiheit haben sie auch verschiedene Konsequenzen daraus gezogen. Und doch haben die Berufungen eins gemeinsam. Die Menschen haben auf Gottes Ruf hin den Sprung gewagt. Ich brauche ganz bewusst das Wort „Sprung". Denn es ist ein Sprung, ein Absprung, man verlässt etwas. Wie etwa der Sprung vom Drei-Meter-Brett im Freibad. Bei jedem, der zum ersten Mal springt, ist der Sprung von Angst begleitet. Und wenn man die Angst überwindet und springt, dann verlässt man das Sprungbrett, auf dem man stand, und man taucht ein in ein anderes Element. Die Antwort auf Gottes Ruf gleicht einem Sprung, es ist ein Wagnis, aber am Ende stehen die Freude, es geschafft zu haben, und die Lust auf mehr.

Ich bin in meinem Leben immer wieder auf den französischen Mathematiker und Physiker Blaise Pascal gestoßen. In der Schule lernte ich das nach ihm benannte Pascal'sche Dreieck kennen. Ich erfuhr, dass er als erster das Gewicht der Luft errechnete. Er erfand die erste Rechenmaschine, von deren Prinzipien sich immer noch sämtliche Computer ableiten. Er entwarf die erste hydraulische Presse usw. Erst später las ich, dass diesem als Wunderkind geborenen Mann – ganz ähnlich wie Samuel – auch ein intensiver Anruf Gottes widerfuhr. Das ereignete sich in der Nacht am 23. November 1654 zwischen 22.30 und 0.30 Uhr. Was da geschah, erschütterte ihn zutiefst. Er hat es sofort gewissermaßen in stammelnden Worten niedergeschrieben. Dieses „Memorial" hat er von seinem Diener in das Futter seiner Weste einnähen lassen. Erst nach seinem Tod hat man es entdeckt. Die Gottesbegegnung brachte eine Wende in sein Leben.

Er hat dann seine Gedanken niedergeschrieben. Nach seinem frühen Tod sind diese Gedanken, die „Pensées", veröffentlicht worden. Ein Buch, das in fast alle Sprachen übersetzt wurde, und das die Leserinnen und Leser bis heute tief beeindruckt. Pascal weiß, dass solche intensiven Gottesbegegnungen ausgesprochen selten sind. Und niemand kann das herbeizwingen. Darum rät er, einfach einmal den „Sprung“ zu wagen und wie bei einer Wette auf Gott zu setzen. Wer auf Gott setze, könne unendlich viel gewinnen. Wer nicht auf ihn setze, könne unendlich viel verlieren. Dass Gott existiere, könne niemand beweisen. Dass Gott nicht existiere, könne auch niemand beweisen. Also müssen wir uns entscheiden, etwas riskieren, den Sprung wagen. Dazu ermutigt er seine Leserinnen und Leser. Er ist überzeugt, dass der Glaube ein besserer Ratgeber als die Vernunft ist. Die Vernunft habe Grenzen, der Glaube habe keine Grenzen. Es sei Licht genug vorhanden für die, die glauben, und Dunkelheit genug für die, die nicht glauben wollen. Und er gibt zu bedenken: Es ist das Herz, das Gott spürt, und nicht die Vernunft. Das aber sei der Glaube: Gott im Herzen spüren und nicht in der Vernunft. Diese Logik des Herzens, die *logique du coeur*, prägt auch ein weises und trostreiches Gebet Pascals, das in unser Gesangbuch aufgenommen worden ist (vgl. EG S. 1452, Nr. 970).

Ich komme zum Schluss noch einmal auf den Anfang zurück. Auf die Unterscheidung von Innenperspektive und Außenperspektive. Die Kirche, die katholische und evangelische Kirche, befindet sich zurzeit in einer Krise und ist folglich in die Kritik geraten. Beide Kirchen haben ihre eigenen Probleme. Auch wir werden in Gespräche hineingezogen, angefragt und mit Kritik konfrontiert. Es ist ganz gewiss so, dass sich im Erscheinungsbild der Kirche manches verändern wird und verändern muss. Da ist sehr viel aufzuarbeiten, zu korrigieren und zu entwickeln. Das aber betrifft die Struktur und Organisation der Kirche, die Außenperspektive. Wir sollten aber in den Gesprächen auf die Innenseite der Kirche verweisen, auf das Eigentliche, warum es Kirche gibt. Das ist der feuerflüssige Kern der Kirche, wo es um den Anruf Gottes geht, wo es um unsere Antwort, um unseren Glauben, unsere Hoffnung und unsere Liebe geht. Und damit die nicht abhandenkommen, sondern gestärkt und aufgebaut werden, dazu brauchen wir die Kirche und die Gemeinde von Schwestern und Brüdern. Amen.

DIE LIEBE,
DIE DIE NÄHE DES LIEBENDEN SUCHT

Predigt zu 1. Korinther 13,1–7
am 23. Februar 2020
in der Kirche zu Diedenshausen

„Wenn ich mit Menschen- und Engelszungen redete und hätte die Liebe nicht, so wäre ich ein tönendes Erz oder eine klingende Schelle. Und wenn ich prophetisch reden könnte und wüsste alle Geheimnisse und alle Erkenntnis und hätte allen Glauben, so dass ich Berge versetzen könnte, und hätte die Liebe nicht, so wäre ich nichts. Und wenn ich alle meine Habe den Armen gäbe und ließe meinen Leib verbrennen und hätte die Liebe nicht, so wäre mir's nicht nütze. Die Liebe ist langmütig und freundlich, die Liebe eifert nicht, die Liebe treibt nicht Mutwillen, sie bläht sich nicht auf, sie verhält sich nicht ungehörig, sie sucht nicht das Ihre, sie lässt sich nicht erbittern, sie rechnet das Böse nicht zu, sie freut sich nicht über die Ungerechtigkeit, sie freut sich aber an der Wahrheit; sie erträgt alles, sie glaubt alles, sie hofft alles, sie duldet alles." (1Kor 13,1–7)

Liebe Gemeinde,

der heutige Sonntag ist der letzte vor der Passionszeit, die am kommenden Mittwoch, dem Aschermittwoch, beginnt. Damit beginnt auch in der kommenden Woche die vorösterliche Fastenzeit, die heute gerne in der Aktion „7-Wochen-ohne" neu belebt wird. Seit Jahrhunderten ist dieser Sonntag „Estomihi" von zwei Bibeltexten bestimmt. Die Leidensankündigung Jesu (Mk 8,31–33) haben wir eben als Lesung gehört. Der andere Text ist das sogenannte „Hohe Lied der Liebe" aus 1Kor 13, das wir gemeinsam gesprochen haben.

Und das ist nun ganz merkwürdig: Hinter dieser Textauswahl steht für uns moderne Menschen eine sonderbare Lebenseinstellung, die uns ganz kurios und krass erscheint. Die Christen in der frühen und mittelalterlichen Kirche nahmen die Nachfolge Jesu, ihr teilnehmendes Mitgehen auf seinem Leidensweg, ganz ernst. Sie übten Selbstkasteiung, geißelten sich, um rein vor Gott dazustehen. Sie zogen, besonders in Krisenzeiten, in langen Geißler-Zügen, Buße tuend, über das Land. Die Flagellanten-Züge sind in die Geschichte eingegangen. Manchmal waren Menschen sogar zum Martyrium geneigt und entschlossen. Und diesen Christen wurde am Sonntag „Estomihi“ die Botschaft zugerufen: Gemach! Gemach! Vergesst in Eurem Fasten, Kasteien und Büßen die Liebe nicht! Hört auf das, was der Apostel sagt: „Und ließe ich meinen Leib verbrennen und hätte die Liebe nicht, so wäre mir's nicht nütze“.

Das Hohe Lied der Liebe gehört zusammen mit Römer 8 zu den bekanntesten Texten der Bibel und des Neuen Testaments: „Nichts kann uns scheiden von der Liebe Gottes, die in Christus Jesus ist, unserm Herrn“ (Röm 8,39). Wie auf zwei Brückenpfeiler beruht das paulinische Evangelium auf diesen beiden Texten. Das ist die frohe Botschaft, die Paulus bezeugt und hineinruft in die antike Welt, auf der Agora in Athen wie in den Synagogen verkündet und die er der römischen Gemeinde erklärt. Die alte Bezeichnung „Hohes Lied“ zeigt: eigentlich müsste man diese Worte singen, hineinsingen, intonieren in allen Variationen, damit sie ankommen in den Herzen und der Funke überspringt, damit wir mit Gerhard Tersteegen sagen können: „Möcht deine süße Jesusliebe in Herz und Sinn gepräget sein“ (EG 661,4). Das meint der Liederdichter, dass unsere Lebensbewegung durchdrungen und durchtränkt, begonnen und vollendet wird in der Liebe. Aber wie das so ist: bei einer so wichtigen und zentralen Botschaft, die eigentlich jedem unter die Haut geht, bringen wir uns schnell in Deckung. Wir entschärfen und neutralisieren die klaren und eindeutigen Worte, relativieren und bringen uns in Distanz zu dem, was Paulus in dem griechischen Wort „Agape“ zusammenfasst. Es gibt drei verbreitete Missverständnisse, mit denen auch wir uns dieser Liebe entziehen, dieser Wirklichkeit, die doch so stark ins Leben drängt.

Wir alle wissen, das „Hohe Lied“ bietet eine Fundgrube goldener Worte. Deswegen lässt man sie auch gerne im Konfirmandenunterricht auswendig lernen. Und wer für feierliche Anlässe ein gutes Wort sucht, etwa für eine Trauung oder Konfirmation, der wird hier schnell fündig. Bei der Trauerfeier von Lady Di verlas Tony Blair das Lied. Das alles ist gut und nicht zu beanstanden. Aber wenn das „Hohe Lied“ nur bei feierlichen Anlässen gewissermaßen als Wortgirlande und Dekor hervorgeholt wird, wird es zumindest der Absicht des Verfassers nicht gerecht.

Das kann man sich leicht klarmachen. Paulus hat sich ja nicht hingesetzt, um einen großen Text, eine „Magna Charta der Liebe“, zu verfassen. Der Apostel hat vielmehr Nachrichten aus Korinth erhalten. Er ist beunruhigt. Dabei war Korinth durchaus eine Art Vorzeige-Gemeinde. Da gab es Engagement, Aktivitäten und reges Gemeindeleben. Aber es gab auch Streitereien und Parteibildungen. Einige bildeten sich auf ihr Talent und ihre Begabungen, ihre Phantasie und ihren Liberalismus etwas ein. Sie protzten mit ihrer prophetischen Tiefe und Weitsicht. Darum legt Paulus der jungen Gemeinde etwas ans Herz: Ihr wäret ja eine ideale Gemeinde, wenn ihr dies eine hättet, ohne das alle Geistesgaben, alle Kreativität und alle Aktivität am Ende nichts sind: die Liebe. Paulus mahnt also, mahnt und ringt mit leiser Stimme: Hört, unter euch geschehe alles in der Liebe (1Kor 16,14) und zur Erbauung der Geschwister (1Kor 14,26)!

Das zweite Missverständnis hängt sehr eng mit dem ersten zusammen. Es entsteht, wenn die Liebe eingeengt wird auf Teilbereiche des Lebens: zumal auf den privaten Bereich, auf Ehe, Familie, vielleicht noch auf die Erziehung. Ich möchte das verdeutlichen an Pastor Christoph Blumhardt (1842–1919). Wie sehr hat dieser württembergische Pfarrer an diesem Missverständnis gelitten! Denn das war sein Anliegen: Die Liebe, von der Paulus spricht, sollte öffentlich werden. Sie sollte das öffentliche Leben, die Politik und Kultur, die soziale Frage und die Amtskirche bestimmen. Das war am Ende des 19. Jahrhunderts, als das Schicksal der Industriearbeiter, ihre Ausbeutung zu einer brennenden Frage wurde. Er warf dem Christentum damals vor, dass es die Liebe Gottes verraten habe, eine Liebe, mit der Gott die ganze Welt geliebt hat. Und er wollte zeigen, dass es auch anders geht. Dass man die Liebe Gottes in das Leben hereinlassen kann. Sein Vater Johann Christoph Blumhardt (1805–1880) hatte in Bad Boll das Kurhaus gekauft und dort ein Heilungs- und Seelsorgezentrum gegründet. Sein Sohn Christoph setzte die Arbeit seines Vaters fort – mit erstaunlicher Resonanz. In Bad Boll stellte sich damals der europäische Hochadel zum Kuren ein. Und an der großen Mittagstafel saßen sie alle unterschiedslos: die preußischen Prinzen von Reuß neben der einfachen Bauersfrau, die Grafen von Castell, die Fürsten von Pückler und die von Moltkes neben ihrem Kutscher. Diese Tisch-Ordnung war damals sensationell. Sie hob die Hierarchie der Ständeordnung auf. Ein fremder Besucher schrieb in Blumhardts Tagebuch: „Ihre Religion ist die Liebe." Der Geist der Liebe hob das Grund-Prinzip der damaligen Ständegesellschaft aus den Angeln. Und genau dies war Blumhardts Absicht: Gottes Liebe sollte Geschichte werden. Sonst bliebe die Gesellschaft kalt und inhuman, überantwortet der Macht des Besitzstandes, des Herkommens, des Geldes usw. Sein Kernsatz: Gottes Liebe ist der Schlüssel zur Welt und zu den Herzen der Menschen. Hat Blumhardt nicht Paulus völlig richtig verstanden? Wer also der „Agape" Grenzen setzt und sie kanalisiert, nur im Privaten fließen lassen will, verkennt und schränkt die Liebe Gottes ein, die gleich einem warmen Golfstrom in die oft kalte Welt drängt.

Ich möchte kurz noch auf ein drittes Missverständnis eingehen. Eine tief enttäuschte, geschiedene Frau sagte mir einmal, über diesen Text sollte ich nie nicht predigen. Mit diesen Vorstellungen sei sie in die Ehe gegangen: „Die Liebe verträgt alles, die Liebe duldet alles." Voller Bitterkeit sagte sie: Das ist eine absolute Überforderung, reine Liebesromantik! Das kann man gar nicht! Liebe Gemeinde, ich denke, die Frau steht nicht allein, manch einer von uns kennt ebenso die Frage: Muss ich denn wirklich immer langmütig und freundlich sein, alles verzeihen, mich ohne Ende demütigen lassen? Kann es nicht auch ein Ausdruck von Selbstachtung und Würde sein zu sagen: bis hierhin und keinen Schritt weiter! Gewiss gehört ein solches Gespräch in die seelsorgerliche Verantwortung. Und doch ist es mir wichtig, hier etwas zu erklären. Paulus führt uns im „Hohen Lied" kein Ideal vor Augen, auch nicht das oberste und vollkommenste. Paulus möchte gar nicht, dass wir auf unser Streben und Sollen blicken. Sondern auf das, was Gott für uns getan hat. Die Liebe Gottes ist doch Fleisch und Blut geworden – in seinem lieben Sohn. Wie es das Johannes-Evangelium sagt: „Also hat Gott die Welt geliebt, dass er seinen eingeborenen Sohn gab […]" (Joh 3,16). Wir verstehen das „Hohe Lied der Liebe" erst voll, wenn wir für das Wort Liebe Christus einsetzen: Christus ist langmütig und freundlich, Christus rechnet das Böse nicht zu, Christus erträgt alles …

Martin Luther, der ein glänzender Interpret der Liebe Christi war, hat das einmal ganz einfach gesagt: „Nicht weil wir schön sind, liebt uns Gott. Sondern weil Gott uns liebt, sind wir schön." Gottes Liebe ist das Erste und kommt all unserem Tun zuvor. Und von dieser Liebe sind wir umgeben, gehalten und getragen, auch in unserer Lieblosigkeit: Geliebte, auch in unserer Flucht weg von Gott: Geliebte, in unserer Trostlosigkeit, in unserem Zweifel und Unglauben immer noch Geliebte. Aber dieses Geschenk der suchenden, nachgehenden und unermüdlichen Liebe Gottes ist ein ganz besonderes Geschenk, ein Geschenk mit Folgen, ein Geschenk, das den Beschenkten verwandelt, uns nämlich herauslöst aus der Trägheit und dem Egoismus. Aus der fatalen Vorstellung, wir seien der Mittelpunkt des Seins. Und so öffnet diese Liebe unsere Augen und Herzen und wir dürfen das Feuer weitertragen, das diese Liebe in uns entzündet hat.

Wir dürfen also sagen, das Hohe Lied ist recht verstanden ein Christus-Lied. Ein Lobgesang auf Jesus Christus, in dem die Liebe Gottes zu uns gekommen ist, ein Lobgesang, der zum Zustimmen und Einstimmen einlädt. Und was das Weiterreichen dieser Liebe angeht, dazu hat der Heidelberger Katechismus eine treffliche Formulierung gefunden, nämlich dass „auch die Allerheiligsten in ihrem Leben nicht über einen geringen Anfang hinauskommen“ (Frage 114).[2] Nichts anderes sagt Paulus, wenn er vom Stückwerk oder Fragment unserer Liebe spricht.

Dass wir gerade heute am letzten Sonntag vor der Passionszeit dieses Christus-Lied bedenken, hat noch einen weiteren Grund: Es wirft Licht auf Jesu Weg hinauf nach Jerusalem, um dort seinen Freunden ein letztes Zeichen seiner Liebe zu geben. Dort erträgt er alles. Dort duldet er alles. Dort rechnet er seinen Richtern und Verleumdern das Böse nicht zu. Insofern lässt uns das „Hohe Lied“ Gott und seinem Sohn ins Herz schauen und hilft uns, die Wundermacht der Liebe dort zu entdecken. Eigentlich kann man dann gar nicht anders, als die Nähe des so Liebenden zu suchen. Amen.

2 So auch Johannes Calvin, Inst. (1559), III,6,5: „Die meisten leiden unter solcher Schwachheit, dass sie nur wankend und hinkend, ja auf dem Boden kriechend, bescheiden vorankommen.“ Das Zitat verdanke ich einem Hinweis von Marco Hofheinz.

DIE MUSIKALISCHE HAUSAPOTHEKE

Predigt zu Matthäus 21,14-17
in der Kirche zu Elsoff
am 15. Mai 2022

„Und es gingen zu ihm Blinde und Lahme im Tempel, und er heilte sie. Als aber die Hohenpriester und Schriftgelehrten die Wunder sahen, die er tat, und die Kinder, die im Tempel schrien: Hosianna dem Sohne Davids!, entrüsteten sie sich und sprachen zu ihm: Hörst du auch, was diese sagen? Jesus antwortete ihnen: Ja! Habt ihr nie gelesen (Psalm 8,3): ‚Aus dem Munde der Unmündigen und Säuglinge hast du dir Lob bereitet'? Und er ließ sie stehen und ging zur Stadt hinaus nach Betanien und blieb dort über Nacht." (Mt 21,14–17)

Liebe Gemeinde,

ich denke, sie findet sich in jeder Wohnung: die kleine Hausapotheke. Da haben wir das Wichtigste für einen Notfall: Heftpflaster, Fieberthermometer, Halstabletten, ein paar Salben. So halt das Nötigste!

Ich habe zuhause noch eine zweite Hausapotheke: Eine „musikalische Hausapotheke". So heißt nämlich das Buch von Christoph Rueger: „Die musikalische Hausapotheke für jedwede Lebens- und Stimmungslage von A bis Z". Der Musikwissenschaftler listet sie alle auf: die klassischen Komponisten Mozart, Bach, Händel, Beethoven, erzählt aus ihrem Leben, Anekdoten, wie, in welchen Verhältnissen und in welcher Stimmung die Kompositionen und Konzerte entstanden sind. Und dann ordnet er die Musik zu, wie ein Apotheker die Medikamente für alle möglichen Krankheiten zuordnet: um Schmerzen zu vertreiben, das Herz zu erleichtern und der Seele wieder Flügel wachsen zu lassen. Der Autor empfiehlt Kompositionen bei Enttäuschung und Frustration, bei Einsamkeit, bei Melancholie und Trauer, bei Konzentrations- und Antriebsschwäche usw. Das überzeugt durchaus. Ich denke, wir selbst haben das schon erfahren: Die Musik gibt neue Kraft für Leib und Seele – hilfreich, wohltuend, heilend, Freude und Trost spendend.

Sie ahnen es: Die Bibel, das Alte und Neue Testament, lässt sich genau hier einreihen. Sie enthält ebenso Lieder für alle Lebenslagen! Und so sind sie auch entstanden: in Freude, Trauer, Dankbarkeit, Zorn, Überschwang oder unter Spott. Da gibt es Liebes- und Hochzeitslieder, Hymnen zur Thronbesteigung eines Königs, Christuslieder im Neuen Testament usw.

Oder ich denke an eins der ältesten Stücke der Hebräischen Bibel: das berühmte Mirjam-Lied – ein Siegeslied, das Mirjam anstimmte, nachdem das Volk Israel errettet und durch das Schilfmeer gezogen war. Die Prophetin nimmt die Pauke, schart alle Frauen um sich und im langen Reigen ziehen sie umher. Und Mirjam sang ihnen vor: „Singet dem Herrn, denn hoch erhaben ist er. Ross und Reiter stürzt er ins Meer“ (Ex 15,21). Oder ich denke an das nächtliche Lied von Paulus und Silas im Gefängnis (Apg 16,25). Da fangen die Mauern an zu wanken und die Türen öffnen sich ... Da gibt es Lieder für alle menschlichen Regungen und Stimmungen. Daran erinnert uns der heutige Sonntag Kantate. Das heißt: Singet! Die Gemeinde ist eine singende, jubelnde Gemeinde! Denn sie kommt von Ostern her. Vom Sieg über den Tod. Christen sind darum singende Menschen!

Der Predigttext, den wir eben gehört haben, weitet noch einmal unseren Blick. Zwei Dinge haben mich besonders angesprochen! „Und es gingen zu ihm Blinde und Lahme im Tempel, und er heilte sie.“ Beachten wir: Das geschieht im Tempel! Und hier gibt sich Jesus zu erkennen. Johannes der Täufer schickte einmal ein paar Leute zu Jesus und ließ ihn fragen:

„Bist du es, der da kommen soll, oder sollen wir auf einen andern warten? Und Jesus antwortete und sprach zu ihnen: Geht und sagt Johannes wieder, was ihr hört und seht: Blinde sehen und Lahme gehen, Aussätzige werden rein und Taube hören, Tote stehen auf, und Armen wird das Evangelium gepredigt, und selig ist, wer sich nicht an mir ärgert“ (Mt 11,3–6).

Was da im Tempel geschieht, ist buchstäblich eine gottesdienstliche Handlung. Der Ort, der Tempelbezirk, wird durch die Gegenwart Gottes geheiligt, durch die heilenden Hände Jesu, der eine neue Schöpfung in die alte hineinträgt. Er heilt, er richtet auf, er öffnet Augen, Hände und Beine werden heil und gesund. Und genau dies dürfen wir auch heute von ihm erwarten: „Sein Heil und Gnaden, die nehmen nicht Schaden, heilen im Herzen die tödlichen Schmerzen, halten uns zeitlich und ewig gesund“ (EG 449,8).

Ich erinnere mich noch gut an einen theologischen Vortrag über Behinderungen. Die Anwesenden erwarteten einen Bericht über diakonische Einrichtungen und neue Therapie-Konzepte. Aber der Vortragende hatte ein ganz anderes Ziel. Er versuchte uns deutlich zu machen, dass wir alle unsere Behinderungen haben und mit ihnen umgehen und leben müssen. Um darüber dann auch in eine tiefe Solidarität zu den anderen Behinderten zu treten. Wie oft können Menschen, die sich am Fernsehen sattsehen, doch blind sein für das, was ihnen vor die Füße gelegt ist. Und wie oft können die Redseligen stumm sein, wenn es darauf ankommt, den Mund aufzutun für die Stummen (Spr 31,8)! Und wie oft schauen wir allzu Beweglichen weg, wenn wir solchen helfen sollten, die unter die Räder geraten sind. Wie oft sind wir alle blind und lahm! Das sagt uns die Geschichte! Das wird sich nicht von selbst ändern. Aber es wird sich ändern, wenn Gott kommt und wir ihn einlassen und ihm Raum in unserem Leben geben. Darum singen und bitten wir: „Mach unsre blinden Augen sehen und unsre toten Herzen neu“ (EG 609,2)!

Und das Zweite! Das Geschrei im Tempel, am Ort der Stille. So jung und klein die Kinder auch sind, sie schreien am heiligen Ort, so, als gehörte es genau dorthin. Und sie haben auch etwas zu sagen! Sie wiederholen, was das Volk zuvor gesungen hat, als Jesus in Jerusalem einzog. „Hosianna dem Sohn Davids! Gelobt sei, der kommt im Namen des Herrn!“ (Mt 21,9). Das ist jubelnder Lobgesang! Und nicht nur das. Es ist die Wahrheit, Wahrheit im Kindermund! Und gefragt, was Jesus davon hält, antwortet der mit Psalm 8: „Aus dem Munde der Unmündigen und Säuglinge hast du dir Lob bereitet“ (Ps 8,3). Aber das zeigt nun die Geschichte, nicht jeder freut sich über diese klaren Worte aus Kindermund. Die Oberen des Tempels sind entsetzt und ärgern sich: So ein Stuss und das noch im Tempel! Die wissen doch gar nicht, was sie da sagen! Und genau diese Haltung, diesen Hochmut weist Jesus zurück! Aber seine Kritik will nun auch nicht zerstören. Seine Haltung bleibt vielmehr offen und einladend, einfach in den Lobgesang einzustimmen, der einfachen Wahrheit zuzustimmen, mal über seinen Schatten zu springen. Hier wird eine Haltung deutlich, in die auch wir uns immer wieder neu üben müssen.

Die Tempeloberen sind studierte Leute, akademisch gebildet, sie haben alle das jüdische Lehrhaus besucht und kennen sich bestens in religiösen und theologischen Fragen aus. Aber sie hören nicht mehr auf das fremde Andere, das, was sie herausfordert, sie können nicht mehr auf das hören, was ihrem Denken widerspricht. Sie erinnern mich an eine auch unter uns ganz verbreitete Haltung: Man hört nur auf das, was man schon weiß, nur auf die Stimmen, die uns selbst recht geben und uns bestätigen. Die anders Denkenden, die, die ein anderes Lied singen, werden hochmütig ausgeschlossen! Gerade die Ökumene hat uns gezeigt, wie wichtig und gehaltvoll das Zeugnis der Schwestern und Brüder in anderen Gemeinschaften, Konfessionen und Kirchen ist. Ökumenisches Lernen führt hinaus aus dem eigenen begrenzten Horizont und stellt uns in die Weite, in die internationale Christenheit hinein, bereichert uns, öffnet Herz, Verstand und Mund! Und in diesem Sinne lädt Jesus die Tempeloberen ein: Hört ruhig einmal hin, was Kindermund singt und sagt! Auch hier bei den Kindern kann die Wahrheit hell aufscheinen! Der Gott, der durch Steine reden kann, kann sich auch hier einen Lobpreis bereiten, wie es in Psalm 8 heißt.

Ich komme zum Schluss noch einmal auf die musikalische Hausapotheke zurück. Und möchte sagen, dass wir neben der Bibel einen zweiten kostbaren Schatz zuhause haben. Das ist unser oft vergessenes Gesangbuch! Vom ersten Sonnenstrahl bis zum Aufgang des Mondes möchten uns die Lieder begleiten: „Die güldne Sonne" öffnet unseren Blick über die Welt hinaus und taucht unsere Grenzen in Licht. Die Dunkelheiten verschwinden nicht einfach, aber sie werden „herzerquickend" (EG 449,1) beleuchtet, wo Gottes Barmherzigkeit aufscheint. So Paul Gerhardt. Und für Matthias Claudius ist die Nacht auch ein Ort des Trostes! In seinem berühmten Lied „Der Mond ist aufgegangen" spricht er von der „stillen Kammer, wo ihr des Tages Jammer verschlafen und vergessen sollt" (EG 482,2). Und unter diesem Rhythmus von Finsternis und Licht hält unser Gesangbuch für alle Wechselfälle unseres Lebens ein kostbares Liedgut aus 500 Jahren vor. Entdecken wir neu das befreiende Lied, die heilsame Gabe der Musik! Amen.

DANKBARKEIT BRAUCHT EINEN ADRESSATEN

Liedpredigt zum Erntedankfest am 2. Oktober 2022
in der Dorfkirche zu Wunderthausen

„Nun danket alle Gott
mit Herzen, Mund und Händen,
der große Dinge tut
an uns und allen Enden,
der uns von Mutterleib
und Kindesbeinen an
unzählig viel zugut
bis hierher hat getan."
(EG 321,1)

Liebe Gemeinde,

der Aufruf zum Danken durchzieht die Bibel wie ein roter Faden. Und von dort springen die Funken über in zahllose Lieder und – ich bin sicher – auch in unsere Herzen. Auf dem ersten Blick können wir sagen: Danken heißt, unterwegs zu sein mit Gott und auf dem Weg zu sein zu den Menschen. Bedenken wir kurz die beiden Wege!

Robert Spaemann, ein Philosoph und Schriftsteller, hat sich sein Leben lang mit der Frage nach Gott beschäftigt. Dabei versucht er besonders, mit den scheinbar aufgeklärten, kritischen Zeitgenossen das Gespräch aufzunehmen, und hinterfragt ihren Skeptizismus. Eins seiner Bücher trägt den Titel: „Das unsterbliche Gerücht. Die Frage nach Gott und die Täuschung der Moderne". Darin geht er den sogenannten Gottesbeweisen nach und gibt den Gottesleugnern Recht. Ja, sagt er, man kann so Gottes Existenz nicht beweisen, wie man es bisher versucht hat. Dann aber gibt er den Nachdenklichen folgende Überlegung mit auf den Weg. Er argumentiert: Was ich bin, bin ich durch andere, denen ich mich verdanke. Meine Mutter hat mich ins Leben getragen. Meine Hautfarbe, meine Muttersprache, meine Gene, meinen Fingerabdruck habe ich nicht gewählt und bestimmt. Ich habe mich nicht selbst oder autonom erschaffen, mein Lebensgrund ist vielmehr ein Anderer. Und darum empfinde ich Dankbarkeit im Herzen, nur weil ich bin. Damit sich diese Dankbarkeit aber mit bleibender Freude verbinden kann, braucht sie einen Adressaten.

Damit die dankbare Freude, die ich in mir empfinde, auch Ausdruck und Gestalt annehmen kann, brauche ich jemand, dem ich sie darbringe. Worauf Robert Spaemann verweist, hat Matthias Claudius ganz einfach und schlicht ausgedrückt:

> „Ich danke Gott und freue mich, wie's Kind zur Weihnachtsgabe, dass ich bin, bin! Und dass ich dich, schön menschlich Antlitz habe; dass ich die Sonne, Berg und Meer und Laub und Gras kann sehen und abends unterm Sternenheer und lieben Monde gehen."

Das ist die gemeinsame Auffassung der beiden Schriftsteller: Der Dank, der sich wie von selbst bei der Ernte, bei einem nächtlichen Spaziergang unter dem gestirnten Himmel, bei einem schönen Essen wie von selbst einstellt, braucht eine Adresse, einen Geber dieser Schöpfungsgaben, damit ich meine Daseinsfreude zu Gott hin bringen und singen kann! Und das ist ein ganzheitlicher Vorgang, an dem alle Sinne beteiligt sind. Mit Herzen, Mund und Händen, wie wir gesungen haben. Mit Mimik, Gestik und Körpersprache dürfen wie zu Gott sagen: „Herr, mein Gott, du bist sehr herrlich: du bist schön und prächtig geschmückt" (Ps 104,1), wie wir es gerade gemeinsam im Psalm 104 gelesen haben.

Und nun der zweite Weg, unser Unterwegsein zum Menschen. Es liegt in der Tradition unserer Gemeinde, dass wir heute auch an die „Frucht der Dankbarkeit" erinnern, wie es der Heidelberger Katechismus in Frage 64 ausdrückt. In früheren Jahren – die Älteren erinnern sich noch – wurde der Chorraum unserer Dorfkirche mit Kartoffeln, Gemüse, Äpfeln usw. gefüllt. In den Folgetagen wurden diese dann von jungen Leuten des Martinswerks in Dorlar abgeholt, wo sie während des Winters auf den Tisch kamen. Heute ist an die Stelle unsere Kollekte für die „Aktion: Brot für die Welt" getreten. Dankbarkeit drückt sich gerne in einer besonderen Gebefreude aus. Die empfangene Gabe drängt zur Gegengabe. Und die kann vielerlei Gestalt annehmen.

Ich möchte heute einmal ein besonderes Gut bedenken, eine wertvolle Gabe, die Gott einem jeden von uns anvertraut hat, überlegt und behutsam damit umzugehen. Denn die kostbare Gabe ist begrenzt. Ich meine unsere Zeit! Jeder weiß, wie wichtig sie ist. Im Wartezimmer – der Ärger über die verlorene Zeit. In der Menschenschlange vor der Kasse im Supermarkt – wir schauen nervös auf die Uhr. Wenn der Zug oder Bus uns vor der Nase wegfährt – wir kennen den Verdruss. Dennoch gehört die Zeit zu den kostbarsten Gaben, die wir mit Geldwert gar nicht ausdrücken können. Ich sollte diese Gabe nicht sinnlos verschleudern. Das, was wir aber heute am Erntedankfest bedenken sollten, ist einfach die tolle Möglichkeit, dass wir diese Gabe wie das Brot mit den anderen teilen können. Wir wissen, wie wir anderen eine Freude machen können, indem wir Zeit haben für sie, indem wir ihnen zuhören. In einer Zeit, die das Motto ausgibt „Zeit ist Geld" möchte ich einfach daran erinnern, dass die Zeit eine Gabe ist, die wir mit anderen teilen können und die imstande ist, neue Dankbarkeit zu wecken und Dankbarkeit zu vermehren.

Michael Ende erzählt von dem kleinen Mädchen Momo in dem gleichnamigen Buch, dass es so gut zuhören konnte, dass „dummen Leuten plötzlich sehr gescheite Gedanken kamen, [...] dass ratlose oder unentschlossene Leute auf einmal ganz genau wussten, was sie wollten, [...] dass Schüchterne sich plötzlich frei und mutig fühlten. [...] dass Unglückliche und Bedrückte zuversichtlich und froh wurden."[3] Dabei betont der Erzähler, dass Momo nicht die geringste Qualifikation zur Seelsorge hatte: „[S]ie saß nur da und hörte einfach zu."[4] Zuhören, Vorlesen, Zeit haben für Einsame, Vergessene und Gemiedene: wer könnte das nicht, liebe Gemeinde! Gott hat uns allen viel Zeit geschenkt. Wir dürfen dieses Geschenk teilen, um andere glücklich zu machen. Wir alle wissen, geteilte Zeit ist doppeltes Glück. Amen.

3 Michael Ende, Momo oder Die seltsame Geschichte von den Zeit-Dieben und von dem Kind, das den Menschen die gestohlene Zeit zurückbrachte. Ein Märchen-Roman, Stuttgart 1973, 16f.

4 A.a.O., 16.

GOTT ALS SCHUTZ- UND TRUTZBURG

Traupredigt zu 1. Korinther 13,7 f.
im Sommer 2017
in der Kirche zu Diedenshausen

„Die Liebe erträgt alles, sie glaubt alles, sie hofft alles, sie duldet alles. Die Liebe hört niemals auf." (1Kor 13,7f.)

Liebes Brautpaar,

als es feststand, dass ihr in Südtirol standesamtlich heiratet, gab es auch den Vorschlag, beides zusammenzulegen und dort auch die kirchliche Trauung zu begehen. Eine idyllische Bergkirche hättet ihr dort bestimmt gefunden und der Vorschlag hätte auch weitere Vorzüge gehabt. Die ganze Hochzeitsgesellschaft wäre ins schöne Südtirol eingeladen worden und ich bin ganz sicher: Alle hätten es genossen! Wie zünftig man dort feiern kann, das hat ja der engste Familienkreis in Dorf Tirol erlebt, mit dem herrlichen Vinschgau, den Burgen und Bergen im Hintergrund. Das wäre also eine tolle Sache gewesen!

Aber es war nun euer Wunsch, dass die kirchliche Trauung hier in der alten Dorfkirche stattfindet. Und für diese Entscheidung gibt es ebenfalls gute Gründe. Diese Kirche ist für beide Familien so eine Art Hauskirche. Nicht nur weil sie ein paar Schritte von euren Häusern entfernt liegt. Hier wurdet ihr beide getauft, von vielen Anlässen her, von Familienfeiern und Gottesdiensten kennen wir sie. Und ich möchte hier hinzufügen, es wäre selbst im heimatbewussten Südtirol schwierig gewesen, eine solch ehrwürdige Kirche von über 800 Jahren zu finden, eine Kirche, die im Laufe der Jahrhunderte von beiden Konfessionen, von katholischen und evangelischen Christen, genutzt wurde.

Aber es gibt noch weitere gute Gründe für die Wahl unserer Dorfkirche. Von Anfang diente sie ja schon den Rittern von Diedenshausen als Burgkapelle und Hauskirche, hier fanden bereits im 13. Jahrhundert ihre Familienfeiern und Gottesdienste, ihre Gebete und Segensfeiern statt. Dabei ließen sich die Rittersleute von einer ganz bestimmten Vorstellung und Idee leiten. Man erkennt leicht ihren Gestaltungswillen, wenn man sich ein wenig umschaut.

Da erinnert uns das letzte der alten Schartenfenster an die ursprüngliche Gestalt dieser Kirche. Durch die engen Scharten konnte man sich gut verteidigen. Die Eingangstür war mit dickem Eichenholz verstärkt und gepanzert und mit einem stabilen Riegelbalken versehen. Die Chorfenster waren mit Eisenstäben gesichert und die mächtigen, 1,20 Meter dicken Mauern boten Schutz vor allen Angriffen. So verstärkte diese Wehrkirche das Bollwerk der gesamten Burganlage.

Ein ganz besonderer Glaube hat sich also in der Gestalt und Architektur dieser Kirche ausgedrückt. Die biblische Bildersprache redet von Gott als einer Burg, einem Zufluchtsort, wo wir uns in Gott bergen und unter dem Schatten seiner Flügel Zuflucht finden können. Wie viel Gottvertrauen spricht sich in dem Bildwort aus: „Du bist unsere Zuflucht für und für“ (Ps 90,1)! Das in diesem Bild ausgedrückte Vertrauen hat in unserer Dorf- und Hauskirche Gestalt angenommen.

Ich denke, dass ist das Erste und Wichtigste, was ihr, liebes Brautpaar, und wir alle von den Burgleuten und unserer Wehrkirche lernen können: Es gibt eine Schutz- und Trutzburg, wehrhaft und schirmend, wo wir uns immer bergen können. Eine Schutz- und Trutzburg, die allen Ehepaaren, allen Familien und Alleinstehenden immer offensteht, einladend und gratis offensteht, eine Schutz- und Trutzburg, die viele Überraschungen und unvorhersehbare Abenteuer bereithält. Ohne Bild gesprochen: Gott ist uns nah, er hört uns, er versteht uns, er möchte euch und uns alle begleiten, uns mit Rat und Tat zur Seite stehen, so wie es die Psalmen aussprechen: „Von allen Seiten umgibst du mich und hältst deine Hand über mir“ (Ps 139,5). Mit anderen Worten: Gott möchte eine Spur auf eurem gemeinsamen Weg hinterlassen, er möchte seine Geschichte mit euch machen, lädt euch ein, an seiner guten Schöpfung im ganz kleinen Bereich mitzutun, sie im guten Sinne konstruktiv mitzugestalten.

Martin Luther, an den ich in diesem Jubiläumsjahr gerne erinnere, ist noch einen Schritt weiter gegangen. Er wünschte, dass Gott gewissermaßen in der Ehe der Dritte im Bunde ist, so dass er selbst das Regiment führt. Das ist nun wirklich nicht oberflächlich gemeint, als würde Gott die Eheleute bevormunden und gängeln. Nein, das Wesen der Ehe ist und bleibt die Freiheit und Selbstverantwortung. Aber Luther meint ganz realistisch, dass die Ehe einen Beistand und Helfer braucht, nämlich Gottes guten Geist, der die Eheleute befähigt, einander anzunehmen, in der Liebe zu bleiben und einander zu vergeben. Damit wird die Ehe, so sagt der Reformator, zu einer Hohen Schule, in der die Überwindung des Egoismus eingeübt und praktiziert wird. Luther sagt das in einem sehr einfachen Sätzchen, fast einer Daumenregel: Der Mann dient der Frau, und die Frau dient dem Mann. Damit ist jede Über- und Unterordnung vom Tisch. Jedes Dominierenwollen, jedes Machtgebaren sollte der Ehe fremd sein! So werde aus der Ehe je länger desto mehr eine mächtige und frische Quelle der Freude. Gerade angesichts der Schatten und Abgründe des Lebens gebe die Ehe, so Luther, „Friede im Leid, Lust mitten in der Unlust, Freude mitten in der Trübsal".

Darum lässt Luther keine Gelegenheit aus, die Ehe hochzuschätzen, zu loben und zu preisen. Luthers Ehe mit der Äbtissin Katharina fand damals keineswegs nur Beifall. Einmal entgegnet Luther seinen Kritikern: Bei jeder Hochzeit lachen die Engel im Himmel und die Teufel weinen. Denn Gottes Schöpfung geht weiter. Ein andermal vergleicht er die Ehe mit einem Orden, der den großen, edlen, seligen Ehestand über alle Stände erhebt, selbst über Fürsten, Kaiser und Bischöfe. Die himmlische Würde des Ehestandes sollte darum so festlich wie möglich gefeiert werden. Das haben sich übrigens die Wittenberger Ratsherren sehr zu Herzen genommen. Sie schenkten den mittellosen Luthers zwanzig Silbergulden, sieben Kannen Frankenwein und ein Fass Einbecker Bier für die Bewirtung der vielen Gäste! Schade nur, dass die Ratsherren von heute diesen Brauch nicht weitergeführt haben. In eurem Fall hätte es dann die doppelte Menge geben. Die Ratsherren von Berleburg und Bromskirchen wären am Zug gewesen und hätten die Getränke stiften müssen …

Ihr habt euch ein schönes Wort aus dem Hohen Lied der Liebe ausgewählt: „Die Liebe erträgt alles, sie glaubt alles, sie hofft alles, sie duldet alles. Die Liebe hört niemals auf." Denn das war und ist eure feste Meinung: Ohne diese Basis, ohne dieses Fundament geht und läuft doch gar nichts. Das gilt grundsätzlich, vor allem aber in der Ehe: Da könnte eure junge Ehe noch so gut ausgestattet sein, mit Vermögen, Schmuck, Geld, Ansehen, einer guten beruflichen Basis – fehlte die Liebe, so wäre alles für die Katz.

Aber Paulus möchte uns mit dem Hohen Lied der Liebe nicht ein Ideal oder eine Art Gebrauchsanweisung für das Eheleben geben. Hier seid ihr und sind wir alle tatsächlich frei von jeder Bevormundung und selbstverantwortlich für das, was wir tun und wie wir uns verhalten. Aber im Hohen Lied der Liebe geschieht etwas Einmaliges: Gott lässt uns hier in sein Herz schauen, wie er mit uns Menschen umgeht, was er für uns getan hat in seinem lieben Sohn. Die Liebe, von der hier die Rede ist, hat nämlich in Christus Gestalt angenommen. Recht verstanden, hat nämlich nur er, unser Herr und Heiland, diese Liebe realisiert. Denn er ist langmütig und freundlich, er erträgt alles, duldet alles, vergibt und rechnet das Böse nicht zu. Aber diese gebende und sich verschenkende Liebe möchte Gott nun auch nicht für sich behalten. Ganz im Gegenteil. Paulus bezeichnet nachdrücklich diese Liebe als Gabe, als höchste Gabe, die Gott für jeden bereithält, nicht nur als fernen Horizont, an dem man sich ab und zu mal orientiert, sondern als eine wirksame Gabe, die eure Ehe gelingen lässt. Um diese Gabe dürfen wir Gott jederzeit bitten und immer wieder den Blick heben zu dem, der diese Liebe in vollendeter Form gelebt hat, zu Jesus Christus, unserm Herrn. Amen.

III.

WEGE, AUF DENEN WIR GELASSEN LEBEN LERNEN

DIE „*REFORMATIO VITAE*" (ERNEUERUNG DES LEBENS) – FRÜHER UND HEUTE

Morgenandacht zur Tageslosung Nehemia 8,8
auf der Jahrestagung des Vereins für Westfälische Kirchengeschichte e.V.
am 2. August 2008 im Christus-Haus Bad Berleburg

„Und sie legten das Buch des Gesetzes klar und verständlich aus, so dass man verstand, was gelesen worden war." (Neh 8,8)

Liebe Schwestern und Brüder,

gleich hören wir ganz gewiss mit Spannung den Vortrag von Professor Menk: „Neues über Johannes Althusius und sein Verhältnis zu Wittgenstein". Das Nachbargebäude rechts ist das Johannes-Althusius-Gymnasium, das im Jahr 2000 unter dem Motto „Zukunft braucht Geschichte" ein Jubiläum feierte. Wir haben damals an den Namenspatron erinnert, auch an seine Schulschrift, die ihm immerhin so wichtig war, dass er sie allen Ausgaben seiner „Politica" anfügte. Als wir dann etwas später anfingen, ein Schulprogramm zu entwickeln, haben wir uns erneut mit Althusius beschäftigt. Was verstand er unter einer guten Schule, die er gerne mit einer Gold- und Silbermine verglich? Wir spürten, was ihm wichtig war. Die Schule ist ein Organ im Gesellschaftskörper. Schulen und die in ihnen praktizierte Erziehung haben letztlich dem Gemeinwohl zu dienen. Schülerinnen und Schüler sollten befähigt werden, neben dem Beruf auch an der politischen Kultur aktiv teilzunehmen – im Sinne von Mitdenken, Mitreden, Mitgestalten, Mitentscheiden. Gewiss, das sind unsere Begriffe, aber so ließ sich der althusische Text in die Moderne über-setzen. Daneben hebt er auch Dinge hervor, die wir gerne hintanstellen: den Wert der Schulordnung, die Disziplin und Selbstdisziplin, das gegenseitige Helfen, den wehrhaften Gerechtigkeitssinn. Aber wir alle waren auch erstaunt, wie viele seiner Leitgedanken sich umsetzen ließen. Etwa im Nachhilfesystem „Schüler helfen Schülern". Oder im Mentorenmodell: Schülerinnen und Schüler der Jahrgangsstufe 9 und 10 begleiten Schülerinnen und Schüler der Anfangsklassen. Althusius nahm natürlich auch den Lehrkörper in die Pflicht. Er kannte es nicht anders aus seiner Lehrpraxis an der Johannea. Dem Lehrpersonal mutet er zu, den Schülerinnen und Schülern Vorbild und Modell zu sein und auf diese Weise zu erziehen. Die Lebensführung, die gewinnende und anregende Art des Unterrichtens, die Bereitschaft, in Politik und Gesellschaft Aufgaben zu übernehmen: diese – wir würden sagen: außerschulische – Übernahme von Verantwortung im öffentlichen Leben gehören zum Lehramt. So vermittelt sich durch zeigendes Lehren und beobachtendes Lernen Orientierungswissen. Eine Perspektive mit weitreichenden Konsequenzen!

Althusius stellt weiterhin den Bildungswert aller Fächer heraus. Er kennt keine Vor- und Nachrangigkeit der Fächer, wenn sie nur der Ausbildung der Persönlichkeit und dem Gemeinwohl dienen. Selbstverständlich schätzt er die Geschichtsschreibung und die Überlieferung. Sie ist ihm „ein Licht der Wahrheit, eine Lehrerin des Lebens und eine Führerin zu Handlungen": Ideen und Begriffe, die er aus der humanistischen Tradition aufnimmt. Damit wird der historische Partner, wieder in unserer Sprache ausgedrückt, in die Schule als Sprach- und Verständigungsgemeinschaft einbezogen. Bildung ist ihm, so könnte man vielleicht sagen, „Leben als Gespräch".

Diese kleine Skizze zeigt, worum es der „Zweiten Generation" nach den Reformatoren ging. Sie wollten das öffentliche Leben im Geist der reformatorischen Erkenntnis erneuern, eine *reformatio vitae* voranbringen. Und genau dies ist die Situation und Aufgabe, vor der Nehemia und Esra stehen. Auch sie greifen auf die Überlieferung zurück, um einen Neuaufbau der Gemeinde auf einem gemeinsamen Fundament zu betreiben: „Zukunft braucht Herkunft".

Die Kräfte der nachexilischen Gemeinde konzentrieren sich auf Wiederaufbau, Neuordnung und Neugestaltung. Jerusalem musste wiederhergerichtet, die Stadtmauer befestigt und der Tempel aufgebaut werden. Die sozialen und wirtschaftlichen Verhältnisse zwischen den Heimkehrern und der Landbevölkerung mussten geklärt und verträglich gestaltet werden. Der Kultus wurde reformiert und die Verantwortlichkeiten neu zugewiesen. In dieser Zeit, über die das Nehemia-Buch berichtet, versammelt sich die Gemeinde auf dem Platz vor dem Wassertor. Sie wünscht, dass man das Buch des Gesetzes, vielleicht das

Deuteronomium, holt und daraus vorliest. Und Esra liest vom lichten Morgen bis zur Mittagszeit aus dem Buch der Weisungen vor. Dazu steht das Volk auf, zeigt so, dass es zu dem Wort steht, das es hört. Am Ende des „Lese-Gottesdienstes“ ist die Gemeinde tief ergriffen. Sie alle verneigen sich und loben den Herrn. Dann treten die Leviten auf und unterweisen das Volk in der Tora. Hier findet sich die heutige Tageslosung: „Und sie legten das Buch des Gesetzes klar und verständlich aus, so dass man verstand, was gelesen worden war“. Als die Leviten sehen, wie tief das Volk gerührt ist und in Tränen ausbricht, trösteten sie die Versammelten: „Seid still, denn der Tag ist heilig. Seid nicht bekümmert“ (Neh 8,11). Am selben Tag begann noch ein großes Freudenfest. „Denn sie hatten die Worte verstanden, die man ihnen kundgetan hatte“ (Neh 8,12). Sie hatten verstanden, dass in der Tora Gott selbst unter sie tritt, gegenwärtig ist, sie anredet, tröstet, neue Perspektiven setzt, die *reformatio vitae* selbst einleitet und als seine Sache annimmt. Das Erschrecken, dass der heilige Gott redet und eine neue Geschichte heraufführt, weicht der Freude, der Lust am Gesetz des Herrn, von der die Psalmen reden. Jenes Freudenfest leitet das Laubhüttenfest (Sukkot) ein, das bis heute in Israel und in der Diaspora gefeiert wird: „Denn die Freude des Herrn ist eure Stärke“ (Neh 8,10).

Wer das Nehemia-Buch gelesen hat, weiß, dass so die Geschichte weitergeht, die tausend Kilometer entfernt von Jerusalem begann. Nehemia, der Vertraute des persischen Königs, hört von dem Trümmerfeld Jerusalem. Mit Tränen, Gebet und Fasten reagiert er auf den Bericht aus Jerusalem. Dann wächst die Gewissheit, dass Gott eine neue Geschichte eröffnet. Er muss sich überwinden und riskiert sein Leben: „Ich fürchtete mich sehr und sprach zum König …“ (Neh 2,2f.). Er darf nach Jerusalem reisen und schaut sich die Ruinen an. Nachdem er die Situation geprüft hat, geht er behutsam und umsichtig vor, verzichtet auf jede Schönrednerei: „Ihr seht das Unglück, in dem wir sind“ (Neh 2,17). Dann erzählt er von seiner Unterredung mit dem König: „Seht, wie gnädig die Hand meines Gottes über mir war“ (Neh 2,18). Das kraftvolle Zeugnis Nehemias ermutigt die Jerusalemer, sie sind bereit: „Auf, lasst uns bauen!“ (Neh 2,18). Und sie nahmen den Wiederaufbau in die Hand. Ja, es gibt Widerstände, Feinde, die mit List und Drohungen das Projekt zu stoppen versuchten. Es gibt Schwierigkeiten: „Zuviel Schutt“, „Unsere Kraft ist zu schwach“ … (vgl. Neh 4,4). Aber die Hoffnung siegt. Gott ließ aus den Ruinen der alten eine neue Stadt entstehen.

Da, wo die Menschen sich einer neuen Geschichte öffnen, projektieren, einen neuen Tag vor sich haben, greifen sie zurück auf ihre Tradition, sie erinnern sich und sie erinnern Gott und lassen sich ein Wort sagen, das sie sich selbst nicht sagen können. Das hören wir von der nachexilischen Gemeinde, das hörten wir von Johannes Althusius und das praktizieren wir als Schulgemeinde. Und wenn wir selbst eine *reformatio vitae* zulassen und sie wünschen, tut es gut, sich an die helle und frohe Botschaft zu erinnern – jeden Morgen neu. Unser ganzes Leben trägt ja Projektcharakter. Denn „es ist noch nicht erschienen, was wir sein werden" (1Joh 3,2). Sich darum der täglich neuen Güte Gottes zu öffnen: das beschwingt und macht das Herz froh. „All Morgen ist ganz frisch und neu des Herren Gnad und große Treu […]" (EG 440,1). Und wenn wir dies singen und sagen, hören und spüren, dann wird gewiss, dass die großen Sorgen unseres Lebens allemal seine, Gottes Sorgen sind. Das macht frei und entlastet. Und wenn Gott selbst mein Ohr weckt, mir den Tag emporführt und ich mit seinem Wort das neue Licht begrüßen darf: was kann ich dann mehr als glücklich sein! „Sein Wort will helle strahlen, wie dunkel auch der Tag" (EG 452,5). Darauf darf ich vertrauen und mit Philipp von Zesen bitten: „In meinem Studieren wirst du mich wohl führen und bleiben bei mir, wirst schärfen die Sinnen zu meinem Beginnen und öffnen die Tür" (nach EG 444,5). Amen.

DIE GEMEINDE ALS DAS WANDERNDE GOTTESVOLK UND GOTT ALS DER MITWANDERNDE HORIZONT

Predigt zu Hebräer 13,8
am 28. Mai 2006 im Rahmen des
Ökumenischen Festgottesdienstes zur 750-Jahr-Feier in Erndtebrück

„Jesus Christus gestern und heute und derselbe auch in Ewigkeit." (Hebr 13,8)

Liebe Festgemeinde, liebe Gäste und Freunde!

Was war das eine dicht gefüllte Woche, die hinter uns liegt! Ein Höhepunkt nach dem anderen! Davor: Wochen intensiver Vorbereitung! Es wurde geplant und organisiert, gehämmert und gesägt, geschrieben und gedichtet, geprobt und eingeübt. Und jeder ist erstaunt, welche Kräfte, wie viel Originalität und Gemeinsinn ein solches Jubiläum freisetzt und sichtbar macht. Echte Bewunderung, viel Lob und Anerkennung werden in diesen Tagen den Erndtebrückern zuteil. Und ich möchte mich einmal als einer der Gäste hier ganz herzlich bedanken!

Schauen wir noch einmal auf den Anlass, auf das, was so viel Bewegung ausgelöst hat: Eine 750-jährige Geschichte liegt hinter uns, die uns trägt und miteinander verbindet. Eine ganz besondere, intensive und wechselvolle Geschichte, die uns, oft ohne dass wir's merkten, geprägt und Lebensentscheidungen mitbestimmt hat. Wir sagen dazu, das ist Heimatgeschichte, die Geschichte also, die mit meiner Lebensgeschichte, Entwicklung, Identität ganz eng verflochten ist. Ein Vertriebener hat mir einmal gesagt: Ich bin, was ich verloren habe – er meinte: seine Heimat. Erst wenn ich sie nicht mehr habe und das Heimweh mich überfällt, weiß ich, was ich hatte.

Thomas Mann hat in seinem „Felix Krull" einiges dazu gesagt: Der Sohn eines verkrachten Sektfabrikanten mogelt sich durchs Leben. Als Auszubildender in einem Hotel. Auf einer anschließenden Weltreise. An einem Lebenspunkt sinniert Felix Krull auch über den Verlust seiner Heimat: „Wie leicht, wie ungeduldig, geringschätzig und unbewegt lässt der ins Weite stürmende Jüngling die kleine Heimat in seinem Rücken, ohne sich nach ihrem Turme, ihren Rebhügeln auch nur noch einmal umzusehen." Dann aber ist Felix ehrlich genug: Wie sehr er auch der Heimat entwachsen ist und sich von ihrem Kirchturm entfernt hat, desto intensiver und wunderlicher taucht „ihr lächerlich-übervertrautes Bild" nach Jahren tiefer Vergessenheit wieder auf: „Das Abgeschmackte wird ehrwürdig, der Mensch nimmt unter den Taten [...] seines Lebens dort draußen geheime Rücksicht auf jene Kleinwelt." Felix gesteht sich insgeheim ein, bei jedem Wendepunkt des Lebens, bei den Erfolgen und Misserfolgen fragt er sich im Stillen, was werden oder was würden die Leute in der Heimat nun dazu sagen. Wenngleich er der Heimat Trotz bot und sie verließ, weil sie sich „misswollend, ungerecht, unverständig" ihm gegenüber verhielt, dennoch „räumt er ihr freiwillig Urteil und Stimme über sein Leben ein". Und er spürt, wie er nach vielen ereignisreichen, veränderungsvollen Jahren geheimnisvoll von seiner Heimat angezogen wird – ein Bekenntnis des Hochstaplers Felix Krull! Ob er – Thomas Mann – Recht hat?

In einer Hinsicht glaube ich dies ganz gewiss! Er weiß: Heimat muss man haben, um sie nicht nötig zu haben. Um in der Fremde furchtlos seinen Fuß auf die Erde setzen zu können, um nicht gleich beim ersten Windzug wie ein entwurzelter Baum umzufallen, dazu brauchen wir Heimat.

Ich weiß auch, dass der Heimat-Begriff politisch missbraucht worden ist. Aber der Missbrauch hebt die Lebenskraft der Heimat nicht auf. Hören wir auf diesem Hintergrund noch einmal unseren Predigttext: „Jesus Christus gestern und heute und derselbe auch in Ewigkeit."

Dieses Wort umspannt die Zeiten, öffnet unseren Blick für einen ganz fernen, den ewigen Horizont. Da erscheinen selbst 750 Jahre Geschichte in einem ganz anderen Licht. Von den 750 Jahren erfahren wir, wenn's hochkommt, nur einen kleinen Bruchteil. Und doch verbindet auch eine Vorstellung den Text mit unserer geschichtlichen Erfahrung. Was wir nämlich aus der Geschichte Erndtebrücks wissen, was gerade auch in der letzten Woche immer wieder herausgestellt worden ist, können wir nur als Wandel beschreiben. Gerade in den letzten 100 Jahren haben wir erlebt, wie schnell sich die Zeiten ändern. Und dieses Bewusstsein prägt auch unser biblisches Leitwort.

Im Hintergrund steht die Vorstellung und Erfahrung vom wandernden Gottesvolk, das ausgezogen ist aus Ägypten, aus der Sklaverei. Das unterwegs ist in das verheißene Land, wo, aus der Wüste geurteilt, Milch und Honig fließen. Begleitet ist das Volk von Gott, nachts in der Feuersäule voraus, also ein Gott der Wandernden. Der den wunderbaren Namen trägt: ich will mit euch sein. Ich will für euch da sein. Jürgen Moltmann, der in den 1950er Jahren hier in Erndtebrück als Vikar tätig war, hat dieses eindrucksvolle Bild aufgegriffen und in seiner „Theologie der Hoffnung“ seinen Lesern vor Augen geführt: Gott als der mitwandernde Horizont. Der nahe, tröstende Gott ist immer zugleich der in der Ferne wartende und in Zeichen wahrnehmbare Gott. Der uns mit starker Hand hinführt in seine Zukunft, ja, der uns einlädt, in Erwartung und Aufbruch, in Liebe und Phantasie, mit Gottes Zukunft ernst zu machen und im Hier und Heute zu vergegenwärtigen. Schon jetzt, zumal als Kirche und Gemeinde ‚auszuziehen aus dem Lager‘, damit das Kirchen-Schiff in Fahrt kommt, Gott, der Zukunft Gottes, entgegen. Mit großer Leidenschaft schärft Jürgen Moltmann dann auch seinen Lesern, den Christinnen und Christen ein, sich nicht kritiklos an die Verhältnisse anzupassen, sich von falschen Bindungen freizuhalten, von verkehrten Wegen umzukehren. Im Grunde greift er damit ein ganz altes Thema auf, das wir oft vergessen: Im 2. Jahrhundert hat man das so ausgedrückt: „Christen wohnen in ihrem Vaterlande, aber doch wie Gäste, sie genießen ihr Bürgerrecht, bleiben aber doch Fremdlinge. Jede Fremde ist ihnen Heimat, jede Heimat ist ihnen Fremde“ (Brief an Diognet 5). Darum ist es gut, eine Heimat zu haben, sie zu pflegen und ihre Geschichte zu bedenken. Aber sie ist nur ein Vorgeschmack jener künftigen Heimat, zu der wir unterwegs sind.

Deswegen möchte ich denen unter uns, die am liebsten alles beim Alten ließen, die unnachgiebig die Meinung vertreten, früher sei alles besser gewesen, sagen: Wir sind unterwegs. Die Dinge müssen sich verändern, um dieselben zu bleiben. Dieser Prozess, der Fortschritt, ist der rote Faden in der Geschichte Erndtebrücks. Die Symbole der Arbeit haben sich immer wieder verändert, die Holzkohlenmeiler wichen den Fabriken für die Flachs- und Baumwollverarbeitung. Diese wichen den Pulvermühlen. Und diese den Wassertürmen der Eisenbahn. Und diese der Radarstation auf dem Ebschloh. Und jeder weiß, was dieser Wandel der Symbole für die Familien und die Entwicklung Erndtebrücks bedeuten. Eine Gemeinde muss auf neue Herausforderungen reagieren. Wie Erndtebrück diese Herausforderungen auch bestanden hat, etwa als in den Nachkriegsjahren über 1.000 Vertriebene hier aufgenommen wurden. Heute gibt es viele neue und auch unerledigte Aufgaben, etwa das Zusammenwachsen und Miteinander der einzelnen Dörfer und Ortschaften zu einer Gemeinde, um eben die Heimat noch attraktiver und liebenswerter zu gestalten.

Ich möchte aber auch den anderen, den Ungeduldigen etwas sagen. Denen die Veränderung viel zu träge und langsam vor sich geht. Die das Alte nur darum verdächtigen, weil es alt ist. Denen möchte ich sagen: Recht besehen sind wir doch späte Gäste in den Häusern, die wir nicht gebaut haben, auf einem Grund, den wir nicht gelegt haben, in einer Kommunalgemeinde und deren Einrichtungen, die wir nicht entworfen und nicht geschaffen haben. Wir verdanken uns der vorgetanen Arbeit unserer Väter und Mütter, die vor uns gewesen sind, und leben von den Früchten der Bäume, die wir nicht gepflanzt haben. Deren Vor-Denken, deren Selbstlosigkeit und Entscheiden uns aber heute tragen.

Darum gehören wir zusammen und brauchen einander: die Beharrlichen und die, die nach vorn in eine neue Zukunft drängen; die, die Geschichte lieben, und die, die Zukunft vorziehen. Zukunft braucht Geschichte, Zukunft und Herkunft gehören zusammen. Die einen fragen zu Recht: Siehst du auch die Verluste des Fortschritts? Und die anderen fragen zu Recht: Erkennst du nicht den roten Faden in der Geschichte, das ständige Fortschreiten und Verändern? Und wenn das Tempo der Veränderungen zu hoch ist, brauchen beide einander, um das Tempo zu vermenschlichen.

Ich erinnere zum Schluss noch einmal an den Predigttext: „Jesus Christus gestern und heute und derselbe auch in Ewigkeit." Wir erleben nur Wandel und Veränderung. Er aber ist derselbe, weil er uns treu bleibt. Er war der treue Freund und Begleiter im Auf und Ab der Geschichte. Er war und ist der gekreuzigte und mitleidende Christus – auch im Frühjahr 1945, als die Bomben mit ihrer zerstörerischen Kraft so viele Menschen in den Tod rissen und eine tiefe Wunde in der Geschichte Erndtebrücks schlugen. Er ist und bleibt der verlässliche Arzt und Samariter für uns, der Tröstende auch für die, die gerne an diesem Gottesdienst teilgenommen hätten, aber dies wegen ihres Alters oder einer Erkrankung nicht tun können. Unter der Zusage seiner Treue dürfen wir weitergehen. Wie die Gemeinde des Auszugs. Zeiten kommen und gehen. ER aber bleibt in seiner Treue derselbe. Gestern. Heute. Und in Ewigkeit. Amen.

„EMPÖRT EUCH" - STÉPHANE HESSEL UND DAVIDS GLAUBENSMUT

Gottesdienst anlässlich eines Jubiläums in Bad Laasphe
im Sommer 2011

Hintergrund: Seit 1990 gibt es eine deutsch-französische Städte-Partnerschaft zwischen Chateauneuf sur Loire und Bad Laasphe. 2011 konnte man auf eine 20-jährige Freundschaft und auf einen intensiven Austausch, auf viele Besuche und Gegenbesuche zurückschauen. Es fand eine Jubiläumsfeier in Bad Laasphe statt, an der eine große Delegation aus Frankreich teilnahm.

Die langjährige und engagierte Vorsitzende des Laaspher Partnerschaftsvereins, Frau Jeanine Hallermann, führte seit vielen Jahren die Französisch-Kurse in der VHS durch, an denen ich teilnahm. Sie bat mich, anlässlich des Jubiläums einen Gottesdienst in Französisch auf dem Schulhof der Laaspher Gesamtschule zu gestalten.

Bei der Begrüßung gehe ich auf die Entstehungsgeschichte der Partnerschaft ein, in der Predigt konzentriere ich mich auf die Lebensgeschichte und die Botschaft des deutsch-französischen Diplomaten Stéphane Hessel (1917–2013), dessen Streitschrift „Indignez vous" (2010) damals gerade erschienen war und eine lebhafte Debatte in beiden Ländern auslöste.

Begrüßung

Es ist mir eine große Freude, Sie alle ganz herzlich zu begrüßen und willkommen zu heißen.

Heute dürfen und müssen wir kurz zurückblicken. Vor 20 Jahren wurde die Partnerschaft zwischen Chateauneuf und Bad Laasphe feierlich beschlossen. Die Partnerschaft verdankt sich eigentlich einer französischen Initiative. Herr Lucien Beaudin hat als Kriegsgefangener das Wittgensteiner Land kennengelernt. Er hat von 1940 bis 1945 in Banfe auf dem Hof des Landwirts August Düsberg gearbeitet und hat dort, vielleicht anders als man es in jenen dunklen Zeiten erwarten konnte, echte Menschlichkeit und Freundschaft erlebt. Jahrzehnte später hat er die Familie Düsberg besucht und begegnete dem Sohn Otto Düsberg, der damals Bürgermeister in Bad Laasphe war. Aus dieser Verbindung entstand mithilfe einiger beherzter Mitstreiterinnen und Mitstreiter die Gründung unserer Partnerschaft. Ein lebendiges Netz persönlicher Beziehungen entstand über die Jahre. Wir haben also guten Grund und Anlass, allen, die sich hier engagiert haben und ehrenamtlich viel Zeit und Kraft einsetzen, ganz herzlich zu danken.

Heute sind wir dankbar, auf diese Geschichte zurückzublicken. Dankbar auch für die Freundschaft zwischen Frankreich und Deutschland, die unsere Partnerschaft überhaupt erst ermöglicht hat. Nach den drei großen Katastrophen: dem deutsch-französischen Krieg 1870/71 und den beiden furchtbaren Weltkriegen 1914–1918 und 1939–1945 ist dies alles andere als selbstverständlich.

Durch die Jahrhunderte haben Menschen Grenzen gezogen. Grenzen waren unbeliebte Orte, gefährliches Gebiet. Grenzgänger wurden überwacht, Ausweiskontrollen und Visa erschwerten den Schritt über Grenzen. Und wir wissen, es ist die Angst, die Grenzen errichten lässt.

In der Hebräischen Bibel gibt es eine kleine Geschichte (Ri 12,1–6). Sie erzählt von einem Krieg zwischen den Ephraemiten und den Gileaditern. Näherte sich ein Ephraemit der Grenze, so wurde er gefragt: Bist du ein Ephraemit? Sagte er dann „Nein“, so wurde er aufgefordert: Sage einmal „Schibboleth“, weil er es nicht richtig aussprechen konnte. Sagte er: „Sibboleth“, dann wurde er auf der Stelle getötet (vgl. Ri 12,5 f.). So war das. Bei dieser Geschichte werde ich immer nachdenklich. Wäre das noch heute so und wollte ich ins Ausland reisen, ich wäre unweigerlich niedergestreckt worden. Und vermutlich wäre ich nicht der einzige …

Heutzutage fahren wir über die Grenzen, ohne es überhaupt zu bemerken. Ohne Kontrolle, ohne Furcht. Und jenseits der Grenzen bereichern wir uns gegenseitig, wir lernen dazu, sehen uns selbst und das Bekannte mit neuen Augen. Auf diese Weise hat sich die französische und deutsche Kultur gegenseitig beeinflusst, herausgefordert und aufgebaut, durch die Jahrhunderte bis zum heutigen Tag.

Es gibt ein bekanntes Motto: Zukunft braucht Herkunft, Zukunft braucht Geschichte. Für viele Menschen war das, was wir heute erleben, Wunsch, Zukunft, Traum. Graf Robert d’Harcourt sah zeitlebens in dem festen Bündnis zwischen Frankreich und Deutschland die Grundlage für ein vereinigtes Europa. Er stellte die Eckpunkte für ein gutes deutsch-französisches Gespräch heraus: die

Aufrichtigkeit, den festen Willen, die Schwierigkeiten nicht zu umgehen, die unbedingte Offen- und Ernsthaftigkeit und vor allem den Verzicht auf Überheblichkeit gegenüber dem anderen. 1954 sagte er: „Die Saat, die wir heute der Erde anvertrauen, werden vielleicht unsere Kinder wachsen sehen. Ist das darum ein Grund, sich entmutigen zu lassen? Die wirklich großen Dinge brauchen Zeit. Sie lassen sich nicht per Dekret erzwingen. Sie wachsen und reifen." Heute sehen und erleben wir, wie diese Saat aufgegangen und gewachsen ist, was wir dem Mut, der Weitsicht und der Entschlossenheit früherer Generationen verdanken.

Ich möchte jetzt auch von etwas sprechen, was uns Deutsche und Franzosen miteinander verbindet. Etwas, das wir nicht hervorbringen und bauen müssen. Etwas, das auch unseren Gesprächen und Begegnungen vorausliegt und sie trägt. Ich meine unseren Glauben und die Tradition, der er entstammt und der er verpflichtet ist. Im Lichte des Glaubens, der Hoffnung und der Liebe sind ein gegenseitiges Verstehen, Vergeben und ein Neuanfang möglich geworden. Die Lieder, die wir singen, die Gebete, die wir sprechen, die Texte, die wir hören, entstammen dieser Tradition. Dazu brauchen wir nun kräftige Stimmen zum Singen des Kanons „Jubilate Deo" (EG 584).

Predigt

Liebe Freunde,

in den letzten Wochen ist der wohl bekannteste „Papi" in Frankreich auch in Deutschland bekannt geworden. Es ist der hochbetagte 93-jährige Stéphane Hessel, der kürzlich sein Vermächtnis „Empört euch" verfasst hat. Als ich den kurzen Text von 14 Seiten in einer Buchhandlung kaufen wollte, war dieser in Deutschland genauso wie in Frankreich ausverkauft. Der Autor trifft den Nerv unserer Zeit. Er appelliert an uns und besonders an die Jugend, sich zu empören. Das heißt, sich nicht entmutigen zu lassen und mit Kampfgeist gegen die Verhältnisse anzugehen, die nicht hinnehmbar sind. Hessel schreibt: „Die schlimmste Haltung ist die Gleichgültigkeit, zu sagen: Man kann ja doch nichts machen. Man muss sich eben durchwursteln." Seine Gedanken und seine Argumentation haben mich tief beeindruckt.

Stéphane Hessel ist ein Zeitzeuge des 20. Jahrhunderts. Er hat die Geschichte des vergangenen Jahrhunderts erlebt und erlitten. Sein langes Leben begann 1917 in Berlin. Sein Vater Franz war ein jüdischer Schriftsteller und Übersetzer.

Seine Mutter Helen Grund-Hessel entstammte einer protestantischen Familie und arbeitete als Modejournalistin, Schriftstellerin und Malerin. Im Alter von sieben Jahren zog Stéphane mit seinen Eltern nach Paris. Im März 1941 schloss er sich der Résistance um General de Gaulle in London an. Seine Frau Vitia und seine Kinder blieben in Paris zurück. 1944 kehrte er in heimlicher Mission nach Frankreich zurück, um mitzuhelfen, die Invasion der Alliierten vorzubereiten. Er wurde denunziert und von der Gestapo inhaftiert, gefoltert und in das KZ Buchenwald transportiert. Sein Leben stand auf Messers Schneide. Ein Tag vor seiner angesetzten Hinrichtung gelang es ihm, die Identität eines an Typhus verstorbenen Franzosen anzunehmen. Er wurde von Lager zu Lager geschleppt, immer wieder versuchte er auszubrechen. Dies gelang ihm schließlich im April 1945. Er kehrte nach Paris zurück, wo seine Familie auf ihn wartete.

Nach dem Krieg wurde Hessel Diplomat, er war Mitglied der UNO-Kommission, die die „Allgemeine Erklärung der Menschenrechte" verfasst hat. Seine Laufbahn führte ihn von Saigon nach Algier, von New York nach Genf. In einem Interview sagte er: „Ich habe ebenso viele äußerst brutale Menschen gesehen wie solche, die trotz ihrer eigenen Leiden anderen, die noch mehr litten, solidarisch, mit- und einfühlend zur Seite standen." Hessels Biographie spiegelt die Geschichte Frankreichs und Deutschlands im 20. Jahrhundert.

Welche Botschaft liegt ihm am Herzen? Er sagt: „Wenn man sich empört, kann und muss man für eine neue freiere und gerechtere Welt arbeiten und sie errichten." Hessel sagt frei heraus, was er denkt. So kritisiert er die Macht des Geldes:

> „Noch nie war (sie) so groß, so anmaßend, so egoistisch […] wie heute, mit Lobbyisten bis in die höchsten Ränge des Staates. An vielen Schaltstellen der wieder privatisierten Geldinstitute sitzen Bonibanker und Gewinn-Maximierer, die sich keinen Deut um das Gemeinwohl scheren. Noch nie war der Abstand zwischen den Ärmsten und Reichsten so groß […]. Die Ärmsten der Welt verdienen heute kaum zwei Dollar am Tag. Wir dürfen nicht zulassen, dass diese Kluft sich weiter vertieft. Allein schon dies heißt, sich zu engagieren."

Er ruft zu einem friedlichen Aufstand auf gegen alle Bedrohungen, die das globale Zusammenleben unterminieren, übt Kritik am Massenkonsum, stellt den allgemeinen Gedächtnisschwund gegenüber den Schwächsten und die maßlose Konkurrenz aller gegen alle heraus. Er wünscht jedem Einzelnen einen besonderen Grund zur Empörung: „Wenn man sich über etwas empört, wie mich der Naziwahn empört hat, wird man aktiv, stark und engagiert." Hessel begründet und proklamiert, so könnte man sagen, das Menschenrecht der Empörung. „Denn wenn ihr jemandem begegnet, dem die Menschenrechte vorenthalten werden, und ihr merkt es: Nehmt Anteil, helft ihm, in den Schutz dieser Rechte zu gelangen."

Die Übersetzungen von „Indignez vous" ins Deutsche „Empört euch", „Entrüstet euch", „Mischt euch ein": sie bringen nicht voll zum Ausdruck, was in dem „Indignez vous" steckt. In dem „s'indigner" steckt das Wort „dignité", das heißt „Würde". Wo immer die Würde des Menschen angetastet und verletzt wird, da gilt es, die Stimme zu erheben: „Empört euch!". Hessel steht für die unumstößliche und unantastbare Menschenwürde ein. Darum *pro*-testiert er. In dem „Pro" liegt der Grund zum „Kontra". In diesem Sinn schließt seine Streitschrift mit dem bemerkenswerten Satz: „Widerstand leisten heißt Neues schaffen."

Ich meine, Hessels Gedanken entstammen einer sehr alten und wohlbekannten Tradition. Das weiß auch er selbst. Er kennt die alten Geschichten der Hebräischen Bibel. Ich erinnere gerne an die Geschichte von David und Goliath (1Sam 17). Die Israeliten standen im Krieg gegen die Philister. Die beiden Heere lagern sich direkt gegenüber an der Grenze. Eines Tages besucht der kleine David seine Brüder im Lager. Er erlebt, wie Goliath, der Riesenkerl, seine Reden schwingt, prahlt und das Volk Israel verspottet. Und was macht David? Er empört sich und geht kurzerhand zu dem König Saul: „Ich will gegen Goliath kämpfen" (vgl. 1Sam 17,32). Saul weist ihn zurück: „Du bist zu jung und unerfahren" (vgl. 1Sam 17,33). Das lässt David so nicht stehen: „Draußen auf den Feldern bei meinen Schafen habe ich gegen Bären und Löwen gekämpft. Gott gab mir die Kraft, es zu tun. Er wird mir auch helfen, dieses Großmaul zu besiegen, das das Volk Gottes verspottet" (vgl. 1Sam 17,34–36). Das Ende ist bekannt. David besiegt den für unschlagbar gehaltenen Elitesoldat und schlägt die Philister in die Flucht.

Sie verstehen, warum ich die Geschichte erzählt habe. Das ist ja ein ungleicher Kampf: schwach gegen stark. Aber der mutige David empört sich und triumphiert im Vertrauen auf Gottes Hilfe über die feindliche Übermacht.

Sieht man von dem martialischen Zug der Geschichte ab, so gibt die alttestamentliche Erzählung Stéphane Hessel Recht. Auch er vertraut auf das Potenzial der kleinen Zahl. Heute spricht man gerne vom Schmetterlingseffekt: der unscheinbare Anfang, die kleine Aktion, hat doch eine starke Wirkung, ein großartiges Ergebnis.

Auch in einem anderen Punkt gebe ich Stéphane Hessel Recht. Jeder von uns braucht einen besonderen Grund, sich zu empören. Ich denke, wir brauchen dazu nicht lange zu suchen. Wohl aber brauchen wir den Glaubensmut eines Davids, gewissermaßen kontrafaktisch zu denken. Im Lichte des Glaubens erkennen wir in unserem Nächsten das Projekt Gottes, ja sogar Gottes Ebenbild. Dies begründet ja seine unantastbare Würde. Gott sei Dank, stehen wir mit unserer Verantwortung nicht allein. Wir sind gemeinsam unterwegs und stehen gemeinsam vor den Herausforderungen unserer Zeit. Wenn das ökologische Gleichgewicht unseres Planeten verletzt wird, wenn die Würde unserer jüdischen Mitbürger, der Asylsuchenden, der Schwachen usw. missachtet wird, dürfen und müssen wir gemeinsam widerstehen. Man muss kein Prophet sein, um es zu sagen: Es wird keine lebenswerte Zukunft allein für Frankreich geben, auch keine allein für Deutschland. Zu uns allen im vereinten Europa hat der Bergprediger gesagt: „Ihr seid das Salz der Erde, ihr seid das Licht der Welt" (Mt 5,13 f.). Amen.

DAS CHARISMA DER GELASSENHEIT

Predigt über Reinhold Niebuhrs „Gelassenheitsgebet"
Jubiläumskonfirmation am 16.10.2022
in der Dorfkirche zu Wunderthausen

„Gott, gib mir die Gelassenheit, Dinge hinzunehmen, die ich nicht ändern kann, den Mut, Dinge zu ändern, die ich ändern kann, und die Weisheit, das eine von dem anderen zu unterscheiden." (Reinhold Niebuhr)

Liebe Konfirmandinnen und Konfirmanden, liebe Gemeinde,

ich möchte mit einer Frage beginnen! Wer wünschte sich nicht, gelassen, entspannt und – wie man heute gern sagt – resilient durchs Leben zu gehen? In bestimmten Situationen sich nicht reizen zu lassen? Nicht aus der Haut zu fahren? Immer die Fassung zu bewahren? Ausgeglichen und souverän zu bleiben? Wer wünschte sich das nicht?

Etwa wenn wir auf der Straße von einem Drängler waghalsig überholt werden. Wenn wir abends am Bahnhof erfahren: „Ihr Zug fährt nicht, er ist wegen Personalmangel ausgefallen." Oder wenn eine Bronchitis sich hartnäckig festsetzt und sich partout nicht kurieren lässt.

Gibt man das Wort „Gelassenheit" bei Google ein, dann werden unzählige Bücher angeboten. Sie alle wollen einen Weg aus dem Stress zur inneren Ruhe zeigen, herausführen aus dem Rattern, dem „Immer-schneller", aus den krankmachenden Strukturen der modernen Welt. Es werden neben Baldrian Arzneien und Medikamente, Wurzeln und Öle, Meditationstechniken inseriert: alle mit dem einen Versprechen, für mehr Gelassenheit zu sorgen. Es gibt offensichtlich einen riesigen Markt, der alles Mögliche anbietet, als könnte man Gelassenheit in der Apotheke oder im Buchhandel für ein paar Euro kaufen.

Das Gebet von Reinhold Niebuhr nennt man auch das Gelassenheitsgebet! Neben dem Vaterunser ist es wohl das bekannteste Gebet, ein Gebet, das in fast alle Sprachen übersetzt ist. Ich selbst mag dieses Gebet und spreche es immer wieder. Wenn ich ein gutes Wort für einen Geburtstagsgruß suchte, habe ich es wiederholt zitiert. Oder wenn mir früher Schülerinnen ihr Poesiealbum vorlegten, habe ich das Gebet hineingeschrieben. Eben, um oberflächliche Sprüche und Kitsch zu vermeiden. Und ich habe in den Gesprächen über das Gebet immer auch gespürt, dass es etwas Besonderes hat, eine Art Faszination ausübt und auch „religiös Unmusikalische" in seinen Bann zieht.

Ein paar Worte wenigstens zu dem Verfasser des Gebets. Reinhold Niebuhr stammt aus einem deutsch-amerikanischen Pfarrhaus. Er lebte von 1892–1971 in den USA. Nach seinem Studium wurde er 1915 in eine Gemeinde in Detroit berufen. In dieser Industrie-Stadt wurden erstmals serienmäßig und am Fließband PKWs hergestellt – in einer unglaublichen Stückzahl. Henry Ford hatte in seinem Unternehmen das Auftreten von Gewerkschaften strikt untersagt. Aber Pfarrer Niebuhr arbeitete mit den Gewerkschaften zusammen und begründete dies mit der sozialen Komponente des Evangeliums. Bei dieser Arbeit erkannte er, dass die Wirklichkeit auf zwei Säulen beruht: auf dem, was wir nicht ändern können, und dem, was wir ändern können. Die Möglichkeiten, aber auch die Grenzen menschlichen Handelns wurden ihm bewusst. Die Probleme der Massenproduktion, der Ausbeutung, der gefährlichen Arbeitsbedingungen konnte man mit etwas gutem Willen verändern, zum Beispiel arbeitsmedizinische Standards einführen. Und wie sehr haben die Gewerkschaften weltweit die Arbeitsbedingungen verändert – zum Wohle der Menschen! „Herr, gib mir den Mut, die Dinge zu ändern, die ich verändern kann."

Aber es gibt eben auch viele Dinge, auf die wir keinen Einfluss haben. Über die wir nicht entscheiden können. Ereignisse, die unausschließbar und unerbittlich eintreten: Naturkatastrophen, Unfälle, Krisen … Es wäre nun ganz einfach, aber bedrückend, sie alle aufzuzählen: die Dürren in Afrika und die weltweiten Hungersnöte, die fatalen Folgen der Welt-Klimakrise im Ahrtal, Pakistan, Florida, eine Klimakrise, deren Folgen wir tagtäglich in den Nachrichten präsentiert bekommen. Die weltweite Migration, ein Krieg, der aus dem Ruder läuft, Inflation und was könnten wir hier nicht noch alles anfügen! Schon bei der Aufzählung könnte man erstarren und verzweifeln: Wer kann diese Probleme einmal lösen und bewältigen? Was kann man da noch tun? Man wird förmlich erschlagen von lauter schier unlösbaren Problemen.

Genau gegen dieses fatalistische Denken, gegen Verbitterung und Verzweiflung richtet sich das Gebet. Ja, gelassen hinnehmen, was wir nicht ändern können, aber auch tun, was immer noch möglich ist! Ein Beispiel! Katrin Eigendorf hält sich seit Monaten in der Ukraine auf. Sie arbeitet als Kriegsreporterin für das

ZDF, spricht mit den Menschen dort, lässt sich ihre Geschichten erzählen, ohne sie im Schockzustand vor die Kamera zu zerren, war in Butscha und Irpin, und manches, was sie berichtet, geht an die Schmerzgrenze. Kürzlich fasste sie das Erlebte und Berichtete in einem Buch zusammen: „Putins Krieg – Wie die Menschen in der Ukraine für unsere Freiheit kämpfen." Darin schreibt sie: „Man kann immer etwas verändern. Wenn man nur einer Familie hilft, das Land zu verlassen, wenn man ein Kind in eine deutsche Gastfamilie bringt, wenn man einer Sportlerin hilft, in die USA zu kommen – es sind kleine Dinge, die zählen."

Ich möchte noch etwas bedenken. Reinhold Niebuhrs Worte sind keine Lehre oder die Einsicht eines klugen Mannes. Das vielleicht auch. Seine Sätze sind in erster Linie ein Gebet, ein Bittgebet. Ursprünglich ist dieses Gebet in Englisch verfasst. Und da heißt es genau übersetzt: „Gott, gib uns die Gnade, mit Gelassenheit Dinge hinzunehmen …"[5] Angeredet ist Gott und der Beter bittet ihn um eine besondere Gnade. Einen Menschen, der diese drei Eigenschaften Gelassenheit, Mut und Weisheit besitzt, bezeichnen wir treffend als einen begnadeten Menschen, ob er's selber weiß oder nicht. Er ist jemand, der viel Grund hat zu danken. Der Beter weiß aber auch, dass er in den wechselnden Lebenssituationen immer wieder neu Gelassenheit, Mut und Weisheit braucht. Dass er diesbezüglich wie ein Bettler mit leeren Händen vor Gott steht. Er vertraut darauf, dass Gott dieses Geschenk auch heute noch und immer wieder neu gibt. Bittet, so wird euch gegeben: Gelassenheit, Mut und Weisheit. Und noch eins, dieses Gebet hat Niebuhr erstmals im Gottesdienst gesprochen. Das stärkende und ermutigende Wort der Geschwister im Glauben, ihr Gebet und ihre Fürbitte helfen, dass da etwas wächst, dass Gelassenheit, Courage und Weisheit entstehen.

Schauen wir uns die Gelassenheit genauer an! In dem Wort „Gelassenheit" steckt ja das Grundwort „lassen": das heißt, nicht nur etwas *zu* lassen, sondern auch: etwas *zulassen*, etwas zu *unterlassen*, etwas zu *überlassen* oder – eine schwere, aber unvermeidbare Aufgabe für uns Ältere – etwas loszulassen. Wie oft haben wir uns in jungen Jahren überschätzt, wir dürften das nicht stehen lassen, nicht zulassen, wir müssten das Unkraut mit Stumpf und Stiel ausrotten.

5 Ausführlich dazu Marco Hofheinz, „Gott, gib uns …" – das Gelassenheitsgebet („Serenity Prayer") Reinhold Niebuhrs. Ein tugendethischer Interpretationsversuch, in: Zeitschrift für Evangelische Ethik 65 (2021), 87–101.

Gelassenheit widersteht jeder Härte, dem Gewaltsamen und Radikalen. Die Dinge hinnehmen, die sich nicht verändern lassen, heißt, auch die Menschen mit ihren Ecken und Kanten so zu lassen, wie sie sind. Zur Gelassenheit gehört also auch die Toleranz, den anders Empfindenden und anders Denkenden zu akzeptieren, zu dulden und zu ertragen. Dazu gehört mitunter die Bereitschaft, auch einmal Unkraut wachsen zu lassen. Wer in diesem Sinne gelassen, sich der Zeit und auch dem Alter überlässt, erfährt eine neue Leichtigkeit und ahnt vielleicht, was es heißen könnte, sich ganz Gott zu überlassen. Sich Zeit lassen, sich nicht vom Termindruck bestimmen zu lassen, befreit. Dann genießen wir die Zeit, weil sie uns als kostbarer Schatz geschenkt ist. Diese Gelassenheit öffnet uns auch die Augen für den Leistungsdruck, der uns immer wieder einmal überfällt, dies und das noch zu erledigen oder anzuschaffen oder sich zu beweisen, zu welchen Heldentaten man noch in der Lage ist. Hier tut sich ein weites Feld auf.

Herr, schenke mir die Gnade … Unser Alter mit all seinen Kalamitäten gehört tatsächlich zu den Dingen, die wir nicht ändern können. Aber es liegt in unserer Hand, ob wir in Würde alt werden, jedenfalls solange die Kräfte reichen. Ich selbst bin überrascht, nicht nur, dass sich das Rad der Zeit im Alter immer schneller dreht; ich bin überrascht über die Dynamik, in der im Alter immer schneller neue Entscheidungen getroffen werden müssen. Soll ich deswegen noch zum Arzt gehen oder nicht mehr? Soll ich dieses Projekt lassen oder noch anpacken? Kann ich mir diese Reise noch zumuten oder nicht mehr? Es ist genau die Unterscheidung, von der unser Gebet redet. „Herr, gib mir die Weisheit, das eine von dem anderen zu unterscheiden." In diesem Sinne ist Niebuhrs Gebet ein Gebet, das gerade auch im Alter seinen tiefen Sinn behält und uns begleiten kann. Denn es gibt Einen, der uns Gelassenheit, Mut und Weisheit schenkt. *Sola gratia*. Allein aus Gnade. Amen.

IN OMNIBUS CARITAS – IN ALLEM DIE LIEBE

Traupredigt zu Johannes 17,20–26
in der Pfarrkirche St. Marien in Bad Berleburg
anlässlich einer „Gemeinsamen kirchlichen Trauung“
im Mai 2006

„Ich bitte aber nicht allein für sie (meine Freunde), sondern auch für die, die durch ihr Wort an mich glauben werden, damit sie alle eins seien. Wie du, Vater, in mir bist und ich in dir, so sollen auch sie in uns sein, damit die Welt glaube, dass du mich gesandt hast. Und ich habe ihnen die Herrlichkeit gegeben, die du mir gegeben hast, damit sie eins seien, wie wir eins sind, ich in ihnen und du in mir, damit sie vollkommen eins seien und die Welt erkenne, dass du mich gesandt hast und sie liebst, wie du mich liebst. Vater, ich will, dass, wo ich bin, auch die bei mir seien, die du mir gegeben hast, damit sie meine Herrlichkeit sehen, die du mir gegeben hast; denn du hast mich geliebt, ehe der Grund der Welt gelegt war. Gerechter Vater, die Welt kennt dich nicht, ich aber kenne dich, und diese haben erkannt, dass du mich gesandt hast. Und ich habe ihnen deinen Namen kundgetan und werde ihn kundtun, damit die Liebe, mit der du mich liebst, in ihnen sei und ich in ihnen.“ (Joh 17,20–26)

Liebes Brautpaar, liebe Familien und Freunde, liebe Gemeinde!

Das Evangelium, das wir gerade gehört haben, ist ein Gebet. Ein Zwiegespräch zwischen Vater und Sohn. Wer das Gebet Jesu laut liest, spürt: es ist ein ganz besonderes Gebet. Man hat seit Jahrhunderten diese Abschiedsrede Jesu (Joh 17,1–26) von seinen Jüngern das „hohepriesterliche Gebet“ genannt. Ich kenne Pastoren, die über diesen Text nie gepredigt haben – aus Ehrfurcht vor diesen Worten. Sie sind ganz aus dem Geist der Stille, des Friedens und der Gelassenheit gesprochen. Und dieser Geist wird denen zuteil, die diese Worte im Herzen sprechen.

Jesus betet für die Gemeinde, vor Ort und anderswo, ja, er bittet für die ganze Welt. Wir haben Schwestern und Brüder in der Gemeinde, überall in der Welt.

Ganz wenige kennen wir, Millionen kennen wir nicht. Das Gebet öffnet den Horizont und führt in eine ungeahnte Weite des Blicks.

Dieses Gebet umschließt aber nicht weniger ganz persönlich uns, hier und jetzt, jeden einzelnen und euch, eure Ehe mit einem ungeheuren Zuspruch: Ihr seid in eurer Ehe vom Gebet Christi getragen und von der Liebe Gottes gehalten. Es ist um euch ein Beter, nicht irgendein Beter, sondern der, der aus dem Herzen des Vaters kommt: der Sohn.

Jesu Gebet ist nicht allgemein, sondern ganz konkret. Er bittet um Einheit, um Herrlichkeit und Liebe. Das sind die Zumutungen für euch, für euren gemeinsamen Weg. Damit gibt Jesus eurer Ehe keine Ideale vor. Sondern aus diesem Geist der Fürbitte wächst Dynamik: offen, wartend, liebevoll miteinander, füreinander und für die anderen da zu sein. Und dabei diese Christus-Bitte nicht aus dem Sinn zu lassen: Einheit, Herrlichkeit, Liebe.

Es war für mich persönlich eine besondere Entdeckung bei der Betrachtung des hohepriesterlichen Gebets, dass Einheit, Herrlichkeit und Liebe in gleicher Weise für die Ehe wie für die Ökumene gelten.

Ihr kommt beide aus konfessionsverschiedenen Elternhäusern, K. aus einem gut evangelischen und A. aus einem gut katholischen Elternhaus. Beide schätzt ihr eure jeweilige Konfession und Tradition. Sie haben euch von klein auf geprägt; ihr spürt, dass man nicht leichtfertig aus der Geschichte und aus der eigenen Lebensgeschichte herausspringen kann, dass man eine Konfession nicht wie Kleider wechseln sollte. Dies habt ihr gerade erfahren, als ihr euch kennenlerntet und die Kirchen und Gottesdienste der anderen Konfession besucht habt. Ihr habt dann eine bewusste Entscheidung getroffen, dass jeder in der eigenen Kirche und Tradition bleibt, es fragt sich, wie.

Ich möchte dazu an einen Grundsatz erinnern, der bis heute in den ökumenischen Gesprächen nicht nur gerne zitiert wird, sondern auch eine echte Orientierungshilfe bietet. Der Grundsatz stammt von einem Theologen aus dem 17. Jahrhundert und fand rasch in beiden Kirchen Verbreitung: „In allen wesentlichen Fragen Einheit, in nebensächlichen Freiheit, in allem aber die Liebe“ – „*In necessariis unitas, in dubiis libertas, in omnibus caritas.*“ Überraschenderweise gilt diese Regel immer noch, für das ökumenische Miteinander und nicht weniger für das Zusammenleben in der Ehe. Schaut zuerst und immer wieder auf das Gemeinsame, Verbindende, macht es euch immer neu bewusst und durchdenkt es tief! Und betretet immer wieder die gemeinsame Plattform, erlebt, wie das Gemeinsame trägt! Ihr gewinnt Höhe und Weite. Ihr erkennt, wie sehr beide Konfessionen zusammengehören, wie weit die eigene Tradition in die andere hineinreicht. Und ihr gewinnt darüber eure eigene Kirche lieb. Und bei allen Differenzen, Lehrunterschieden und Akzentuierungen – bleibt in der Liebe, die uns immer wieder in die Lage versetzt, neue Gemeinsamkeiten aufzuspüren, und sich daran zu erfreuen. Und so wundert es nicht, wenn die berühmte „Charta Oecumenica" aus dem Jahre 2001, erarbeitet und unterzeichnet vom „Rat der Europäischen Bischofskonferenzen" und der „Konferenz der Europäischen Kirchen", in der Präambel auf das hohepriesterliche Gebet verweist und es zitiert: „Alle sollen eins sein: Wie du, Vater, in mir bist und ich in dir, sollen auch sie eins sein, damit die Welt glaube, dass du mich gesandt hast" (Joh 17,21). Und wenn wir uns von diesen Worten bewegen lassen, dürfen wir, dürft ihr eure Kirche ermahnen, nicht stehen zu bleiben und alles zu tun, die noch bestehenden Spaltungen zu überwinden. Damit die Botschaft des Evangeliums glaubwürdig verkündigt werden kann.

Jesus hat nicht nur um Einheit gebeten, sondern auch um Herrlichkeit. Dass wir sie überhaupt sehen und wahrnehmen: die Herrlichkeit des Vaters in seinem Sohn. Hier lässt sich aber alles nur im Scheine des Gegenteils entdecken: das Licht und das Leben in der Finsternis des Todes. Seine Macht in der Ohnmacht des Gekreuzigten. Ernst Suberg hat 1967 bei der Neugestaltung dieses Chorraums in St. Marien diesen Gedanken eindrucksvoll sichtbar gemacht. Wir sehen den gekreuzigten Christus auf dem Schwarz der Schieferplatten: die Nacht des Todes, da der ewige Sohn des Vaters sein Leben für uns hingab. Und darum ist der Ort der Finsternis umgeben mit einem strahlenden Lichtmantel, mit einem hellen Schein, der von oben das Kreuz und mit ihm auch unsere Kreuze umhüllt. Denn das Besondere der Liebe, die im Kreuz geboren ist, ist, dass sie sich hinwendet zu allen Mühseligen und Beladenen, zu den Leidenden und Geringen, zu den Armen und Hoffnungslosen. Dass wir also die Menschen im Schatten, die Geschundenen und Ohnmächtigen und Vergessenen, im Licht des gekreuzigten und auferstandenen Sohnes entdecken. Darum bittet Jesus um Herrlichkeit, dass wir ihnen diese Herrlichkeit Gottes kundtun und erkennen lassen. Dass also die Welt an unseren Taten die Herrlichkeit Gottes erkennt. Jeder weiß, wer das Angesicht Gottes sucht, der schaut auf die Christen, schaut ihnen in die Augen. Dies ist die Zumutung Jesu an uns alle, auch an die Ökumene, auch an unsere und eure Ehe, eine Zumutung im Sinne einer ungeheuren Ermutigung dazu, in unserem Leben und Lebensstil den Schein der Herrlichkeit Gottes in unsere Welt der Schatten und Finsternisse hinein zu spiegeln.

Jesus bittet für euch, für uns alle um die Liebe. Ich möchte hier einmal an das bekannte Taizé-Lied erinnern: „Ubi caritas et amor […]" – „Wo die Liebe wohnt und Güte, da ist unser Gott" (EG 587). Im Lied wird dieser Satz immer wiederholt und mehrstimmig gesungen und gesummt. Das zeigt, worum es geht. Die Liebe, um die Jesus bittet, will vitalisieren und beleben, atmen und wachsen in all unseren Beziehungen, zumal in der Ehe. Und niemand spalte hier, was eine Einheit bildet. Am Anfang der Ehe steht eher die spontane und leidenschaftliche, die begehrende und sinnliche Liebe. Aber die Ehe reift und die Liebe mit ihr. Die gebende und sich verschenkende, die vergebende und sich hingebende Liebe wächst aus jener hervor. Und nun weist Jesus auf eine ganz besondere Form, eine einmalige und vollendete Gestalt der Liebe: „Wie du, Vater, in mir bist und ich in dir bin, sollen auch sie in uns sein […], denn sie sollen eins sein, wie wir eins sind." Man könnte ja nun annehmen, dass der Vater dem Sohn gebietet und für sich das Machtwort beansprucht. Das Gegenteil ist der Fall. Das Prinzip der Macht und Bevormundung wird abgelöst durch das des Dialogs, des Verstehens, der Übereinstimmung. Das sind neue Horizonte für die Ökumene, aber nicht weniger für den Alltag der Ehe. Im Wesentlichen Einheit, im Nebensächlichen Freiheit, in allem aber die Liebe. Natürlich ist diese Liebe nur an einer Stelle voll realisiert: Zwischen diesem Vater und dem eingeborenen Sohn. Eben deswegen brauchen wir sie: Bleiben wir in Gott, bleiben wir bei Jesus, bleibt die Liebe bei uns. Im 2. Vatikanum hat man sehr schön gesagt, dass Eheleute „Interpreten" der Liebe Gottes sind, an der sie mitwirken. Dass wir das können, die Liebe Gottes in unsere Welt hinein buchstabieren und interpretieren: darum hat Jesus den Vater gebeten.

Liebe K., lieber A.! Ihr mögt beide die Musik, singt in verschiedenen Chören. Deswegen sind Kammerchor und Kirchenchor hier und gestalten den Gottesdienst musikalisch. Ich möchte abschließend mit einem Bild aus der Musik das Gesagte variieren. Wenn Einheit, Herrlichkeit und Liebe, um die Jesus den Vater gebeten hat, im Zentrum von Ökumene und eurer Ehe stehen, gewissermaßen als *cantus firmus*, dann gibt es auch genügend Freiheit zum Leben. Dann wird jeder die andere Stimme seines Lebens, seiner Herkunft und Tradition als Kontrapunkt erklingen lassen und eben doch auf den vorgegebenen *cantus firmus* beziehen, auf den Dreiklang: Einheit, Herrlichkeit, Liebe! Oder: „Im Wesentlichen Einheit, im Übrigen Freiheit, in allem aber die Liebe." Gelingt euch dies mit Gottes Beistand, dann wird eure Ehe ein wunderschönes Lied, eine Kantate zur Ehre Gottes. Wir wünschen euch dies von Herzen! Amen.

„LASST EUCH DIE KINDHEIT NICHT AUSTREIBEN!"

Taufpredigt zu Matthäus 18,3
am 7. August 2022
in der Kirche zu Diedenshausen

„Wenn ihr nicht umkehrt und werdet wie die Kinder, so werdet ihr nicht ins Himmelreich kommen." (Mt 18,3)

Liebe Eltern und Paten, liebe Gemeinde,

es gibt Texte, die hat man einmal gehört oder gelesen, und man vergisst sie nicht mehr. Für mich gehört dazu ein eindrücklicher Text von Erich Kästner, an den ich immer gerne erinnere, nicht nur bei einer Taufe. Ich lese einen kurzen Auszug daraus. Kästner richtet sich zwar an die Kinder, der geheime Adressat sind aber wir, die Ex-Kinder, die Erwachsenen: „Liebe Kinder! Lasst euch die Kindheit nicht austreiben! Schaut, die meisten Menschen legen ihre Kindheit ab wie einen alten Hut. Sie vergessen sie wie eine Telefonnummer, die nicht mehr gilt. Ihr Leben kommt ihnen vor wie eine Dauerwurst, die sie allmählich aufessen, und was gegessen worden ist, existiert nicht mehr. Man nötigt euch in der Schule eifrig von der Unter- über die Mittel- zur Oberstufe. Wenn ihr schließlich droben steht und balanciert, sägt man die ‚überflüssig' gewordenen Stufen hinter euch ab, und nun könnt ihr nicht mehr zurück! Aber müsste man nicht in seinem Leben wie in einem Haus treppauf treppab gehen können? Was soll die schönste erste Etage ohne den Keller mit den duftenden Obstborden und ohne Erdgeschoss mit der knarrenden Haustür und der scheppernden Klingel? Nun- die meisten leben so! Sie stehen auf der obersten Stufe, ohne Treppe und ohne Haus, und machen sich wichtig. Früher waren sie Kinder, dann wurden sie Erwachsene, aber was sind sie nun? Nur wer erwachsen wird und Kind bleibt, ist ein Mensch!"[6]

6 Erich Kästner, Gesammelte Schriften in sieben Bänden, Bd. V, Köln/Berlin o.J., 183.

Kinder erinnern uns an das Kind in uns Erwachsenen, an das Kind, das wir manchmal vergessen und verdrängen. Und sie erinnern uns nicht nur daran, Kinder holen es auch heraus, bringen es ans Tageslicht, zeigen, wie lebendig dieses Kind in uns – Gott sei Dank – immer noch ist. Wenn wir uns nämlich auf Kinder einlassen, mit ihnen spielen, albern und herumtollen, in die Hocke gehen, um uns mit ihnen auf Augenhöhe zu bringen, uns mit ihnen in der Kindersprache unterhalten, lachen und tanzen, und vielleicht sogar einen Purzelbaum vor ihnen machen, dann kommt das Kind plötzlich zum Vorschein, kommt heraus aus seinem Versteck, fängt an, fröhliches Kindsein zu feiern und zu genießen. Mit einem Male fühlt man sich rundum wohl und ist im Element. Ich denke mal, wir alle haben das schon einmal erlebt.

Jesus sagt: „Wenn ihr nicht umkehrt und werdet wie die Kinder, so werdet ihr nicht in das Himmelreich kommen." Das ist ein Wort! Wir könnten auch sagen: Wenn ihr nicht werdet wie die Kinder, könnt ihr nicht glauben, könnt ihr nicht zu Gott kommen, könnt ihr dem Herrn nicht nachfolgen. Also: Kehrt um! Fangt an, neu zu denken! Ändert euren Sinn!

Was meint Jesus mit seiner Ansage? Ich möchte drei Eigenarten des Kindes nennen.

Da ist das kindliche Vertrauen. Kinder können ja gar nicht anders, als sich mit Haut und Haaren der Mutter und den Eltern in die Hand zu geben, bei der Hand nehmen zu lassen, sich führen und leiten, sich versorgen und behüten zu lassen. Und jeder spürt, dass er dieses kindliche Vertrauen nicht missbrauchen und enttäuschen darf. Und es ist dieses kindliche, herzliche Vertrauen, dass wir auch Gott gegenüber haben dürfen. So dass wir sagen dürfen: „Von allen Seiten umgibst du mich, und hältst deine Hand über mir" (Ps 139,5). Das Fundament des Glaubens ist dieses herzliche Vertrauen, so dass wir Gott mit DU anreden dürfen, mit ihm über Mauern springen (Ps 18,30) und ihm alles anvertrauen können.

Das Zweite, was mir immer wieder ins Auge fällt, ist die kindliche Dankbarkeit. Kinder können spontan dankbar sein. Unverbildet, wie aus einen vitalen Reflex. Ein kleines Geschenk und man schaut in strahlende Augen, erfährt überschwängliche Freude und Dankbarkeit. Und gleichzeitig ist die Dankbarkeit eine elementare Ausdrucksform des Glaubens. Nicht umsonst sind die meisten Psalmen und Lieder im Gesangbuch Lob- und Danklieder: „Nun danket alle Gott" (EG 321).

Und das Dritte! Kinder haben nichts vorzuweisen. Sie können keine Gabe mit einer Gegengabe beantworten. Wir Erwachsenen kalkulieren ständig. Ich nehme jemanden im Auto mit und der Betreffende bedankt sich beim Aussteigen nicht nur, sondern fügt hinzu: Wie soll ich das nur wieder gutmachen? Auch dies ist ein Grundzug des Glaubens: Vor Gott stehen wir wie ein Kind mit leeren Händen. Auch bei einer noch so glänzenden Lebensleistung bleiben wir ganz und gar angewiesen auf seine Gnade. Denn wir werden ohne Verdienst gerecht, aus seiner Gnade, die in Christus Jesus geschehen ist (Röm 3,24 f.). Diesen Status des Bettlers, der mit leeren Händen vor Gott steht, verkörpert unübertroffen ein Kind, das wir lieben und von Herzen pflegen und hegen.

Emil Nolde hat ein eindrucksvolles Bild gemalt: „Christus und die Kinder". In der Mitte steht Jesus, umringt von einer Schar quicklebendiger Kinder, die sich zu Jesus hindrängen, ihre Hände ihm entgegenstrecken. Sie jubeln und freuen sich. Jesus selbst hat schon ein Kind auf den Arm genommen. Mit großen leuchtenden Augen schaut es ihn an und legt seinen Arm um seine Schulter. Es fühlt sich bei ihm wohl und geborgen. Die ganze Szene hat Nolde mit hellen und bunten Farben gemalt. Aber auf der linken Seite stehen die Männer, verdrehen die Augen, ihre Gesichtszüge sind voller Groll und Ablehnung. Nolde lässt einen dunklen Schatten auf sie fallen. Sie verstehen nicht, dass ihr Herr auf der Seite der Kinder steht. Sie verstehen nicht die frohe Botschaft: „Wenn ihr nicht werdet wie die Kinder, kommt ihr nicht in das Himmelreich." Gott sei Dank – diese Botschaft gilt! Amen.

WARTEN, BIS UNSERE SEELEN NACHKOMMEN – DER LOBPREIS DES SCHÖPFERS

Ökumenischer Gottesdienst
anlässlich des Jubiläums der Skihütte „Pastorenwiese"
am 25. September 2016

Hintergrund: Die Skihütte an der Pastorenwiese ist das Ergebnis einer vorbildlichen Kooperationsarbeit zwischen Hallenberg und Wunderthausen. Sie wird ehrenamtlich betrieben und war von Anfang an eine Erfolgsgeschichte. Sie liegt im historischen Grenzgebiet, in dem Bromskirchener, Hallenberger und Wunderthäuser Besitzansprüche aufeinandertrafen. Über Jahrhunderte wurden hier Fehden ausgetragen. Die Flurbezeichnung „Streitwald" erinnert daran. Zugleich lag zwischen Hallenberg und Wunderthausen die alte Konfessionsgrenze zwischen dem Erzbistum Köln und der evangelisch-reformierten Grafschaft Sayn-Wittgenstein-Berleburg. Es ist nach wie vor ein besonderer Anlass, wenn sich Hallenberger und Wunderthäuser zu einem ökumenischen Gottesdienst auf der Grenze treffen, um das Wort von der Versöhnung zu hören, gemeinsam Lieder singen und Gott loben und danken. Ich habe den Gottesdienst gemeinsam mit dem Posaunenchor Wunderthausen und Pfarrer Graute von der katholischen Kirchengemeinde St. Heribertus in Hallenberg geleitet.

„Herr, deine Güte reicht, soweit der Himmel ist,
und deine Wahrheit, soweit die Wolken gehen." (Ps 36,5)

Liebe Hallenberger und Wunderthäuser, liebe Gäste und Freunde des Skisports!

Ich möchte mit einer Geschichte beginnen: Eine Himalaya-Expedition war unterwegs nach Norden. Man wollte einen 7.000er besteigen und zog durch das hochgelegene Tsum-Tal. Nachdem die Gruppe den ersten großen Pass überschritten und eine kurze Rast gemacht hatte, rief der Expeditionsleiter wieder zum Aufbruch. Die indischen Träger aber dachten nicht daran. Als ob sie nichts gehört hätten, blieben sie weiter auf ihren Planen sitzen, die Augen am Boden, und schwiegen. Als der Europäer weiter in sie drang, schauten ihn einige Augenpaare verwundert an. Schließlich sagte einer: „Wir können nicht weitergehen, wir müssen warten, bis unsere Seelen nachgekommen sind“ (Eugen Rucker).

In dieser Geschichte steckt eine Weisheit, die uns anlächelt: Wir haben nicht nur einen Körper und ein Gehirn, wir sind nicht Maschinen, sondern wir haben auch eine Seele, mit ihrem Eigenleben, mit ihrem eigenen Rhythmus. Sie mag Langsamkeit, Beschaulichkeit und Muße. Und wer wandert oder die Loipe betritt, wer in Gottes wundervoller Natur und Schöpfung unterwegs ist, der läuft nicht seelenlos. Er mag sie verdrängen, nicht an sie denken, aber die Seele läuft mit.

Und mit der Zeit geschieht etwas ganz Merkwürdiges. Ich will es mal mit den Begriffen des Liedes (EG 322) sagen, das wir eben gesungen haben: Das Herz wird fröhlich, Geist und Sinn erfrischt, Schmerzen und Sorgen werden leichter, belastende Probleme: manchmal lösen sie sich wie von selbst, manchmal finden wir Lösungen, wie man zuhause mit einem Problem umgeht und sich verhält. Ich selbst habe das schon oft genug erlebt: Ich kam nach Hause und wusste: So geht's! Das ist die Lösung! Das musst Du jetzt umsetzen!

Es ist schon so, wie das Joseph von Eichendorff einst sagte: „Wem Gott will rechte Gunst erweisen, den schickt er in die weite Welt. Dem will er seine Wunder weisen, in Berg und Wald und Strom und Feld.“ Das hat man im frühen 19. Jahrhundert genauso empfunden, wie wir heute: Im Freien werden auch die Gedanken frei. Und wer träge daheim bleibt, der läuft Gefahr, dass er sich mit Sorgen, Last und Not umstellt und einigelt. Und weil das nach wie vor so ist, darum finden Freizeitsport wie Skilanglauf oder Wandern heute so begeisterten Zulauf. Wer es sich einrichten kann, wer sich morgens vor der Arbeit Frühsport gönnt, der profitiert den ganzen Tag davon. Da fügt sich soviel zusammen:

Da ist erstens das Naturerlebnis. Eigentlich birgt jeder neue Schritt, jeder neue Augenblick eine Überraschung, man weiß nicht, was man zu sehen bekommt. Ich habe Tage erlebt, zumal oben bei den Buchen, bei dem ersten steilen Anstieg, die Eisnadeln wuchsen von Tag zu Tag millionenfach an den Ästen und Zweigen. Dazwischen die dunkelgrün-schwarzen Buchenstämme. Wenn sich dann die glitzernde Sonne durch diese Wunderwelt der Eiskristalle das Licht brach – habe ich oft an den Lobpreis des Schöpfers gedacht: „Schöpfer, wie kommst du uns Menschen so nah“ (EG 66,1). Und wenn morgens die Sonne aufging und leuchtete ganz flach auf den Schnee, der im Wechselspiel des Morgenlichts ständig seine Farben ins Rote – Gelbe – Blaue veränderte – welch eine Pracht! Man versteht, dass die Griechen die Schöpfung *Kosmos* nannten: Schmuck, harmonische Ordnung, Schönheit. Manchmal fiel mir das harte chinesische Sprichwort ein, das den Kontrast ausdrückt: „Wer nur in der Erde wühlt, kann den Himmel nicht finden." Wir alle brauchen die Auszeit, die Muße, damit sich der Blick heben kann. Damit die Seele, die langsame, bedächtige, aufleben und das wahrnehmen kann: „Herr, wie wunderbar sind deine Werke!" (Ps 66,3).

Dann das Zweite: Die Gesundheit. In der Loipe oder beim Wandern wird mir in besonderer Weise der Geschenkcharakter der Gesundheit bewusst. Ich werde dankbar, dass ich das kann und noch kann. Sicher, „Gesundheit ist nicht alles, aber ohne Gesundheit ist alles nichts", wie es der Philosoph Schopenhauer gesagt hat. Ohne Gesundheit sinkt die Lebensqualität. Wer wüsste das nicht!

Vor 2.000 Jahren formulierte der römische Philosoph Seneca eine denkwürdige Einsicht, die heute mehr denn je gilt: „Viele Menschen ruinieren ihre Gesundheit in der ersten Hälfte des Lebens, um zu Geld, Besitztum und Erfolg zu kommen, und geben dieses Geld in der zweiten Hälfte des Lebens aus, um wieder gesund zu werden." Ich denke, so darf es nicht sein. Gesundheit ist Gabe, aber eben auch Aufgabe, in die man Zeit investieren muss. Es ist gegen Gottes Willen, wenn wir unseren Körper durchs Leben peitschen und gnadenlos mit unserer Gesundheit – also mit uns selbst – umgehen. Gesundheit, so hat jemand gesagt, ist die „Kraft zum Menschsein" (Karl Barth). Ich finde, das ist eine sehr schöne Formulierung, die es auf den Punkt bringt. Dass ich selbstbestimmt im Leben stehen kann, dem Nächsten helfen kann, ausgeglichen und geduldig sein kann: Das verdanken wir der Basis, der Gesundheit.

Um nicht missverstanden zu werden. Auch kranke und eingeschränkte Menschen können sehr wohl ein erfülltes Leben führen. Und ich selbst habe oft erfahren, wie viel Lebensfreude Menschen mit Einschränkung ins Leben strahlen, ich habe viel von ihnen gelernt. Gesundheit ist gewiss kein Letztwert, und Sport sollte nicht zum Religionsersatz werden. Aber Gesundheit als „Kraft zum Menschsein": daran sollten wir uns täglich erinnern lassen.

Und schließlich das Dritte. Der Lauf als *‚religiöses Erlebnis'*. Das ist sehr einfach erklärt: der Loipe oder dem Wanderweg können wir auch eine tiefere Bedeutung zudenken, und die Seele versteht dies und entschlüsselt die Symbolik: Die Wege, auf denen wir unterwegs sind, haben einen Anfang und ein Ende, wie unser Leben. Wer in der Spur bleibt, kommt zum Ziel. Wer eigensinnig seinen eigenen Weg gehen will, hat's schwer. Wer die Spur seiner Vorgänger betritt, profitiert von der vorher getanen Arbeit Dritter. Es gibt mühsame Abschnitte, Steigungen, und leichte und bequeme Abfahrten wie die von der Wallershöhe. Da gibt es herrliche Ausblicke wie die von der Ziegenhelle. Und wenn man von oben in die Ferne schaut über die Berge und Täler hin, dann stellt sich oft eine besondere Dankbarkeit ein. Man fühlt sich nämlich mit den Gaben der Schöpfung, mit den einfachen Dingen, der gesunden Luft, die wir einatmen dürfen, der angenehmen Wärme der Sonne, dem Zug der Wolken, dem bunten Farbenspiel der Herbstblätter, über und über beschenkt, glücklich und beschenkt. Und dieses einzigartige Gefühl, diese Entdeckung, tatsächlich als reich Beschenkter im Leben zu stehen, wird jedem zuteil, schärft seinen Blick und macht ihn frei von den nachgeordneten Dingen: Geld, Rang, Kariere, Besitz und wie sie sonst noch heißen mögen! Denn: „Was hülfe es dem Menschen, wenn er die ganze Welt gewönne und nähme doch Schaden an seiner Seele" (Mt 16,26)?

Von daher kann ich nur wünschen, dass sommers wie winters viele Menschen den Weg zur Pastorenwiese finden, sich hier an Leib und Seele erholen, sich als reich Beschenkte entdecken und vielleicht einstimmen können in Christian Fürchtegott Gellerts Lobpreis: „Mein Auge sieht, wohin es blickt, die Wunder deiner Werke; der Himmel, prächtig ausgeschmückt, preist dich, du Gott der Stärke. Wer hat die Sonn an ihm erhöht? Wer kleidet sie mit Majestät? Wer ruft dem Heer der Sterne?" (EG 506,2). Amen.

DER IM LOBPREIS NAHE GOTT UND SEINE PARTEILICHKEIT

Predigt über Psalm 146 in der Skihütte „Auf der Pastorenwiese" am 18. September 2022 im Rahmen eines Ökumenischen Gottesdienstes

„Lobe den Herrn, meine Seele. Ich will den Herrn loben, solange ich lebe, meinen Gott singen und spielen, solange ich da bin. Verlasst euch nicht auf Fürsten, auf Menschen, bei denen es doch keine Hilfe gibt. Haucht der Mensch sein Leben aus und kehrt er zurück zur Erde, dann ist es aus mit all seinen Plänen. Wohl dem, dessen Halt der Gott Jakobs ist und der seine Hoffnung auf den Herrn, seinen Gott, setzt. Der Herr hat Himmel und Erde gemacht, das Meer und alle Geschöpfe, er hält ewig die Treue. Recht verschafft er den Unterdrückten, den Hungernden gibt er Brot; der Herr befreit die Gefangenen. Der Herr öffnet den Blinden die Augen, er richtet die Gebeugten auf. Der Herr beschützt die Fremden und verhilft den Waisen und Witwen zu ihrem Recht. Der Herr liebt die Gerechten, doch die Schritte der Frevler leitet er in die Irre. Der Herr ist König auf ewig, dein Gott, Zion, herrscht von Geschlecht zu Geschlecht. Halleluja."

(Ps 146,1–10 nach der Einheitsübersetzung)

Liebe Gemeinde!

Der Psalm 146 ist ein ganz besonderer Psalm! Ganz gewiss ist es kein Zufall, dass gerade dieser Psalm ein so unüberhörbares Echo gefunden hat: in Liedern, Predigten und in der Literatur. Das Paul-Gerhardt-Lied, das wir eben gesungen haben: „Du, meine Seele, singe, wohlauf, und singe schön" (EG 302), ist eine Art Auslegung dieses Psalms, es folgt dem Psalm bis in den Wortlaut hinein. Ein Grund ist gewiss, dass der Psalmdichter sein Lob auf die Treue Gottes mit seiner Lebensgeschichte verbindet. Aber auch die Sprache des Psalms ist kraftvoll, mitreißend und mit ansteckender Freude erfüllt. Zwei Dinge haben mich persönlich angesprochen.

Dieser Psalm ist konsequent, ohne Abstriche und Unterbrechung ein Loblied. Keine Klage, kein Missmut, kein negatives Denken stören hier. Ich will loben – und zwar nicht nur in der Liturgie und Gottesdienst, nicht nur an den Höhepunkten des Lebens – sondern: solange ich lebe, solange ich da bin. Wenn man genau hinsieht, spricht der Psalmdichter sich selbst an, seine Seele, das, was Gott in seinem Innersten angelegt hat: „Lobe den Herrn, meine Seele." Es ist also eine Art Selbstermunterung: mein Leben sei ein Lied, das Gottes Treue feiert, lobt und davon erzählt.

Man sollte sich allerdings abgewöhnen, diesen Psalm so zu hören und zu lesen, als redete hier ein Glückspilz, der nur die Sonnenseite des Lebens kennt. Der leichtfüßig und oberflächlich daherplappert. Nein, er kennt die dunklen Seiten des Lebens. Er hat die Kräfte, die nach unten ziehen, durchaus erfahren. Aber er lässt sich nicht irritieren, von keiner Krise vom Weg abbringen. Trotzig bleibt er dem *cantus firmus* treu: Ich will Gott singen und spielen, ich will Gott groß und schön machen trotz allem: Du, Du, immer nur Du! Und genau dies sprengt zuallererst den eisernen Ring der Depression. Nirgendwo anders können wir dies besser lernen als in den biblischen Lobgesängen.

Die hebräische Sprache kennt kein Wort für „danken". Aber die Worte „loben" oder „preisen" schließen den Dank ein. Und wer in diesem Sinne lobt und dankt, der zählt auf, was Gott ihm Gutes getan hat. So macht es auch unser Psalmdichter. Er erzählt Gottes große Taten und staunt darüber. Er, der ewige Gott, der Hohe und Erhabene, beugt sich liebend herab und richtet die Gebeugten auf. Er verschafft Recht den Unterdrückten. Er gibt den Hungernden Brot. Er öffnet den Blinden die Augen. Er beschützt die Fremden und verhilft den Witwen und Waisen zu ihrem Recht. Das hat er gesehen und erlebt. Und darum gibt es in dieser Sache bei ihm nur Parteilichkeit.

Damit ruft er auch uns in diese Spur, überparteilich Partei zu nehmen für die Notleidenden und Ärmsten – weltweit, allezeit, zumal in Krisen wie den unseren.

Mit einem Mal wird der Psalm brisant und brandaktuell. Denn der Psalmdichter betrachtet die Dinge aus der Sicht der Opfer, der Geschnittenen und Leidtragenden. Hier auf der dunklen Seite der Gesellschaft, da ist die Bühne Gottes, hier hat Gott Gutes getan. Man kann es also nicht anders sagen: Der Psalmbeter findet im Gotteslob nicht nur selbst Halt, er erkennt die verborgene Gegenwart und Treue Gottes in den unscheinbaren Vorgängen des Lebens. Sein Blick wird geschärft. Er erkennt, dass Gott wirkt, schafft, unaufhörlich tätig und in Bewegung ist und als treuer und gütiger Gott bei uns Menschen ankommt, gerade bei den Ärmsten der Armen.

Das Zweite: „Verlasst euch nicht auf Fürsten, auf Menschen, bei denen es doch keine Hilfe gibt." Haucht der Mensch sein Leben aus und kehrt er zurück zur Erde, dann ist es aus mit seinen Plänen. Aus der Geschichte, aus Biografien und wohl auch von uns selbst wissen wir: Die Versuchung ist groß, sich an Menschen zu hängen und von ihnen Beistand, Schutz und Rettung zu erwarten.

Mich wundert allerdings, wie der Psalmdichter seine Mahnung begründet. Er hätte ja gut auf das Erste Gebot verweisen können. „Du sollst nicht haben andere Götter neben mir" (Ex 20,3; Dtn 5,7). Aber er begründet seine Warnung anders. Er verweist auf die begrenzte Zeit und Vergänglichkeit aller Menschen. Über Nacht können diese alle Pläne zunichtemachen. Denn auch Fürsten sind Staubgeborene und müssen zurück zur Erde: Nur ein Hauch sind alle Menschenkinder, die doch so sicher leben. Darum ist es nicht ratsam, sich an Menschen zu klammern. Der Psalmdichter betrachtet die Zeit und die Dinge im Schein der Ewigkeit. Und diese Optik verleiht ihm einen realistischen Blick.

Darum mündet diese Sichtweise in einer Seligpreisung: „Wohl dem, dessen Halt der Gott Jakobs ist und der seine Hoffnung auf den Herrn, seinen Gott, setzt." Jakob ist der, der den Segen Gottes weitertragen durfte. Den Segen, der bis heute gilt und uns auch am Ende dieses Gottesdienstes zugesagt wird. Wohl dem, der dankbar und mit Freude seine Hoffnung auf diesen gnädigen und barmherzigen Gott setzt, den Gott Jakobs, dessen Treue ohne Ende ist. Amen.

BEHÜTET UND ERMUTIGT

Taufpredigt am Erntedankfest 2022
in der Dorfkirche zu Wunderthausen

Es wurden zwei Kinder getauft. Theas Taufspruch lautet:
„Denn er hat seinen Engeln befohlen, dass sie dich behüten auf allen deinen Wegen." (Ps 91,11)

Michels Taufspruch lautet:
„Sei mutig und stark! Fürchte dich nicht, und hab keine Angst; denn der Herr, dein Gott, ist mit dir bei allem, was du unternimmst. (Jos 1,9)

Liebe Eltern und Paten,

ich möchte doch zu Beginn auf einen kleinen und feinen Unterschied hinweisen. Mit Michel seid ihr zu Dritt. Er gründet mit euch die Familie. Thea wird bereits in eine bestehende Familie hineingeboren. Das machte Finn, Theas Bruder, bei meinem Besuch unübersehbar und unüberhörbar deutlich. Seinen ganzen Fuhrpark an Spielzeugautos, LKWs und Traktoren holte er herbei und baute ihn vor mir auf, als wollte er sagen: hier ist schon jemand! Ich bin schon „wer". Thea wird sich früher oder später mit ihm arrangieren müssen …

Aber wie auch immer: neue Fragen und Herausforderungen kommen mit Thea und Michel auf Euch zu. Wie feiern und gestalten wir unsere Feste und Geburtstage? Wie soll das Kinderzimmer aussehen? Wie wollen wir Thea und Michel erziehen? Was ist uns wichtig?

Ich weiß es aus eigener Erfahrung, man möchte in der Erziehung auch eigene Akzente setzen, bestimmte Dinge vielleicht auch anders machen als die eigenen Eltern. Ich selbst musste bei diesem Vorhaben, neue Wege in der Erziehung zu gehen, jedoch bald feststellen, dass sich die eigene Erziehungspraxis gar nicht so sehr von der erfahrenen Erziehung meiner Eltern unterschied. Und das hat seinen Grund. Denn es gibt vor allem zwei Aufgaben, die zu allen Zeiten alle Erziehenden zu erfüllen haben. Wir wollen unsere Kinder behüten und beschützen vor allen möglichen Gefahren und unguten Einflüssen – besonders in den frühen Jahren. Und wir wollen unsere Kinder fördern, die richtigen Schulen finden, ihre Talente ausbilden und mit dem modernen Leben vertraut machen – eher in den späteren Jahren: Das sind, wenn man so möchte, die klassischen Aufgaben der Erziehung.

Ich vergesse ein Glasfenster einer Kirche[7] nicht. Da steht ein Kind, vielleicht fünf oder sechs Jahre alt. Hinter ihm eine Person, von der man nur die Hände sieht – vielleicht die Mutter. Die eine Hand der Mutter war schützend um das Kind gelegt und die andere Hand der Mutter lag auf dem Rücken des Kindes. Man hatte den Eindruck, als schiebe die Mutter sanft ihr Kind ins Leben hinein: Sei mutig, jetzt musst du mal alleine weitergehen.

Ich denke, das sind die beiden elementaren Vorgänge der Erziehung: der Schutz und die Bewahrung des Kindes einerseits und die Förderung, die Ermutigung und Begleitung ins gesellschaftliche Leben andererseits: „Das kannst du schon! Du bist doch stark!"

Ich war bass erstaunt, als ich eure beiden Taufsprüche las, die ihr für eure Kinder ausgesucht habt. Die beiden genannten Aspekte kommen in ihnen prägnant zum Ausdruck und springen sofort ins Auge. Theas Taufspruch steht in Ps 91,11: „Denn er hat seinen Engeln befohlen, dass sie dich behüten auf allen deinen Wegen." Das ist ein starker Zuspruch, eine ermutigende Zusage an eure Kinder zunächst, aber auch an euch Eltern. Er hat seinen Boten, seinen Engeln, befohlen, dass sie eure Kinder umgeben, behüten und beschützen. Wie könnten wir das verstehen?

Die Bibel spricht sehr differenziert und zurückhaltend von Engeln. Und man sollte nicht zwei Dinge miteinander verwechseln. Hier verspricht nicht eine gute Fee, dass Thea und Michel wie Glückskinder in einer Sänfte durch einen Märchenwald getragen werden sollen. Das wäre ein grobes Missverständnis des Taufspruchs. Gott sagt seinen Schutz zu, „wohin du auch gehst" oder „auf allen deinen Wegen". Da wird Freiheit, Kopf und eigener Wille vorausgesetzt. Und das schließt auch raue Wege, steinige Pfade, Holzwege, Tiefen und brenzlige Situationen mit ein. Aber gerade da will Gott euren Kindern „Sonne und Schild" (Ps 84,12) sein, sie behüten und beschützen.

Die Bibel erzählt nicht nur von Friedens- und Schutzengel. Es gibt Erzählungen über Trost-, Mutmach- und Nein-sagenden Engeln. Und Engel müssen

7 Es ist das Glasfenster „Vitrail d'Isaak" der Église de la Réconciliation in Taizé.

keineswegs Wesen mit Flügeln sein. Im apokryphen Buch Tobias zum Beispiel erzieht der Engel Raphael den jungen Tobias, lehrt ihn den Unterschied zwischen Wahrheit und Betrug, zwischen Sein und Schein. Der Engel in der Hagar-Erzählung öffnet der jungen Mutter die Augen, dass sie ganz in der Nähe einen Brunnen mit frischem Wasser entdeckt (Gen 16,7). Gottes Zuspruch, seine schützende Nähe und Begleitung bedeutet für alle Eltern und Erziehenden Entlastung. Ihr seid bei der heutzutage nicht ganz einfachen Aufgabe der Erziehung nicht allein. Gottes gute Mächte, seine Engel, helfen und springen ein. Das schenkt Gelassenheit, Zuversicht und Vertrauen.

Michels Taufspruch steht in Jos 1,9: „Sei mutig und stark! Fürchte dich nicht, und hab keine Angst; denn der Herr, dein Gott, ist mit dir bei allem, was du unternimmst." Wie der Ps 91 die schützenden und bewahrenden Hände Gottes betonen, so hebt Jos 1,9 die ermutigende, fördernde Hand Gottes hervor. Im Bild: die sanft schiebende Hand im Rücken.

Josua ist der Moses-Nachfolger. Er soll das Volk Israel ins Gelobte Land führen, wird von Gott beauftragt und zugerüstet. Schwere Aufgaben liegen vor ihm. Befestigte Städte wie Jericho stehen ihm entgegen, Hindernisse wie der Jordan müssen überwunden, Krieger wie die starken Philister müssen besiegt werden. Vor diesen schwierigen Aufgaben stehend, verzagt und zweifelnd, ob er sich diese Aufgabe zumuten kann, erhält Josua diese Zusage: „Sei mutig und stark …" Das steckt in dieser Ermutigung: Gott hat dir viel Kraft und Klugheit, Geschick und großes Talent gegeben. Du kannst mein Volk führen. Nun hab Vertrauen! Ich bin mit dir, in allem, was du unternimmst.

Und genau dies sagt er heute Thea und Michel zu. Das heißt für euch Eltern und alle, die mit erziehen: Legt die großen Gaben und Talente, die Gott in eure Kinder gelegt hat, frei und steht ihnen nicht im Weg, wenn sie sich von selbst entfalten wollen. Behütet und fördert sie sanft und behutsam! Alles andere dürft ihr dem Herrn überlassen, der mit euch und euren Kindern geht, sie begleitet, ihnen hilft und einspringt und dem wir dafür heute von Herzen danken wollen. Amen.

IV.

SPAZIERGÄNGE MIT FREUNDEN UND GESPRÄCHE ÜBER DIE FRAGE, WAS UNS PRÄGT UND TRÄGT

EIN ABENDSPAZIERGANG MIT MARTIN LUTHER - LUTHER ERKLÄRT DAS GLAUBENSBEKENNTNIS

Vortrag vor der landeskirchlichen Gemeinschaft Erndtebrück
im Herbst 2017

Hintergrund: In den Wittgensteiner Gemeinden ist – abgesehen von den Gemeinden im Hochsauerland-Kreis – das Lehr- und Bekenntnisbuch der Heidelberger Katechismus. Das Gedenken im Lutherjahr 2017 und die relative Unbekanntheit von Luthers Erklärungen zum Apostolikum veranlassten mich, den Zusammenhang von Glauben, Leben und Bekennen zu bedenken und auf das eigene Leben zu beziehen. Entsprechend zu den Ausführungen wurden während des Vortrags passende Luther-Lieder und ein Paul Gerhardt-Lied gesungen.

Für diesen Abend habe ich eine Traumvorstellung! Und zwar möchte ich gemeinsam mit Luther einen Abendspaziergang machen, mit ihm eine Stunde unterwegs sein, mit ihm reden, ihm Fragen stellen, darauf achten, was er mir zu sagen hat, mit ihm auch ins Weite schauen, vor allem aber auch auf mein eigenes Leben, und möchte auch mein eigenes Leben in das Gespräch einbringen. Ich möchte nicht unbedingt wissen, wie er selbst das Theater um ihn in diesem Jubiläumsjahr 2017 beurteilt, ich möchte bei diesem Spaziergang eher einen oder sogar den Lebensnerv entdecken, aus dem der Reformator lebte, woraus er zehrte, was ihm die ungeheure Lebens- und Widerstandskraft gab, die Kraft, die er brauchte, um vor Kaiser und Reich, vor Rom und Inquisition zu bestehen. Ich möchte etwas wissen von seinem inneren Leben, wie er das ungeheure Lebenspensum geschafft hat. Wie er die Disputationen, Bücher und Lieder, Tausende von Seelsorge-Briefen hat schreiben, Schicksalsschläge, Krankheiten, beschwerliche Reisen, gefährliche Auftritte, die Reichsacht hat annehmen und durchstehen können, ohne den Büttel hinzuwerfen.

Möglich ist ja dieser Spaziergang mit Luther, weil wir von keinem Menschen aus dem 16. Jahrhundert mehr wissen als von ihm. Martin Brecht schrieb in den 80er Jahren eine dreibändige Luther-Biografie. Und was Luther selbst gesagt und geschrieben hat, ist nachzulesen in der 1883 zu Luthers 400. Geburtstag begonnenen und im Jahre 2009 abgeschlossenen Gesamtausgabe. Sie umfasst 127 Bände mit über 80.000 Seiten! Wie war das machbar? Wo liegt sein Geheimnis?

Luther soll den Spaziergang und das Gespräch eröffnen. Ich habe ein Selbstbekenntnis Luthers gefunden, das einen vitalen Lebensnerv des Reformators freilegt und erkennen lässt. Ich zitiere: „Ich bin auch ein Theologe und habe in mancherlei Gefahren die heilige Schrift doch so einigermaßen gelesen und verfüge über einige Erfahrung. Doch fühle ich mich solcher Gabe wegen nicht so erhaben, dass ich nicht täglich wie die Kinder den Katechismus, das heißt: die Zehn Gebote, das Glaubensbekenntnis (und das Vaterunser) bei mir betete und mit ganzem Herzen betrachtete, dass ich nicht nur die Worte herunterhaspele, sondern dass ich auch darüber nachdenke, was die einzelnen Worte sagen wollen [...] Denn das Wort ist uns von Gott dazu gegeben, dass wir es uns [...] einschärfen sollen und uns darin üben. Ohne diese tägliche Übung setzen unsere Herzen gleichsam Rost an, dass wir uns selbst damit vernichten" (WA 40 III, 192,16–22). Das ist also das Erste, was ich auf unserem Spaziergang von dem hochgelehrten Theologen erfahre, von dem Professor für Bibelwissenschaft, der bis heute hunderte von Doktoranden beschäftigt, die über seiner Theologie brüten: er liest wie ein einfältiges Kind täglich seinen Katechismus, betrachtet mit ganzem Herzen die Kernstücke des Glaubens, Tag für Tag wiederholend. Luther war im Katechismus, in der Lehre im Element wie ein Fisch im Wasser. Glauben, Lehren, Leben bildeten für ihn eine lebendige, kraftvolle Einheit.

Das veranlasst mich nun, einen Blick hineinzuwerfen in das, was ihm so sehr am Herzen lag. Ich wähle den „Kleinen Katechismus" (1529) aus, eine religionspädagogische Meisterleistung, die ihm ganz besonders gut glückte. Der „Kleine Katechismus" ist darum mit guten Gründen auch nach 500 Jahren in den Anhang unseres Gesangbuches aufgenommen worden. Ich konzentriere mich auf das Glaubensbekenntnis, das wir alle auswendig kennen, und wir hören dann, wie Luther es versteht. Das Apostolische Glaubensbekenntnis nennt Luther einmal „meine Bibel, die ist so lang gestanden und stehet noch unumgestoßen. Da bleib ich bei, da bin ich (dr)auf getauft, darauf lebe und sterbe ich."

Wir lesen gemeinsam die Auslegung des 1. Artikels: „Ich glaube, dass mich Gott geschaffen hat samt allen Kreaturen, mir Leib und Seele, Augen, Ohren und alle Glieder, Vernunft und alle Sinne gegeben hat und noch erhält; dazu Kleider und Schuh, Essen und Trinken, Haus und Hof, Weib und Kind, Acker, Vieh und alle Güter; mit allem, was nottut für Leib und Leben, mich reichlich und täglich versorgt, in allen Gefahren beschirmt und vor allem Übel behütet und bewahrt; und das alles aus lauter väterlicher, göttlicher Güte und Barmherzigkeit, ohn all mein Verdienst und Würdigkeit: für all das ich ihm zu danken und zu loben und dafür zu dienen und gehorsam zu sein schuldig bin. Das ist gewisslich wahr" (EG S. 1316, Nr. 885.2).

Es sticht sofort in die Augen, wie innig Luther Bekenntnis und persönlichen Glauben verbindet. Schon die ersten Worte seiner Auslegung heben das persönliche Moment des Glaubens hervor: „Ich glaube, dass mich Gott geschaffen hat [...]" Die abstrakten Begriffe „Himmel", „Erde", „Schöpfung" löst er auf, macht aus Sammelbegriffen Einzelbegriffe, spricht ganz konkret und holt das Allgemeine hautnah in seine Lebensgeschichte. Er spricht von Augen und Ohren, Kleidern und Schuhen, von Haus und Hof, Weib und Kind ... Dabei legt er ganz besonderen Wert darauf, dass die Schöpfung kein Ereignis grauer Vorzeit ist. Nachdrücklich und unüberhörbar fügt er drei Worte hinzu: „Ich glaube, dass mich Gott geschaffen hat, samt allen Kreaturen, mir Leib und Seele, Augen, Ohren und alle Glieder, Vernunft und alle Sinne gegeben hat *und noch erhält*." Die Schöpfung geht weiter, Gott hat sich nicht, wie er an anderer Stelle sagt, als „*deus otiosus* Gähnemaul" von dem Werk seiner Hände und von mir zurückgezogen. Gott umsorgt mich auch heute. Wer denkt hier nicht an Gottes Zusage am Ende der Noah-Geschichte: „Solange die Erde steht, soll nicht aufhören Saat und Ernte, Frost und Hitze, Sommer und Winter, Tag und Nacht" (Gen 8,22). Gott verheißt und garantiert die Grundlagen und elementaren Vorgaben des Lebens. Das aber heißt: Mein Leben, wie es ist: mein Gesicht, meine Hautfarbe, meinen Körper, meinen IQ, mein ganzes Sosein habe ich aus Gottes Hand empfangen. Mein Leben ist rundum Geschenk! Es ist so wie Paul Janz gesagt und Jürgen Werth übersetzt hat: „Vergiss es nie: Dass du lebst, war keine eigene Idee, und dass du atmest, kein Entschluss von dir. Vergiss es nie: Dass du lebst, war eines Anderen Idee, und dass du atmest, sein Geschenk an dich!" Oder wer denkt nicht an das Paulus-Wort: „Was hast du, was du nicht empfangen hast" (1Kor 4,7).

Wenn mein Leben nun Geschenk ist – was folgt nicht alles daraus? Ich las vor einiger Zeit ein Buch. Wie ein Arzt eine Diagnose bei einem Patienten stellt, so untersuchte der Verfasser die moderne Gesellschaft, um den Zeitgeist zu diagnostizieren: das, was viele Menschen heutzutage bewegt. Seine Diagnose: Der Mensch lebe heute, um das Optimale aus sich herauszuholen, im Beruf, in der Freizeit und natürlich im Sport. Die „Selbstoptimierung" sei das Gebot der Stunde, dem sich jeder mehr oder weniger unterwerfe. In einer Zeit der Lebenssteigerung und Beschleunigung habe man sich dem ständigen Wachstum und den ungeheuren Veränderungen anzupassen! Darum: Brich auf! Wandle dich mit! Sei flexibel! Sei mobil! Sei dynamisch und setz dich nur nicht zur Ruhe! Inszeniere dich selbst, wo es nur geht! Du allein bist für dich verantwortlich. Stehen wir nicht alle im Sog dieses Zeitgeistes?

Nehmen wir uns einmal Zeit und bedenken wir in Ruhe diese Zeitdiagnose! Da bleiben doch viele Fragen! Geraten wir nicht alle auf einen Marktplatz und unter das Gesetz von Angebot und Nachfrage? Führt diese Lebenshaltung nicht zu einer Art Selbstverwertung bzw. Selbstausbeutung wie auf einem Markt, wo sich jeder feilbietet? Und führt das nicht am Ende in eine Sackgasse? Man bleibt ewig in der Bringschuld und unter dem Stress, sein Kapital zu erhöhen, seinen Wert zu steigern. Und welcher Teufelskreis wird eröffnet, wenn der Schaden, die Krankheit, die Depression, der Born-out, den der Einzelne erleidet, auch noch von ihm selbst verantwortet wird? Wie befreiend ist hier Luthers Einspruch: Nein, wir stehen nicht unter dem Zwang, unser Leben mit Leistung und Selbstoptimierung zu rechtfertigen! Das wäre nichts anderes als die berühmt-berüchtigte „Werkerei"! Wie befreiend und trefflich sagt Luther: Was ich bin, das bin ich „aus lauter väterlicher, göttlicher Güte und Barmherzigkeit, ohn' all mein Verdienst und Würdigkeit; des alles ich ihm zu danken und zu loben, dafür zu dienen und gehorsam zu sein schuldig bin".

Fragen wir noch einmal anders! Was macht Luther mit dem Glaubensbekenntnis, das ja ursprünglich dazu dient, die Irrlehre von der rechten Lehre zu unterscheiden? Ich will es mit einem Wort sagen! Er nimmt den Text und verwandelt ihn in die helle und frohe Stimme des Evangeliums! Er öffnet uns Herz und alle Sinne für die wunderbaren Schöpfungsgaben! Nichts ist ihm zu klein oder zu gering! Auch hier dürfen wir Luthers Kernfrage stellen: Wie kriege ich einen gnädigen Gott? Und Luthers Antwort: Ohne dein Zutun! Ohn' all dein Verdienst und Würdigkeit kommt dir dein Schöpfer so nah! Mach deine Augen auf: Gott ist der Schenkende! Du der Empfangende! Alles gratis! Gott spricht uns in und durch seine reichen Schöpfergaben seine Gnade zu! Nur die Augen des Herzens und des Glaubens vermögen dies zu fassen. Und unsere Antwort darauf ist der Dank, die Freude des Herzens, der Lobpreis des Schöpfers!

Luthers Erklärung des 1. Artikels enthält viel mehr, als das, was ich bislang genannt habe. Ich will wenigsten noch einige kurze Hinweise geben. Gott hat uns nicht alleine geschaffen, sondern er hat mich geschaffen samt allen Kreaturen. Mit dieser Formulierung eröffnet sich eine weite ethische und politische Perspektive: Die anderen Menschen, und zwar ganz unabhängig von ihrer Religion, ihren Glaubensbekenntnissen, ihrer Nationalität, ihrer Hautfarbe, sind ebenso Geschöpfe Gottes, geschaffen zu seinem Ebenbild, mit unverlierbarer Menschenwürde ausgestattet. Das ist für mich die Basis der Menschenrechte. Und das hat rechtliche Folgen. Daraus entstehen diakonische Aufgaben an den Hungernden, Asylsuchenden und Bedürftigen weltweit.

„Samt allen Kreaturen“: das heißt aber auch, dass die Umwelt unsere von Gott geschaffene Mitwelt ist, deren Pflege und Erhaltung uns anvertraut ist. „Samt allen Kreaturen“ schließt auch die Tierwelt, den Naturschutz, das Thema der leidenden Kreatur, der artgerechten Tierhaltung ein! Wenn man also genauer hinschaut, enthält Luthers Erklärung des 1. Artikels eine Vielzahl von ganz aktuellen Themen, die ich jetzt aber nur andeuten kann.

Wir lesen Luthers Erklärung zum 2. Artikel: „Ich glaube, dass Jesus Christus, wahrhaftiger Gott, vom Vater in Ewigkeit geboren, und auch wahrhaftiger Mensch, von der Jungfrau Maria geboren, sei mein Herr, der mich verlornen und verdammten Menschen erlöset hat, erworben, gewonnen von allen Sünden, vom Tode und von der Gewalt des Teufels; nicht mit Gold oder Silber, sondern mit seinem heiligen, teuren Blut und mit seinem unschuldigen Leiden und Sterben; damit ich sein eigen sei und in seinem Reich unter ihm lebe und ihm diene in ewiger Gerechtigkeit, Unschuld und Seligkeit, gleichwie er ist auferstanden vom Tode, lebet und regieret in Ewigkeit. Das ist gewisslich wahr“ (EG S. 1317, Nr. 855.2).

Luther bleibt seiner Vorgehensweise treu. Auch den 2. Artikel verwandelt er und verleiht ihm die helle, frohe Stimme des Evangeliums. Ganz persönlich formuliert er: „Ich glaube, dass Jesus Christus […] sei mein Herr.“ Glauben ist persönliche Beziehung, Gespräch, Du sagen, intime Lebensgemeinschaft mit dem Herrn Jesus Christus, mit dem guten Hirten. Zunächst übernimmt Luther das Bekenntnis der Alten Kirche, das er nie angezweifelt hat oder zu verändern gedachte. Christus ist für ihn „wahrhaftiger Gott vom Vater in Ewigkeit geboren und auch wahrhaftiger Mensch, von der Jungfrauen Maria geboren“.

Beide Aspekte sind bei Luther gleich gewichtet, aber er hat ein ganz besonderes Interesse an der Menschheit Christi. Immer wieder hebt er das alltägliche Leben Jesu und das echte Teilhaben Christi an unserem Menschenschicksal hervor. Hätte Christus nicht an unserem Menschenlos bis in die letzte Tiefe teilgenommen, könnte er auch nicht „mein Herr" sein.

Was der irdische Weg Jesu für den Reformator bedeutet, macht er in seinen „Torgauer Predigten", aber auch an vielen anderen Orten deutlich. Unser Gehen und Stehen, unser Schlafen und Kleiden, unser Essen und Trinken, unser Hören und Reden ist durch ihn rein und geheiligt, sofern wir im Glauben stehen. Es findet sich kein Lebensbereich, keine alltägliche Banalität, keine Abgründe menschlichen Lebens, wo wir mit unseren Zweifeln und Fragen, Sehnsüchten und Freuden alleine wären. Überall war Christus schon vor uns und kennt es: Das Böse, die Anfechtung, das Leid. Auch unser Alltag ist von ihm berührt. Deshalb ist er unser Immanuel (Mt 1,23), unser Herr.

Damit ist noch nicht alles über Jesus Christus gesagt! Heißt es doch: Er hat mich verlorenen und verdammten Menschen erlöst, erworben und gewonnen, herausgerissen aus allen Mächten der Finsternis und des Verderbens. Auch in seinem rettenden Eintreten für mich besteht sein Herrsein. Der Lutheraner Jochen Klepper hat dies sehr schön in seinem bekannten Morgenlied ausgedrückt: „Er ist mir täglich nahe und spricht mich selbst gerecht. Was ich von ihm empfahe, gibt sonst kein Herr dem Knecht. Wie wohl hat's hier der Sklave, der Herr hält sich bereit, dass er ihn aus dem Schlafe zu seinem Dienst geleit" (EG 452,4). Das ist gemeint! Luther greift hier direkt auf seine reformatorische Erkenntnis zurück: Ein Christ darf sich rühmen, dass alle Güter Christi ihm gehören und alle seine Fehler von Christus getragen werden. Er trägt unsere Sünde und wir sind bedeckt vom Mantel seiner Gerechtigkeit. „Mein ist, was Christus tat, sagte, litt und starb, als hätte ich es selbst getan, gesagt, gelitten und gestorben. ER ist der Bräutigam, der mit der Seele als Braut alles teilt." Luther nennt diesen innigen Austausch zwischen dem Herrn und dem Knecht „den fröhlichen Wechsel" zwischen Christus und dem Glaubenden. Es ist diese fremde Gerechtigkeit Christi, die er erfahren hat und die ihn ganz persönlich bekennen lässt, „auf dass ich sein eigen sei und in seinem Reich unter ihm lebe und ihm diene in ewiger Gerechtigkeit, Unschuld und Seligkeit".

Aber was bedeutet das für uns und unser Leben? Leben im Glauben ist nichts anderes als sich dieses Wort sagen und gefallen zu lassen, sein Vertrauen auf dieses Wort zu setzen. Der Glaubende eifert keinem noch so gut gemeinten

Ideal nach. Die frohe Botschaft von der Begnadigung des Gottlosen ist vielmehr ein Geschehen, welches unser Leben verändert, unser Leben prägt und eine neue Ausrichtung gibt. In dieser Lebensbewegung treten wir heraus aus dem Käfig unserer eigenen und fremden Ansprüche, die unser Leben unfrei und oft so schwer machen, treten heraus in die Freiheit der Gotteskinder, die als Bettler mit leeren Händen vor Gott stehen und sich immer neu beschenken lassen.

Luther fügt hier aber noch etwas ein, das ihm zweifellos ganz wichtig ist: Christus hat uns nicht erlöst mit Gold oder Silber, das wäre billige Gnade, sondern mit seinem teuren Blut. Wie Luther schon früher in der „Heidelberger Disputation" (1518) sagte: Gott lässt sich nur in Kreuz und Leiden finden. So ist die Gerechtigkeit Christi teuer erworben, in der tiefsten Tiefe, unter Kreuz, Blut, Tod. Denn „die Strafe liegt auf ihm, auf dass wir Frieden hätten" (Jes 53,5). Hier findet das Gericht statt, das wir verdient hätten. Aber „durch seine Wunden sind wir geheilt". Christi Leiden und Sterben geschieht also *pro nobis*, für uns. Dann erklärt uns Luther mit leiser, aber eindringlicher Stimme: Gottes Vaterherz finden wir allein im Sohn, und zum Sohn geleitet uns allein der Heilige Geist. So bringt er die drei Personen Gottes zusammen: Den Vater nicht ohne den Sohn, und den Sohn nicht ohne den Heiligen Geist.

Das „Herrsein" Jesu nimmt wohl eins der ältesten Bekenntnisse im Neuen Testament auf: *kyrios christos*, Christus ist der Herr. Dieses urchristliche Bekenntnis war damals auch gegen den Kaiserkult gerichtet. Denn da hieß es „der Herr ist Cäsar". Und wir wissen, dass dieses Bekenntnis zu furchtbaren Verfolgungen und Martyrien der frühen Christenheit geführt hat. Das wusste Luther, ein klares Bekenntnis scheidet die Geister und dies wiederum kann Probleme schaffen und zur Ächtung führen, wie bei ihm. Darum ermutigt Luther die, die widerstehen und dem Herrn treu bleiben: „Christus kann nicht eher in unserer Macht sein, wir werden denn in uns selber ohnmächtig und gekreuzigt durch allerlei Leiden. Dann wird er auch unser Psalm, Lied und Gesang. So folget der Sieg und das Heil ins ewige Leben." Der wahre Heiland oder der gute Hirte schützt, hilft und rettet anders als wir es uns denken – oft nicht auf dem einfachen und bequemen Weg.

Luther vertraut uns auf dem Spaziergang noch etwas an, was er immer wieder in seinem Leben gegen Zweifler verteidigt hat. So wie es den fröhlichen Wechsel oder Tausch zwischen Christus und den Glaubenden gibt, so gibt es das allerinnigste Verhältnis zwischen dem himmlischen Vater und dem Sohn, so wie es im Johannes-Evangelium heißt, wo Jesus sagt: „Wer mich sieht, der sieht den Vater“ (Joh 14,9). Damit wird Jesus selbst zum „Spiegel des väterlichen Herzens Gottes“. Luther sucht und findet in Jesus Christus Gott selbst, den Vater in Person. Darum rät er uns, durch das Herz Jesu zum Herzen des Vaters aufzusteigen, aufzusteigen, sagt er, das heißt: nicht stehenbleiben bei der Menschheit Christi. Die Predigten Luthers zu Weihnachten, zur Passion, zu den Jesus-Geschichten, aber auch seine Weihnachtslieder sind tief durchdrungen von diesem Gedanken: „Des ewgen Vaters einig Kind jetzt man in der Krippen find't; in unser armes Fleisch und Blut verkleidet sich das ewig Gut“ (EG 23,2). Oder in demselben Lied: „Das ewig Licht geht da herein, gibt der Welt ein' neuen Schein [...]“ (EG 23,4).

Nun haben wir mit Luther schon einen beträchtlichen Teil unseres Weges zurückgelegt und begeben uns auf das letzte Stück unseres Weges. Wir sprechen mit ihm gemeinsam die Erklärung des 3. Artikels: „Ich glaube, dass ich nicht aus eigener Vernunft noch Kraft an Jesus Christus, meinen Herrn, glauben oder zu ihm kommen kann; sondern der Heilige Geist hat mich durch das Evangelium berufen, mit seinen Gaben erleuchtet, im rechten Glauben geheiligt und erhalten; gleichwie er die ganze Christenheit auf Erden beruft, sammelt, erleuchtet, heiligt und bei Jesus Christus erhält im rechten, einigen Glauben; in welcher Christenheit er mir und allen Gläubigen täglich alle Sünden reichlich vergibt und am Jüngsten Tage mich und alle Toten auferwecken wird und mir samt allen Gläubigen in Christus ein ewiges Leben geben wird. Das ist gewisslich wahr“ (EG S. 1318, Nr. 855.2).

Wir spüren sofort, was Luther an diesem Artikel wichtig ist, wo sein Herz schneller schlägt. Er ist tief überzeugt und weiß aus eigener Erfahrung: Aus eigenem Vermögen kann niemand glauben! Am Anfang des Glaubens steht vielmehr das Wirken des Heiligen Geistes, der uns durch das Wort Gottes zum Glauben ruft. Niemand kann sich selbst berufen oder selbst zum Glauben bringen. Der Wille des Menschen ist unfrei, er umkreist das Ego. Luther braucht das Bild von dem in sich selbst gekrümmten Herzen, aber der Geist macht aus Blinden Sehende. Nein, wir würden wirklich das gnädige Herabbeugen Gottes schmälern, wir würden mit unseren Menschenpfündlein wuchern, wenn wir etwas anderes sagten. Auch für die Gotteserkenntnis hält der Reformator das *sola gratia* fest. Auf unserem Spaziergang flüstert uns Martin wie ein tiefes Geheimnis ins Ohr: „Weißt du, wir wurden gemacht, wir machen uns nicht selbst, nicht wir wirken, sondern Gott wirkt uns. Gemächte sind wir, nicht Macher!" Und das gilt besonders für den Glauben! Wo und wie wir diesen Ruf hören, dafür kennt Gott viele Wege. Die Einen fühlen sich schon als kleine Kinder zum Glauben hingezogen. Sie wachsen gewissermaßen in der Familie in den Glauben hinein. Andere erleben einen eindrücklichen Anruf, Gott stellt sich ihnen in den Weg und leitet eine Wende ein. Immer aber ist es der Geist, der jeden auf seine Weise zum Glauben bringt. Das Mittel, das er dazu braucht, ist das Wort Gottes in seinen unterschiedlichen Gestalten. So kann es sein, dass Gott einen in der Predigt überrascht. Oder dass er einem anderen im Abendmahl so begegnet, dass ihm das Herz aufgeht. Ich kannte auch jemand, der nur durch das Lesen der Bibel seinen Herrn erkannte. Gott kennt viele Wege. Immer aber gilt, dass geistliches Leben aus dem Evangelium hervorgebracht wird. Gott setzt den Anfang. Er ist aktiv und bringt uns in das geistliche Leben hinein. Warum er aber gerade diesen Menschen zum Glauben beruft und den anderen nicht oder – vorsichtiger – noch nicht, bleibt sein Geheimnis. Aber ich bin sicher, dass Gott immer wieder uns Menschen anspricht und begegnet, wie es ihm gefällt.

Und nun das andere. Gott setzt nicht nur den Anfang, sondern treibt im Christen sein Werk weiter. Er zündet im Glaubenden ein Licht an, erleuchtet ihn und lässt ihn seine besonderen Gaben entdecken. Luther denkt an die Charismen, die jedem Christen zum Dienst am Nächsten geschenkt sind: Der eine kann gut zuhören, die andere gut vorlesen, der dritte stellt sein handwerkliches Können den anderen zur Verfügung usw. Schließlich heiligt uns der Geist und erhält uns im Glauben. Unter der Heiligung versteht er den lebenslangen Prozess, in den der Christ nun hineingenommen wird. *Christianus non est in facto, sed in fieri …* (WA 38, 568,37). Nun wird er ein geistgeleitetes Leben führen. Ganz gewiss wird er seine Sünde immer wieder bekennen. Er wird merken, wie wenig er zum Guten fähig ist. Er bleibt Sünder, aber er ist zugleich auch gerecht. Blickt er auf Christus, so ist er gerecht. Blickt er auf sich, so entdeckt er sich als Sünder, merkt, wie sehr er die tägliche Vergebung braucht. In dieser Spannung bleibt er zeitlebens. Er braucht die Vergebung und die Gnade wird ihm immer kostbarer. Der einzige Trost und die helle und frohe Stimme des Evangeliums werden ihm immer wertvoller. So wird er durch den Geist geheiligt, ein Leben lang. Das ist ein Weg durch Höhen und Tiefen. Dieser Weg bringt Entscheidungen mit sich und Umbrüche. Wir erleben Abschiede und erfahren Schmerzen. Der Weg führt uns durch Zweifel und Anfechtungen, um uns am Ende immer wieder neu in die Arme Gottes zu werfen. Aber wir dürfen gewiss sein, der

Geist erhält uns im Glauben. Denn was Gott beschlossen und begonnen hat, das führt er zum Ziel. Der Geist Gottes, der selbst als Tröster auftritt, begleitet uns durch die Wechselfälle des Lebens, durch helle wie durch dunkle Stunden. Bei einer Weggablung flüstert uns noch Luther ins Ohr: Weißt du, „der Glaube ist ein tätig und geschäftig Ding“. Darum sind wir, wie auf unserer Wanderung, immer unterwegs, nie am Ziel.

Die Kraft des Geistes wird nun nicht nur persönlich erlebt und erfahren. Sagt Luther doch: „G]leichwie er die ganze Christenheit auf Erden beruft, sammelt, erleuchtet, heiligt und bei Jesus Christus erhält im rechten, einigen Glauben; in welcher Christenheit er mir und allen Gläubigen täglich alle Sünden reichlich vergibt [...]“ Was für jeden Christen persönlich gilt, nämlich dass der Geist ihn beruft, erleuchtet, heiligt und im Glauben erhält, das gilt auch für die ganze Christenheit. So wie niemand von uns alleine leben kann, so können wir auch nicht alleine glauben. Ohne Einbindung in die Gemeinschaft von Schwestern und Brüdern im Glauben wird das geistliche Leben auf Dauer nicht überlebensfähig sein. Das ist übrigens ein wichtiges Thema bei Dietrich Bonhoeffer. In seinem Buch „Gemeinsames Leben“ (1939) schreibt er: „Der Christus im eigenen Herzen ist schwächer als der Christus im Worte des Bruders; jener ist ungewiss, dieser ist gewiss. Damit ist zugleich das Ziel aller Gemeinschaft der Christen deutlich: sie begegnen einander als Bringer der Heilsbotschaft.“

Es ist mir hier noch eins aufgefallen: Obwohl es ja um Auslegung des 3. Artikels geht – „ich glaube an die heilige, allgemeine, christliche Kirche“ – und obwohl wir gerne sagen: Pfingsten, die Ausgießung des Geistes, sei der Geburtstag der Kirche, Luther verwendet den Begriff Kirche nicht, sondern redet von der Christenheit. Er macht damit deutlich, dass der Geist auch in anderen Konfessionen und Gemeinschaften wirkt, und nicht nur in der unsrigen. Schwestern und Brüder, Charismen, die Christuserkenntnis und den einzigen Trost gibt es auch in anderen Kirchen und Gemeinschaften, die den Herrn suchen und bekennen, eben in der ganzen weltumspannenden Christenheit, dem echten Volk Gottes, der Gemeinschaft der Heiligen. Auf unserem Spaziergang bleibt Luther darum stehen und zeigt in die Weite, wo langsam unten in den Tälern und Dörfern die Lichter angehen. So wirkt und weht der Geist, wo und wie er will, zündet hier und da ein Feuer an. Keine Person, keine Kirche hat darum Besitzansprüche und darf den Geist für sich reklamieren und ihn einhegen.

Das Ziel des geistlichen Lebens beschreibt Luther am Ende seiner Auslegung: „[U]nd er wird am Jüngsten Tage mich und alle Toten auferwecken und mir samt allen Gläubigen in Christus das ewige Leben geben. Das ist gewisslich wahr." Luther vergisst nicht, den Ewigkeitsbezug geistlichen Lebens herauszustellen. Dieser eröffnet eine Perspektive der Hoffnung und des Trostes. Die Geschichte eines Menschen ist darum nie zu Ende geschrieben. Im Scheine der Ewigkeit gibt es nie den hoffnungslosen Fall oder wie es Fritz Rienecker schlicht gesagt hat: „Das Schönste kommt noch"! Das Leben mit Jesus Christus hier auf Erden wird in der Ewigkeit vollendet. Die Betrachtung aber des eigenen Lebens im Scheine der Ewigkeit tut gut. Manche Probleme, die uns schon mal zu erdrücken drohen, werden im Schein der Ewigkeit winzig klein und belanglos. Ich habe selbst manchmal erfahren: der Realitätssinn des Glaubens ist die Hoffnung, die in der „Zukunft des Gekommenen" (Walter Kreck) gründet! In ihrer Optik sehen die Dinge oft ganz anders aus.

Ich möchte zum Schluss noch einmal ganz kurz an den Anfang zurückkehren. Ich sagte, dass bei Luther Glauben, Lehren, Leben eine unauflösbare, lebendige Einheit bilden. Wir können jetzt vielleicht etwas besser verstehen, warum Luther die Lehre braucht, um Gott zu bekennen und zu loben. Wir können besser verstehen, was er an König Heinrich VII. von England schreibt: „Meine Lehre ist das Hauptstück, darauf ich trotze, nicht allein wider Fürsten und Könige, sondern auch wider alle Teufel. Und ich habe sonst nichts mehr, was mein Herz erhält, stärkt, fröhlich und je länger je mehr trotziger macht […]. Mein Leib ist bald aufgerieben, aber meine Lehre wird euch aufreiben und auffressen." Und dann schreibt er den berühmten Satz: Mit seiner Lehre habe er der „Gans an den Kragen gegriffen", ein Bild, das er natürlich auf die damalige römische Kirche, auf die „Papisten", auf die „babylonische Gefangenschaft der Kirche" bezog. Wir haben aber auch am Anfang unseres Spaziergangs mit Luther gehört, dass der erste Schritt, bevor Luther an die Öffentlichkeit trat, das tägliche innige Gebet war. Er habe täglich wie die Kinder das Vaterunser, das Glaubensbekenntnis, den Katechismus gebetet und keineswegs heruntergehaspelt. Er weiß, dass beim Beten der Heilige Geist uns selbst predigt und ein Wort aus dessen Predigt sei besser als tausend gut gemeinte Ratschläge. An Peter Beskendorf, einem Mann, der ihm nahestand, schreibt er ganz persönlich: „Lieber Meister Peter! Ich sag, wie ich es selber mit dem Beten halte. Unser Herrgott gebe es euch und jedermann, es besser zu machen […] Erstens. Wenn ich fühle, dass ich durch fremde Geschäfte oder Gedanken bin kalt und unlustig zum Beten geworden […], nehme ich mein Psalterlein, laufe in die Kammer oder, wenn es der entsprechende Tag und die richtige Zeit ist, in die Kirche zur Gemeinde und fange an, die 10 Gebote, das Glaubensbekenntnis und, je nachdem ich Zeit habe, einige Sprüche Christi oder Pauli oder Psalmen mündlich bei mir selbst zu sprechen, ganz so, wie die Kinder tun. Darum ist's gut, dass man frühmorgens lasse das Gebet das erste und des Abends das letzte Werk sein […]"

Dann geht Luther auf den betrügerischen Gedanken ein, das Gebet aufzuschieben, und erst noch dies und das zu erledigen. „Zuletzt denke daran, dass du das Amen jederzeit stark machen musst und nicht daran zweifeln darfst, Gott höre dir gewiss zu mit allen Gnaden und sage Ja zu deinen Gebeten. Und denke daran, dass du nicht allein dakniest und dastehst; sondern die ganze Christenheit oder alle frommen Christen sind mit bei dir, und du stehst unter ihnen in einträchtigem, einmütigem Gebet, welches Gott nicht verachten kann. Und höre nicht auf mit dem Gebet, ehe du gesagt oder gedacht hast: Wohlan, dies Gebet ist von Gott erhört, das weiß ich und bin gewiss; und fürwahr: Das heißt: Amen." Dann fügt er hinzu: „N]och heutigentags sauge ich an dem Vaterunser wie ein Kind, trinke und esse wie ein alter Mensch und kann seiner nicht satt werden." Vielleicht darf man sagen, dass die Trias Glauben, Leben, Lehre bei Luther durch das Gebet zusammengehalten und immer neu belebt wird.

Darum schließt Luther auch seinen „Kleinen Katechismus" (1529) mit dem Morgen- und Abendsegen, die übrigens beide in unserem „Evangelischen Gesangbuch" (EG) aufgenommen sind. Luther selbst hat das Morgen- und Abendgebet in den Rahmen einer Hausandacht gestellt: „Des Abends, wenn du zu Bett gehst, kannst du dich segnen mit dem Zeichen des heiligen Kreuzes und sagen: Das walte Gott Vater, Sohn und Heiliger Geist! Amen. Darauf kniend oder stehend das Glaubensbekenntnis und das Vaterunser. Willst du, so kannst du dies Gebet dazu sprechen: Ich danke dir, mein himmlischer Vater, durch Jesus Christus, deinen lieben Sohn, dass du mich diesen Tag gnädiglich behütet hast, und bitte dich, du wollest mir vergeben alle meine Sünde, wo ich Unrecht getan habe, und mich diese Nacht auch gnädiglich behüten. Denn ich befehle mich, meinen Leib und Seele und alles in deine Hände. Dein heiliger Engel sei mit mir, dass der böse Feind keine Macht an mir finde. Alsdann flugs und fröhlich geschlafen" (EG S. 1410, Nr. 894).

Wir sehen hier noch einmal, wie stark das Gebet Glauben, Leben und Bekennen Luthers begleitet und trägt. Gebet ist für ihn, Gott einlassen in sein eigenes Tun und Leben, das Gebet ist der Sauerstoff, der die Flamme des Glaubens am Leben erhält. Ich denke, es fügt sich wunderbar, wenn wir mit Luthers Abendsegen nun auch unseren Abendspaziergang mit ihm beenden.

LUTHERS UND MELANCHTHONS PLÄDOYER FÜR SCHULEN, WISSENSCHAFT UND BILDUNG

Hintergrund: Als Martin Luther die Erkenntnis geschenkt wurde, dass der Gottlose allein durch die Gnade (*sola gratia*) gerechtfertigt wird, berief er sich auf die Schrift (*sola scriptura*). Die Rechtfertigungsbotschaft konnte folglich nur in einer „Kirche des Wortes" verkündigt werden. Der „Glaube aus dem Gehörten" (Röm 10,17) verband sich von Anfang an mit Bildung. Denn das Evangelium wurde gelesen, gepredigt, gehört und gesungen. Zum Aufbau des „Allgemeinen Priestertums aller Glaubenden" sollen darum die Ratsherren Schulen aufrichten und halten, damit „Hans und Grete" lesen und schreiben lernen. Nur durch Bildung konnte der Einzelne das Freiheitspotenzial des Evangeliums kritisch gegen Autoritäten wenden, die einen Anspruch auf sein Seelenheil erhoben und die „Freiheit eines Christenmenschen" (1520) ignorierten. Auf diesem fundamentalen Zusammenhang beruht die Bildungsverantwortung der evangelischen Kirche. Den folgenden (leicht überarbeiteten) Text habe ich 2010 für die CVJM-Hochschule in Kassel geschrieben.

Der kaum zu überschätzende reformatorische Impuls, das Bildungswesen zu erneuern und Schulen zu gründen, hat verschiedene Gründe. Der rasante Zerfall des alten Kirchentums und der Niedergang des oft beklagten Bildungssystems hinterließen ein Vakuum. Zu diesem allgemeinen Vorgang trat eine weitere innerreformatorische Herausforderung. Anders als die Bildungsverachtung der Schwärmer und Propheten, die auf die unmittelbare Eingebung des Geistes setzten, bemühte sich Martin Luther von Anfang an um die Reform und Profilierung des Schulwesens. Bereits im Frühjahr 1523 stellte er in einem Brief an einen verunsicherten Professor für die lateinische Sprache heraus, „dass seine Theologie keineswegs den Untergang der Wissenschaften intendiere, vielmehr sei sie auf dieselben unbedingt angewiesen".[8] Luther wusste, dass die Wiederentdeckung und das Verstehen des Evangeliums nicht nur, aber auch auf philologischen Erkenntnissen beruht: „Die Sprachen sind die Scheide, darin dies Messer des Geistes steckt." War das Evangelium und

8 Martin Brecht, Martin Luther. Ordnung und Abgrenzung der Reformation 1521–1532, Bd. 2, Stuttgart 1986, 140.

die auf sie gegründete Verkündigung und Lehre der Dreh- und Angelpunkt der Reformation, so war das Bemühen um die biblischen Sprachen ein Kernanliegen Luthers und seiner Freunde, das sich sehr früh, etwa in der Gestalt Philipp Melanchthons, mit dem des Humanismus verband.

In zahlreichen Drucken wurde die 1524 erschienene Schrift „An die Ratsherren aller Stände deutschen Landes, dass sie christliche Schulen aufrichten und halten sollen" in Deutschland verbreitet. Die Reformation, sollte sie nicht Episode bleiben, brauchte Bildung, Universitäten, Nachwuchs, aber nicht weniger brauchten Staat und Gesellschaft insgesamt fähige und gebildete Menschen. Luther sieht in der Erziehung eine Gemeinschaftsaufgabe, die selbst gegenüber der Verteidigung und der Vorratswirtschaft den unbedingten Vorrang hat.

> „Darum kommts hier wohl dem Rat und der Obrigkeit zu, die allergrößte Sorgfalt und Acht auf das junge Volk zu haben. Denn weil ihnen Gut, Ehre, Leib und Leben der ganzen Stadt zu treuen Händen befohlen sind, täten sie vor Gott und der Welt nicht redlich, wenn sie nicht mit allen Mitteln Tag und Nacht das Gedeihen und die Besserung ihrer Stadt suchten. Nun liegt das Gedeihen einer Stadt nicht allein daran, dass man große Schätze sammelt und feste Mauern, schöne Häuser, viele Geschütze und Harnische herstellt. Ja, wenn die zu viel sind und darüber zu tolle Narren kommen, so ist es nur um so schlimmer, und der Schade der Stadt ist umso größer. Sondern das ist für eine Stadt das beste und allerreichste Gedeihen, Heil und Kraft, dass sie viele treffliche, gebildete, vernünftige, ehrenwerte und gut erzogene Bürger hat. Die können dann wohl Schätze und alles Gut sammeln, festhalten und richtig gebrauchen."[9]

Die beiden Katechismen, die Luther verfasst, sind an bestimmte Zielgruppen gerichtet. Im „Kleinen Katechismus" (1529) werden neben den Pfarrern immer wieder die Hausväter angesprochen und ermahnt, in der Familie und Hausgemeinde dem Evangelium Raum zu verschaffen. Der „Große Katechismus" bzw. der „Deudsch Catechismus" dient der Vorbereitung und Vertiefung der Pfarrer. Luther hat in den Katechismen weder die „theologische Fachsprache" noch die „binnenkirchliche Ghettosprache" (Wolfgang Langer) verwendet. Lehre meint

9 Martin Luther, An die Ratsherren, 1524. Zitiert nach Martin Luther, Die Hauptschriften, hg. von Hans Freiherr von Campenhausen, Berlin 1951, 325.

im Sinne Luthers auch nicht ein Reden über den Glauben, sondern ermöglicht und eröffnet einen Dialog des Menschen mit dem ihn anredenden Gott. Die Überlieferung des Glaubens lässt sich nicht ohne Beteiligung der Menschen weitergeben, die für sie in besonderer Weise verantwortlich sind. Mit der Veröffentlichung seines katechetischen Doppelwerks versuchte Luther, den Menschen zu erreichen und in sein Element zu bringen, in den gelebten Glauben. Die elementaren Momente des Glaubens wie Freude und Dankbarkeit, Zweifel und Anfechtung werden in den Text aufgenommen. Die dem Kleinen Katechismus beigegebenen Morgen- und Abendsegen zeigen, dass Luther in ganz schlichter Sprache die Inhalte des Glaubens „für mich" (*pro me*) ausgelegt hat. Nach dem Abendsegen heißt es etwa: „Und alsdann flugs und fröhlich geschlafen". „In der Lehre sein" (Apg 2,42) heißt also für Luther „mit Gottes Wort umgehen", im Alltag umhergehen. Und dies ist eben nicht dem kirchlichen und gelehrten Personal, Priestern und Mönchen vorbehalten. Die biblische und von den Reformatoren wiederentdeckte Vorstellung vom „Allgemeinen Priestertum aller Gläubigen" fügt sich hier nahtlos an.

In zweierlei Hinsicht bestimmt auch Luthers Rechtfertigungslehre sein Erziehungsdenken. Zum Glauben kann niemand – auch nicht mit der besten Absicht und den geeignetsten Mitteln – erziehen. Er ist und bleibt Gottes Geschenk, das ganz und gar menschlicher Verfügung und Methodik entzogen ist. Gleichwohl vermittelt sich Glaube in, mit und unter Erfahrungs- und Lernprozessen, die von Menschen geplant und durchgeführt werden. Der Glaube entsteht und entfaltet sich in der Regel in Bildungs- und Sozialisationsprozessen. Nachdrücklich sagt Luther: „Sprichst du aber, warum tut's Gott nicht allein und selber, so er doch wohl kann und weiß, einem jeden zu helfen? Ja, er kann's wohl. Er will es aber nicht allein tun. Er will, dass wir mit ihm wirken und tut uns die Ehre, dass er mit uns und durch uns sein Werk wirken will."[10] Die Rechtfertigungslehre tritt noch unter einem anderen Aspekt hervor. Luther sieht in der Erziehung eine „weltliche" Aufgabe. Er weiß aus seiner Erfahrung, dass ohne Erziehung, ohne Unterrichten und Lernen keine Kultur entstehen und keine Gesellschaft überleben kann. Theologisch gesprochen gehört das Erziehungsphänomen in den Bereich des ersten Artikels des Glaubensbekenntnisses bzw. zur geschöpflichen Wirklichkeit des Menschen.

10 Martin Luther, Von den guten Werken, 1520. Zitiert nach Martin Luther, Die Hauptschriften, hg. von Hans Freiherr von Campenhausen, Berlin 1951, 55.

Der Reformator stellt immer wieder die große Verantwortung von Vater und Mutter heraus, dass sie ihre Kinder versorgen, recht erziehen und ihnen Gutes tun, wie auch umgekehrt die Kinder ihren Eltern gegenüber bleibende Verpflichtungen haben. In welchem Verhältnis steht aber dann die allgemeine bzw. weltliche Erziehung zu einer Erziehungspraxis, die im Glauben begründet ist? Eine Erziehung, die sich „nur" an den gesellschaftlichen Ansprüchen und Erwartungen orientiert und zu einem erfolgreichen Weltumgang, zu Karriere, Geld und Gut befähigt, verzichtet auf das Ziel, wie es Luther nennt, „zu Gottes Lob und Ehre zu erziehen", und damit auf die Erneuerung des Menschen durch das Evangelium. Es ist gerade der Glaube der Erziehenden, der den Blick für die wahren und tiefen Bedürfnisse der Kinder öffnet, sie „geistlich nach der Seele anzusehen". Das Erziehungsgeschäft wird also nicht aus der Verantwortung vor Gott gelöst, sie findet nicht als Sonderform neben der „weltlichen" Erziehung statt, sondern am selben Ort wie diese, in derselben Institution und Praxis. Theologisch formuliert bedarf auch das Werk der Erziehung allemal der Rechtfertigung Gottes. Im Geist des Evangeliums weiß der Erziehende, dass das eigentliche Ziel, der Glaube, der Kunst der Erziehung entzogen ist, er weiß es und hat doch dieses Ziel vor Augen, er kann nur den Glauben wie den Unglauben Gott anbefehlen.[11]

In seiner Lobrede über die Schule und das schulische Leben (*De laude vitae scholasticae oratio*, 1536) setzt Melanchthon erstaunlicherweise bei dem „guten Leben" ein. Das „gute Leben" kann nur entstehen und verwirklicht werden, wenn das Gemeinwesen auf der Erkenntnis der Wahrheit und Gerechtigkeit gründet. Eben diesem Zweck dienen die Schulen, darum sind sie notwendig und nützlich. Denn Religiosität begründet und fördert Ethos und Moralität, gemeinsam mit Sprache und Bildung ermöglicht sie das „gute Leben".

> Darum „verdient das schulische Leben das höchste Lob. Es bildet jenen glücklichen Zustand ab, in dem die Menschen im Goldenen Zeitalter, falls es ein solches gegeben hat, gelebt haben oder sicherlich gelebt hätten, wenn es jenes Goldene Zeitalter gegeben hätte, wenn die menschliche Natur von Sündenfall und Tod unversehrt geblieben wäre. Was wäre dann nämlich

11 Vgl. Hans-Bernhard Kaufmann, Martin Luther (1483–1546), in: Henning Schröer / Dietrich Zilleßen (Hg.), Klassiker der Religionspädagogik, Frankfurt a.M. 1989, 7ff.

> das menschliche Leben anderes gewesen als eine fröhliche Schule, in der die Älteren und Besseren ihre Mitmenschen über religiöse und naturwissenschaftliche Fragen, die Unsterblichkeit der menschlichen Seele, die Himmelsbewegungen und alle Obliegenheiten des Lebens belehrt hätten? Ältere und Jüngere hätten ihre ganze Zeit mit solchen philosophischen Fragen und Erörterungen zugebracht. So stelle ich mir das Leben Adams und ähnlicher hervorragender Männer vor. Das Abbild dieses überaus glücklichen Zustandes ist das schulische Leben."[12]

In einer „fröhlichen Schule" durchdringen sich also die religiösen und ethischen, die literarischen und geschichtlichen Dimensionen. Die von der Religion (*pietas*) hervorgebrachte Sittlichkeit wirkt sich im politischen und sozialen Leben aus. Der Unterricht (*eruditio*) erschließt die Tiefendimension der Wirklichkeit, die eine gerechte Ordnung des Zusammenlebens und die Wahrheit erkennen lässt. Hier wird die theologische Verankerung der Pädagogik Melanchthons sichtbar. Der Reformator gesteht einerseits dem Menschen eine, wenn auch sehr eingeschränkte natürliche Erkenntnis Gottes und des Guten zu, andererseits sind das Denken und Tun des Menschen durch die Sünde infiziert. Um diese Differenzierung zu entfalten, greift er die biblische Vorstellung von der Gottebenbildlichkeit des Menschen auf. Die Seele und das Denkvermögen sind, ursprünglich als „Spiegel Gottes" geschaffen, ohne das Licht Gottes ein entstelltes Bild (*imago corrupta*). Zwar bleiben auch im Gott entfremdeten Menschen Spuren (*vestigia*) bzw. Funken (*scintillae*) der Weisheit und Erkenntnis erhalten. Er vermag durchaus noch, wie sich Melanchthon ausdrückt, zwischen dem Schändlichen (*turpia*) und dem Ehrenhaften (*honesta*) zu unterscheiden, aber die zerstörte Gottebenbildlichkeit kann und wird erst durch die Gnade bzw. durch das Wort des Evangeliums wiederhergestellt (*restituere*) und erneuert (*renovare*).

Der Freund Luthers unterscheidet hier sorgfältig zwischen dem, was Gottes ist, und dem, was des Menschen ist:

12 Philipp Melanchthon, De laude vitae scholasticae oratio (1536), in: Ders., Glaube und Bildung. Texte zum christlichen Humanismus. Lateinisch/Deutsch, ausgewählt, übersetzt und herausgegeben von Günter R. Schmidt, Stuttgart 1989, (204–221) 207; 209. Vgl. dazu Günter R. Schmidt, Philippus Melanchthon (1497–1560), in: Henning Schröer / Dietrich Zilleßen (Hg.), Klassiker der Religionspädagogik, Frankfurt a.M. 1989, 23ff.

„Wir sind durch den Glauben gerecht, d.h. durch das Vertrauen auf die Barmherzigkeit, die uns um Christi willen erwiesen wird, sind wir Angenommene, nicht wegen unserer guten Eigenschaften. Denn diese Barmherzigkeit wird durch den Glauben oder das Vertrauen ergriffen."[13]

Darum unterscheidet er klar zwischen Verkündigung und Erziehung. Die Botschaft von der Gnade Gottes ist unverfügbar, sie darf nicht pädagogisch verzweckt und instrumentalisiert werden. Umgekehrt setzt die Verkündigung ein ideologiekritisches Potenzial frei. Die Möglichkeiten der Erziehung haben ihre Grenzen, sie kann keinen letzten Sinn oder gar Erlösung vermitteln. Trotz dieser Einschränkung hat Melanchthon großes Interesse an der „Lehre des Evangeliums" *(doctrina evangelii)*, gewissermaßen der kognitiven Struktur des Wortes Gottes, die sich nicht von dem zugesprochenen Wort Gottes lösen lässt. Die „christliche Lehre" und die Disziplin (*disciplina externa*), die eine entlastende Ordnung in das Leben der Schüler bringt – Melanchthon denkt an das Einhalten der Gebetszeiten, der liturgischen Bräuche und Abläufe usw. – sind geeignet, dass Glauben entstehen, leben und sich entfalten kann. Das in der humanistischen Tradition hervorgehobene Lernen an (historischen) Beispielen (*exempla*) und das Lernen am Vorbild und Modell sind auch ihm wichtig. Eine Schule, die in diesem Sinne arbeitet, und Religion, Bildung, Ethos und Sprache als ein Ganzes zusammenhält, bildet nach Melanchthon die Grundlage eines Gemeinwesens, das unter der Leitidee der Wahrheit und der Gerechtigkeit lebt und wächst.

13 P. Melanchthon, De laude vitae scholasticae oratio (s. Anm. 12), 111.

EIN ÜBERRASCHENDER ALTHUSIUS-BRIEF – DANK UND REVERENZ AN DIE SCHULGEMEINDE DES JOHANNES-ALTHUSIUS-GYMNASIUMS

Hintergrund: Anlässlich eines Schuljubiläums wurde ich vom damaligen OStDir E. Harbrink gebeten, am 13. Juli 2013 in der Aula der Schule einen Althusius-Vortrag zu halten.

Liebe Schulgemeinde,

zunächst konnte ich es nicht verstehen und hielt es für einen dummen Scherz. Vorgestern wurde ich fertig mit der Vorbereitung des Vortrags, den ich heute hier halten wollte. „Johannes Althusius: gestern und heute". So sollte er heißen. Die Arbeit war also getan und dann flatterte plötzlich dieser Brief ins Haus. Er kam aus der Nachbarschaft in Diedenshausen. Ich muss das erklären! Neben uns wohnt unser Nachbar Althaus. Und der Brief war unterschrieben mit dem Namen Althaus. Ich überflog den Brief und wollte es nicht glauben. Vor mir lag ein Brief von Johannes Althaus, genannt Althusius, von ihm selbst geschrieben, adressiert an die Schule, die seinen Namen trägt. Die ersten Zeilen waren für mich bestimmt. Er bat mich, seinen Brief vorzulesen: heute und hier. Und nachdem ich das Schreiben noch einmal, diesmal gründlicher gelesen hatte, habe ich meinen eigenen Vortrag schnell beiseitegelegt und darf nun einen echten Brief des berühmten Gelehrten vorlesen:

Sehr verehrter Herr Direktor Harbrink, verehrtes Kollegium, liebe Eltern, und nicht zuletzt liebe Schülerinnen und Schüler!

Es ist mir Freude und Vergnügen, euch heute zu begrüßen und meinen Dank auf diese Weise auszudrücken. Ich möchte gleich gestehen, dass ich mich heute außerordentlich geehrt fühle. Denn ich habe zu Lebzeiten nie daran gedacht, dass man sich noch nach 450 Jahren an mich erinnert. Das rührt mich zutiefst. Eure Schule trägt seit vielen Jahren meinen Namen. Manchmal frage ich mich, womit ich das verdient habe. Ja, es bewegt mich sehr, dass ihr heute mit vielen Aktivitäten und Projekten, mit einem Schulfest, das ihr wohl fleißig vorbereitet habt, meiner gedenkt. Das hat natürlich einen einfachen Grund: Diedenshausen, Berleburg, die alte Grafschaft zu Sayn-Wittgenstein sind meine Heimat. Und ich sage nicht zu viel, die frühen Kindheitserfahrungen und Eindrücke haben mich für das ganze Leben geprägt. Was ich dort in den frühen Jahren erlebt habe, die Lebenseinstellungen und Werte sind zu Leitideen meines späteren Lebens geworden und haben ganz gewiss auch meine Berufswahl bestimmt.

Ach, ich erinnere mich an so vieles! In Diedenshausen waren es insbesondere die vorbildliche Nachbarschaftshilfe und Hilfsbereitschaft, die mir unvergessen geblieben sind. Wie auf ein Kommando kamen die Leute zusammen: bei der Ernte, um das Heu des Nachbarn noch vor dem Gewitter einzufahren. Wenn ein Haus niedergebrannt war, halfen alle Bauern nachher mit, holten das Holz aus dem nahe gelegenen Hessen, mauerten und zimmerten, die Fachleute sorgten für neues Fachwerk. Das war schon tief beeindruckend, nach wenigen Wochen noch vor dem Wintereinbruch stand ein neues Haus da, die Familie konnte die Notunterkunft verlassen und das neue Haus beziehen. Natürlich musste ich auch selbst wie jedes andere Kind mithelfen. Ich musste das Vieh hüten, mit den Eltern auf dem Feld arbeiten, und mein Vater, der neben der Mühle auch noch einen Wollhandel betrieb, schickte mich oft zu Botengängen auf die Gehöfte und in die Nachbarorte. Ich wurde dort von den Menschen immer herzlich aufgenommen, gut bewirtet und oft beschenkt.

Aber ich möchte die Vergangenheit nicht schönreden. Es gab auch Konflikte und Streitigkeiten in Diedenshausen, die oft mit der Grenze zusammenhingen, die mitten durch das Dorf führt. Dann kamen die Streithähne zu meinem Vater, der zwar kein ausgebildeter Richter war, dem man aber zutraute, die Streitfälle zu schlichten. Im Dorf wird ja alles erzählt und breitgetreten. Und so habe ich auch bei dieser Arbeit viel von ihm gelernt. Ach, und dann gab es die Grenzgänge, an denen das halbe Dorf und die gräflichen Beamten teilnahmen. Anschließend gab es immer ein großes Festessen in unserem Haus. Über Tage hatten wir Schinken und Wurst bis zum Umfallen. Bei solch einem Umtrunk lernte ich eines Tages auch zwei Herren kennen, denen ich – wenn man so will – meine spätere Karriere verdanke, den Reformator Caspar Olevian und den Grafen Ludwig. Der Graf war eine in jeder Beziehung interessante Persönlichkeit. Er hatte ganz Europa bereist, sprach die alten und neuen Sprachen fließend, und er war den Wittgensteinern ein guter Landesvater, der wirklich menschlich regierte. Es steht Berleburg gut an, dass die Hauptschule auf dem Stöppel heute Ludwig-zu-Sayn-Wittgenstein-Schule heißt. Beide Persönlichkeiten haben mich, neben meinem Vater, stark geprägt. Wenn der Graf mein Studium nicht mitfinanziert hätte, wäre es meinem Vater nicht möglich gewesen, meinen Bruder und mich studieren zu lassen.

Nun bin ich schon bei meinem Studium. Ja, und hier muss ich mal an etwas erinnern, was es heute nicht mehr gibt. Damals hieß es: ohne Latein – kein Studium. Wir mussten lateinisch reden, schreiben und disputieren. Ihr könnt es euch heute kaum vorstellen, wie wir Latein gebimst haben. Nach der Lateinschule habe ich noch einmal eine Vorbereitungsschule, das Pädagogium, in Marburg besucht, um meinen lateinischen Stil zu verbessern und die Allgemeinbildung zu vertiefen, besonders in Geschichte und den Naturwissenschaften. Den ersten Teil meines Studiums habe ich dann in Köln absolviert. Graf Ludwig hat mich dort bei seinem Bruder Georg einquartiert. Georg war Domprobst und verfügte über die besten Beziehungen. In Köln standen mir sofort alle Türen offen, man brauchte nur den Namen Sayn-Wittgenstein erwähnen. Dort habe ich zum ersten Mal Stadtluft geatmet. Die Lastschiffe und Kähne auf dem Rhein, der rege Handel und die bunten Märkte waren für mich faszinierend, dazu die Pilger aus aller Herren Ländern in ihren Trachten. Die 200 Einwohner in Diedenshausen kannte ich dagegen alle noch mit Namen. Köln, das war eine tolle Atmosphäre für uns Studenten. Nicht zu vergessen, es gab dort ein köstliches Bier, nach geheimen Rezepten gebraut, das besonders nach den trockenen Aristoteles-Vorlesungen gut schmeckte und floss. Aber wenn im Februar der Rhein Hochwasser führte und meine Bude unter Wasser stand, habe ich mich auch manchmal in die gemäßigte Zone der Wittgensteiner Berge gewünscht. Bei allem landauf, landunter habe ich eins in Köln gelernt: Wir Menschen können nicht isoliert leben, von Geburt an brauchen wir die Hilfe der anderen, die Hilfe der Gemeinschaft! Ihr würdet vielleicht heute sagen: die Hilfe eines Netzwerks, wir sagten damals: Menschen sind soziale oder politische Wesen. Als Erwachsene geben wir also der Gesellschaft nur zurück, was wir zuvor von ihr empfangen haben.

Nach dem Grundstudium musste ich leider Abschied von Köln nehmen. Mit einer kleinen Gruppe von Studenten zog ich rheinaufwärts nach Basel. Das war eine abenteuerliche Wanderung, überall lauerten Wegelagerer und Diebe, in den Herbergen musste man nachts Rucksack, Hab und Gut am Körper festbinden, um am nächsten Morgen nicht aller Dinge beraubt aufzuwachen. Aber in Basel, einer absoluten Spitzenuniversität, wo noch der Geist des berühmten Gelehrten Erasmus wehte, wurden wir voll entschädigt. Auch Basel war eine erstaunlich weltoffene Stadt, hier traf man die französischen Glaubensflüchtlinge, Gelehrte aus Padua und Salamanca, international bekannte Schriftsteller und Verleger, Wissenschaftler und Erfinder. Heute sind mir vor allem einige

Touren mit Freunden durch die Schweiz in bester Erinnerung, nach Genf und ins Berner Oberland. Ich war tief beeindruckt von der Gastfreundschaft der Eidgenossen und ihrem politischen System. Die Selbstverwaltung der Kantone fand ich sensationell. Mein Jura-Studium habe ich in Basel mit einer Doktorarbeit über das Erbrecht abgeschlossen. Und während ich noch in Vorlesungen des Theologen Grynäus saß, der später mein Freund wurde, erreichte mich ein tolles Angebot meines Wittgensteiner Lehrers Caspar Olevian. Dieser hatte nämlich inzwischen seine Stelle in Berleburg als Hofprediger und Prinzenerzieher aufgegeben – ihr wisst ja, Graf Ludwig hatte 22 leibliche Kinder und brauchte dafür in der Tat einen standhaften Erzieher. Aber Olevian war der geborene Professor, und als Graf Johann in Herborn die Hohe Schule gründete und Olevian die Stelle des Gründungsrektors anbot, nahm dieser gerne an. Es war nun eine der ersten Aufgaben Olevians, junge, tatkräftige Professoren zu gewinnen und die Akademie aufzubauen. Seine Wahl fiel auch auf mich und zu einem solchen Angebot sagt man nicht Nein. Und im Rückblick geurteilt, ihr würdet sagen, es war eine super Zeit in Herborn, nicht zuletzt weil ich dort meiner alten Wittgensteiner Heimat wieder näher rückte und ich meine Familie und den alten Grafen Ludwig, meinen väterlichen Freund und Förderer, besuchen konnte.

Schnell sprach sich die Neugründung unserer Akademie in ganz Europa herum. Gleich im ersten Semester schrieben sich Studenten aus Schottland, den Niederlanden und Dänemark ein. Es waren, verglichen mit den Massenuniversitäten heutiger Zeit, überschaubare Verhältnisse. Ich kannte alle Studenten persönlich und erfuhr viel aus ihrem Leben und ihren Ländern. Manchmal fanden unsere Seminare auch in Siegen statt. Dort verliebte ich mich auch in Margarete, die ich später heiratete. In jenen Jahren hatte ich viel zu tun. Neben der Hochschultätigkeit war ich Rechtsberater des Grafen Johann. Wir mussten für unsere neue Hochschule werben und das taten wir mit unseren Veröffentlichungen. Zu der Hochschule gehörte die Druckerei Corvinus und über die Frankfurter Buchmesse gingen unsere Bücher und Schriften sofort in alle Welt. 1592 habe ich eine kleine Schrift gegen die völlig entgleisten Hexenprozesse verfasst. Diese armen Kinder, Frauen und Männer sollten wenigstens einen fairen, nachvollziehbaren Prozess erhalten und nicht einfach dem Aberglauben und Volkszorn ausgeliefert werden. Heute weiß ich, das war viel zu wenig gesagt. Einen Sündenbock für Missernten oder Krankheiten zu suchen: das ist grober Unfug und menschenverachtend. Aber auch ich war damals Kind meiner Zeit, befangen in Unkenntnis und Vorurteilen. Deswegen seid vorsichtig, wenn ihr mich zitiert! Ich würde heute manches ganz anders und manches eben auch gar nicht mehr sagen.

Daneben habe ich eine umfangreiche Ethik geschrieben, besser gesagt, schreiben müssen. Das gehörte einfach zu den Pflichten meines Lehrstuhls. Die jungen Leute, die unsere Akademie besuchten, mussten ja später in den Kanzleien und an den Höfen gewandt und diplomatisch auftreten. Was man in diesem Berufsstand alles beachten muss, im Blick auf das Auftreten, das Benehmen, die Kleidung: das habe ich in der Ethik niedergeschrieben, zugegeben mit einem sehr mäßigen Interesse. Ich wollte das Buch auch gar nicht auf die Frankfurter Buchmesse bringen, aber mein jüngerer Cousin Philipp ließ in seiner Begeisterung nicht locker und hat schließlich die beiden Bücher über die Lebensführung auf eigene Faust veröffentlicht.

Eine sehr viel kürzere Schrift war mir dagegen viel wichtiger. Zweimal wurde ich zum Rektor der jungen Akademie gewählt und hatte damit die Aufgabe, vor versammelter Mannschaft die Eröffnungsreden zu Semesterbeginn zu halten. Ich schreibe „Mannschaft“, denn Frauen waren damals zum Studium leider nicht zugelassen. Sie hatten nach unserer damaligen Auffassung andere Aufgaben zu erfüllen, in der Familie und in der Kindererziehung. Ich sage nochmals „leider“. Und nebenbei gesagt, ich freue mich, dass sich das heute geändert hat und viele Schülerinnen das Johannes-Althusius-Gymnasium besuchen und Männer und Frauen gleichberechtigt unterrichten. Nun gehörten wir natürlich damals auch zu den fortschrittlichen Kräften in der Gesellschaft, wir traten ja für die Erneuerung des öffentlichen Lebens ein. Aber wir hatten eine andere Front, wir mussten erst einmal bekannt machen, dass für die Veränderungen in der Gesellschaft Schule und Bildung erforderlich sind. Und dieses Thema habe ich dann für meine Rektoratsreden ausgewählt. Nun muss ich hier mal aus dem Nähkästchen plaudern. Meine beiden Kollegen Piscator und Zepper sprachen ein glänzendes Latein und kannten sich auch mit allen stilistischen Raffinessen aus. Um mich nicht zu blamieren, habe ich mein Kollegheft mit den lateinischen Stilübungen herausgeholt und meine Rede in ciceronischem Stil veredelt. Und ich habe mich ins Fäustchen gelacht, als dies vor einigen Jahren ein pensionierter Lateinlehrer bemerkte, aber da er ein treuer „Althusius-Fan“ war, lobte er meine lateinische Brillanz und stilistische Souveränität. Wenn der wüsste … Aber gute Freunde sind eben mit nichts zu bezahlen.

In diesem Zusammenhang möchte ich eins nicht vergessen. Ich fand es ganz toll, dass und wie ihr meine Gedanken aus der „Politica" und der Schulschrift aufgegriffen und in eurem Schulprogramm umgesetzt habt. Das ist einfach vorbildlich! In der Tat ging es mir immer wieder um das gegenseitige Beistehen und Helfen. Ihr habt ja heute andere Begriffe dafür und nennt es die reziproke Solidarität, das Füreinander-Verantwortung-Übernehmen oder Zivilcourage-Zeigen. Ja, es geht um den „wehrhaften Gerechtigkeitssinn", wie ihr das in eurem Schulprogramm genannt habt. Und ich weiß, in wie vielen Projekten und Modellen diese Anliegen in eurer Schule zum Zuge kommen. Ich denke an das Projekt der Schülerstreitschlichtung, das Busbegleiter-Programm, die Nachhilfe „Schüler helfen Schülern" oder das Mentoren-Modell in den Anfangsklassen. Einer meiner alten Lehrer sagte immer wieder: „Fangt an!" Nur diese beiden Worte. Mit guten Vorsätzen muss man immer wieder neu anfangen, sich immer wieder einen Ruck geben. In diesem Sinne: Fangt an! Mit neuem Engagement für eure Klassengemeinschaft, für ein noch besseres Zusammenleben in eurer Schule, in eurer Stadt und auf den Dörfern!

Nun habe ich schon gerade die „Politica" genannt. Ich muss zugeben, auf dieses Buch, mein Hauptwerk, bin ich stolz, besonders wenn ich die Resonanz des Buches bedenke. Meine Freunde haben das Buch wie kein zweites gefeiert. Rom hat es dagegen auf den päpstlichen Index der verbotenen Bücher gesetzt. In Deutschland und in den Niederlanden war wiederum das Buch ständig ausverkauft und die Verleger rannten mir das Haus ein und baten um Vorworte für die Neuauflagen. Auf der anderen Seite schrieb der bekannte Helmstädter Kollege Conring eine scharfe Kritik und verriss mein Buch und behauptete, ich würde die Welt ins Chaos einer Revolution stürzen. Leider hielt sich in Deutschland diese törichte Behauptung und wurde von vielen nachgeplappert, die nie mein Buch gelesen haben. Ganz anders wurden dagegen meine Grundsätze in der Neuen Welt beachtet. Hier las man die „Politica" und sie half den Einwanderern, ihre ersten Gedanken zu einer neuen, noch nie dagewesenen Verfassung zu formulieren. Und schließlich wurde ja die „Politica" auch in Deutschland wiederentdeckt und heute wird sie von Wissenschaftlern in der ganzen Welt diskutiert und ist sogar ins Deutsche übersetzt worden – und das nach 400 Jahren. Angesichts dieser späten Lorbeeren und Ehrungen muss ich manchmal schmunzeln: Komische Welt! Dabei habe ich doch nur gesagt: Jede Herrschaftsgewalt hat Vorgaben, etwa die Gerechtigkeit. Sie hat darum Grenzen. Und sie wird vom Souverän, dem Volk oder der Nation, nur auf Zeit dem Herrscher oder der Regierung verliehen. Minister sind darum, wie das Wort sagt, Diener des Volkes. Wird aber ein Herrscher tyrannisch, dann hat das Volk das Recht, ihm jederzeit die Herrschaftsgewalt zu entziehen. Will er nicht abtreten, dann hat das Volk, vertreten durch die Ephoren, ein Widerstandsrecht. Da ich aber immer misstrauisch war gegenüber den Launen, dem Volkszorn und der Verführbarkeit einer Nation habe ich das Widerstandsrecht an ein bestimmtes Verfahren gebunden. Das war es eigentlich, was ich gesagt habe. Und es war für mich immer eine besondere Genugtuung, wenn sich Bürger auf dieses Menschenrecht des Widerstandes beriefen, aufstanden und gewaltfrei gegen Entmündigung und für die Menschenrechte eintraten, wie es die großen Bürgerrechtsbewegungen in den USA oder Südafrika, der deutsche Widerstand oder die französische Résistance in der NS-Zeit beispielhaft getan haben. Aber wenn man in diesen Wochen in die Türkei oder nach Brasilien schaut, könnte man meinen, dass das Widerstandsrecht vielleicht noch seine Geschichte vor sich hat. Und so verhält es sich auch mit der Volkssouveränität. Sie schließt den Grundsatz ein, dass das, was alle Bürger betrifft und angeht, auch von allen beschlossen werden muss. Nun sehe ich, dass Europa allmählich zusammenwächst. Als Zeitzeuge des blutigen 30-jährigen Krieges freue ich mich ganz besonders darüber. Aber müssten denn die EU-Staaten nicht endlich einmal über ihre Verfassung abstimmen und über die Souveränitätsfragen entscheiden? Die vielen europäischen Einrichtungen und Maßgaben müssten doch endlich einmal eine Rechtsgrundlage haben! Und was mir bei der Vereinigung auch noch fehlt, ist der Bezug auf unsere europäische Geschichte. Die Nationen können erst ein vereintes Europa bilden, wenn sie ihre gemeinsame Geschichte einbeziehen. Erst aus dem Dialog mit der Geschichte kann eine solide Zukunft Europas entstehen. Ihr merkt, Politik ist und bleibt einfach meine Leidenschaft!

Auch für meinen Lebensweg bedeutete das Buch eine Wende. Ich wurde gewissermaßen über Nacht vielerorts bekannt und wurde entsprechend umworben. Mittlerweile war ich über 40 Jahre alt und hatte beruflich bislang nur gelehrt und Bücher geschrieben. Ich hatte einfach Lust, meine Ideen in die politische Praxis umzusetzen. Und als mir mein Freund Menso Alting ein attraktives Angebot der Hafenstadt Emden unterbreitete, kam mir das gerade recht. Emden galt damals als das „Venedig des Nordens", täglich kamen dort 30 bis 40 Segler aus Übersee an und sorgten für den Reichtum der Stadt. Glaubensflüchtlinge aus Frankreich, den Niederlanden und England fanden in Emden Zuflucht und gründeten ihre Gemeinden. Insofern galt die Stadt auch als Hochburg des reformierten Bekenntnisses. Und für dieses reformierte Bekenntnis stand ja auch unsere junge Akademie in Herborn und es war auch mein Bekenntnis seit Kindertagen. Graf Johann war natürlich tief betroffen und enttäuscht, als ich ihm die Kündigung einreichte, aber wir versöhnten uns dann doch wieder und trennten uns in Freundschaft.

In Emden war ich als Syndicus beim Magistrat angestellt, ich arbeitete also als eine Art Stadtdirektor. Alle politischen Entscheidungen der Stadt liefen 30 Jahre lang über meinen Schreibtisch. In diesen Jahren hatte ich manchmal das Gefühl, auf einem Pulverfass zu sitzen. Ständig gab es Konflikte zwischen den unterschiedlichsten Interessengruppen. Es kam zu Aufständen in den Straßen und auf den Plätzen, so dass ich manchmal militärisch eingreifen ließ. Mitunter blies mir eine steife Brise ins Gesicht und ich war dann froh, dass mir der Herrgott ein starkes Rückgrat geschenkt hat. Ja, zugegeben, ich habe keineswegs immer die richtige Entscheidung getroffen …

Aber neben der Anstrengung im Beruf hatte ich auch einen sehr schönen Ausgleich in der Familie. Damals wurden unsere sechs Kinder groß. Die drei ältesten Maria Magdalena, Samuel und Anna Katharina wurden noch in Siegen und Herborn geboren. Henric, Hermann und Elisabeth in Emden. Hermann wurde Kapitän und immer wenn er nach wochen- und monatelangen Übersee-Reisen nach Hause kam, gab es eine tolle Familienfeier, er brachte exotische Geschenke mit und hat bis in die Nacht erzählt.

Warum berichte ich das alles? Nun, ich werde oft sehr einseitig wahrgenommen und in den Geschichtsbüchern dargestellt. Nur als Professor der Rechte. Nur als Vordenker der Demokratie. Nur als Syndicus von Emden. Diese Bilder möchte ich anlässlich der heutigen Geburtstagsfeier doch ein wenig hinterfragen und ergänzen. Das Leben und besonders mein Leben ist – Gott sei Dank – mehr als das, was die Gelehrten in Büchern und Aufsätzen über mich schreiben.

Zum Schluss möchte ich euch noch etwas mit auf den Weg geben und komme dazu auf einen Gedanken zurück, den ich gerade schon einmal angedeutet habe. Ich habe den Gedanken auf den ersten Seiten meiner „Politica" entfaltet, dort könnt ihr ihn nachlesen. Wir Menschen kommen ja als schreiendes Bündel zur Welt. Völlig hilflos. Nackt. Wir könnten nicht einen Tag überleben. Aber wir werden warm gebettet, bekommen zu essen und zu trinken, wir werden gekleidet, behütet und beschützt, werden ins Leben getragen, unterrichtet und ausgebildet. Vielen Menschen verdanken wir unseren Werdegang ins Leben: Mutter, Vater, den Geschwistern, Menschen, die uns fördern und fordern. Dies möchte ich herausstellen: In unserem späteren Leben geben wir das zurück, was wir zuvor empfangen haben. Zuerst einmal sind wir die Nehmenden! Habt aber dann den Mut, der Gemeinschaft als Gegengabe zurückzugeben, was ihr bekommen habt. Mit eurer Begabung, mit eurem Talent! Bedenkt dazu euer Leben immer wieder einmal von der Geburt her! Ihr werdet dankbar und hilfsbereit.

Ja, wenn mein Geburtstag ein wenig dazu beitragen könnte, ein bisschen Kampf- und Widerstandsgeist zu entzünden – gegen die verbreitete Müdigkeit, die Gleichgültigkeit und Trägheit im öffentlichen Leben – dann wäre dieser Tag ein guter Tag für euch, eure Schule, eure Stadt und natürlich auch für mich. Ich wünsche euch, den Lehrern, Eltern und Schülern weiterhin den Geist zum Aufbruch und zur Verbesserung! Ich bedanke mich für euer aufmerksames Hinhören und Herrn Hollenstein fürs Verlesen meines Briefes!

Euer alter Namenspatron Johannes Althaus

„ALLES FLIESSE VON SELBST – GEWALT SEI FERN DEN DINGEN" – ZUR AKTUALITÄT VON JOHANN AMOS COMENIUS

Hintergrund: 2008 habe ich im Schulreferat zwei Seminare zu J. A. Comenius durchgeführt. Im ersten Teil beschäftigten wir uns mit dem Leben und den Grundlagen seines Denkens, im zweiten Teil stand die Aktualität von Comenius im Zentrum. Dazu habe ich das folgende Impulsreferat (Teil 1) gehalten.

Teil 2 beleuchtet Comenius' Denken und Einsatz in der Pest-Epidemie in Leszeno (Polen) 1632. Der dritte Teil konzentriert sich auf Comenius' pädagogisches Denken und dessen Grundlagen. Den gekürzten Text habe ich 2010 für die CVJM-Hochschule in Kassel geschrieben.

I. Teil

Comenius gilt heute als einer der ersten, die den „Dialog der Kulturen und Religionen" gesucht und geführt haben. Sein tiefer Glaube an das kommende Reich Gottes, in dem es weder Leid noch Tränen gibt, machte ihn mitten im 30-jährigen Krieg zu einem Prediger und Träger der Hoffnung. Theodor Clemens, der heutige Bischof der Brüder-Unität, zeigte vor einigen Jahren, dass auch die „sanfte" und „samtene" friedliche Revolution, die 1990 zur Wiedervereinigung führte, von der comenianischen Hoffnung inspiriert war. Comenius rief den Menschen zu: „Kommt, wir wollen es wagen, den Menschen wieder Freiheit zu geben." Und er ermahnt alle: „Wir sind Bürger in einer Welt, ja alle ein Blut. Einen Menschen hassen, weil er anderswo geboren ist, weil er eine andere Sprache spricht, weil er anders die Dinge denkt, weil er mehr oder weniger als du versteht, welche Gedankenlosigkeit." Comenius gilt als Vordenker weltweiter Institutionen wie z.B. der Vereinten Nationen, der UNESCO oder des Ökumenischen Rates der Kirchen. Seine Hoffnung drückte er so aus: „Babel geht, Zion kommt", oder: „Am Abend dieser Welt wird noch ein Licht aufgehen". Seine „Allgemeine Beratung über die Verbesserung der menschlichen Dinge" beschreibt den Weg, Frieden mit friedlichen Mitteln zu erreichen. Hier wird Comenius ganz konkret, entwickelt organisatorische Vorstellungen für eine in Frieden lebende Weltgesellschaft. Er fordert ein „Friedensgericht" – heute Den Haag –, einen „Weltbund der Staatsmänner" – heute die UNO, dessen

Aufgabe es sei, „der Gerechtigkeit und dem Frieden, die von Volk zu Volk über den ganzen Erdkreis zu verbreiten sind, vorzustehen". Er fordert einen „Weltkongress", dessen Vorsitzender in London residieren sollte, als einem Ort, der „von allen Seiten zugänglich ist". In einer Resolution der 9. Generalkonferenz der UNESCO 1956 in Neu-Dehli heißt es u.a.: „Johann Amos Comenius war einer der ersten Menschen, der die Ideen propagierte, welche die UNESCO zum Zeitpunkt ihrer Gründung als Leitlinien betrachtete." 1957 brachte die UNESCO eine Auswahl der Schriften von Comenius in vier Weltsprachen heraus. Ich habe im vergangenen Jahr einen Vortrag einer Professorin aus Lateinamerika gehört, die aufzeigte, wie stark die „Theologie der Befreiung" und noch mehr die „Pädagogik der Befreiung" mit der Rezeption der Schriften des Comenius in Lateinamerika zusammenhängt, auf ihnen basiert. Heute zeichnet die UNESCO herausragende Leistungen im Bereich internationaler Bildungsprojekte mit der Comenius-Medaille aus, die von Tschechien und der UNESCO gestiftet wird. Hochinteressant ist gegenwärtig etwa die vergleichende Forschung, die die Friedensschriften von Erasmus von Rotterdam und Comenius untersucht. Erasmus schreibt 1517 die „Querela pacis" (die Klage des Friedens). Er bedient sich eines rhetorischen Kunstgriffs und stellt Krieg und Frieden aus der Opferperspektive dar. Er folgert: Süß erscheint der Krieg nur dem Ahnungslosen – *dulce bellum inexpertis*. Comenius hingegen personalisiert den Frieden, ganz gemäß dem biblischen Vorbild: „Christus ist unser Friede" (Eph 2,14). Der höchste Versöhner tritt den im 30-jährigen Krieg Zerstrittenen entgegen mit dem Segensgruß: „Friede sei mit euch." Beide ächten den Krieg – Erasmus aus aller seiner Kraft des Denkens und der Sprache, Comenius aus seiner leidvollen Lebensgeschichte und seines trotzig hoffenden Glaubens. Übrigens, Comenius hat in Herborn unter Alstedt Erasmus gelesen und später oft zitiert. Keine Friedenserziehung kommt heute an den Grundgedanken vorbei, die Comenius erstmals geäußert hat.

Ich komme noch einmal auf Comenius' Grundsatz zurück: „Alles fließe von selbst, Gewalt sei ferne den Dingen." Man übersieht leicht die Reichweite und Tiefe dieses Mottos, vielleicht auch, dass es Comenius kunstvoll und einprägsam formuliert hat: *Omnia sponte fluant, absit violentia rebus.* Also als Hexameter. In diesem Wahlspruch kommt das Urvertrauen in die Kraft der Natur als Schöpfung Gottes zum Ausdruck. Das Wort umgreift eigentlich alles, was der Mensch willentlich beeinflussen kann, selbstverständlich die ihn umgebende

Schöpfung, Pflanzen, Tiere, Luft, Wasser, aber auch die Pflege, Erziehung und Bildung der Kinder. Comenius schätzt die Spontaneität, er vertraut darauf, dass alles „von selbst" (*sponte*) wächst, gedeiht, fließt – wenn der Mensch nicht störend eingreift, sondern fördernd, helfend, stützend das natürliche Wachstum begünstigt. Comenius verwendet in diesem Zusammenhang immer das lat. Wort *cultura* und er sagt: „Ich werde es wagen, die Pflege eurer geistigen Anlagen mit der Pflege Eures Erdbodens zu vergleichen." Die Erziehungspraxis und ebenso die Ethik müssten also eher das Seinlassen, das Zulassen, das Unterlassen betonen, das Belassen praktizieren, eher weniger tun als zu viel. Das Zuviel ist das Gewaltsame! Nicht nur gegen den Stock, sondern auch gegen die subtileren Formen der Gewalt, den Verbalismus, hat sich Comenius ausgesprochen. Jedes Lebewesen lebt als mitwirkendes Teil in einem Ganzen von lauter Wechselbezügen (*communicatio lucis*). Alles ist ein Empfangen, Agieren und Reagieren, vor allem das Lernen. Der Mensch bildet und wird gebildet, er lebt in übergreifenden Sinnzusammenhängen und empfängt tragenden Sinn, etwa von der Erde, die ihn trägt, auf der er ruht, oder vom Worte Gottes, das ihm Halt und Weisung gibt, oder von der Vernunft, die das Dunkle erhellt.

Man kann das andere Denken des Comenius besser verstehen, wenn man den Gegenentwurf bedenkt. Sein Gegenspieler René Descartes – wir sprechen mit Recht von der cartesischen Moderne – hat den Menschen mit einem Herrschaftswillen und Herrschaftsrecht begriffen, mit einem Unterwerfungswillen und Unterwerfungsrecht. Er spreizte den Menschen auf als „maître et possesseur de la nature". Nicht nur die äußere Natur wurde unterworfen, auch die menschliche Natur, die Affekte, Leidenschaften, die Spontaneität wurden der radikalen Kontrolle der Vernunft unterworfen. In der kühlen Selbstzuwendung des Denkens, alles konzentriert auf das „denkende Ich" –, wird sich der leibhaftige Mensch selbst fremd.

Gegen diesen Denkansatz – Comenius nennt ihn schließlich „Pestilenz" und die Cartesianer die „Priester des Teufels" – gegen diesen Diskurs setzt Comenius auf das konaturale Denken, auf das Sich-einlassen in das übergreifende Ganze. „Alles fließe von selbst." Die in der äußeren Natur eingefaltete innere Natur will treiben und wachsen, also Sinn stiften. Comenius bestreitet also der Vernunft das Recht und die Fähigkeit, sich durch Denken selbst zu begründen. Den cartesischen Vernunftmenschen bezeichnet er als „geschlossene Seele", *homo clausus*, der seine naturale Verwurzelung und Herkunftsgeschichte leugnet. Immer wieder sagt er: *Purus logicus est purus asinus.* Und er macht es seinem Zeitgenossen deutlich: Entweder kannst du essen oder trinken. Ein Drittes gibt es nicht. (Aber Vorsicht: das Bier ist flüssige Nahrung. Wer es trinkt, isst zugleich!). Alles Wahre entspricht dem Zusammenfallen von Gegensätzen. Hier lässt er sich von Nicolaus Cusanus anführen. Mit ihm widerlegt er jede Form des Subjektivismus, also der grandiosen Aufblähung des in sich selbst verschlossenen Menschen. Für Comenius' Konzept der offenen Seele ist die Vernunft mehr ein vernehmendes Organ im Ganzen des Körpers, das erst einmal empfängt, dann auch weitergibt, damit es zu jener Kommunikation des Lichts kommt.

Wenigstens zwei Konsequenzen seien hier genannt:

1. Gute Gedanken sind nicht die Gedanken, die im Raisonnement geboren, sondern auf einem Grund gewachsen und mit anderem Leben vernetzt sind. Das Gemeinte möchte ich mit einem Zitat Erhart Kästners verdeutlichen:

   „Es gibt keine landlose Wahrheit. Wahrheit bildlos, körperlos, schicksallos, ortlos: Das reicht nicht zum Rang einer Wahrheit. Ein landloser Gedanke, ein kraftloser. Etwas Welt muss in eine Wahrheit eingebracht werden, sonst ist sie keine; ihr Finder muss irgendwo gelebt, gesehen, geatmet haben; das muss dabei sein. Eine Wahrheit muss das Zeitliche segnen können, wie man früher gesagt hat; sonst bleibt sie weltlos. Die Welt ist so dürr geworden, weil sich so viele hergestellte Gedanken herumtreiben, ortlos und bildlos."

Das Ganze ist bei Comenius von einem tiefen Grund getragen; entfernt man sich von diesem Grund, entstehen Schwindel, Verzweiflung, Sünde und Tod. Comenius kann auch sagen, das vom Ursprung gelöste Seiende verliert sein Gesicht.

2. Daraus hat Comenius eine Konsequenz für den Unterricht gezogen. Der Lehrende hat seinen Schülern die Frage zu stellen: Was ist das? Also die Frage nach der Durchdringung des Unterrichtsgegenstandes. Er hat diese analytische Aufgabe mit zwei weiteren ebenso wichtigen Fragen zu ergänzen. Durch was ist es? Also die Frage nach dem Ursprung und nach der Vernetzung. Und durch die dritte Frage: Wozu ist das Ding bestimmt? Wem soll es dienen? Also die Frage nach dem Praktischwerden des Unterrichtsthemas. Im Zeitalter der weltweiten ökologischen Krise könnte man das Einübung in retikuläres Denken nennen,

gemeint ist eine Ethik der Verantwortung als konstante Unterrichtsdimension, die kein Schulfach vernachlässigen sollte. Comenius hat sie vor 400 Jahren angestoßen und in Ansatz gebracht.

II. Teil

1632 schrieb Johann Amos Comenius einen Bericht über die Pest-Seuche in Leszno (Polen). Er pflegte damals im Exil gemeinsam mit seinen „Brüdern" die Pestkranken und trat mutig gegen die übliche Praxis des Ausgrenzens und Vertreibens der Infizierten ein. In der Regel wurden die Kranken in einen tiefen Wald getragen und dort ihrem Schicksal überlassen. Auch medizingeschichtlich ist dieser Text interessant. Er zeigt, wie Comenius im Rahmen der damaligen Miasmenlehre alles Mögliche bedenkt, um die Infektionsgefahr einzudämmen. Im Hintergrund seiner Haltung steht ein christologisch begründetes Menschenbild, das einen weiten Horizont öffnet. Christus selbst ist immer auch im Krankenbesuch gegenwärtig. Mit seiner Zusage und Identifikation: „Ich bin krank gewesen und ihr habt mich besucht" (Mt 25,36). Comenius lässt keinen Zweifel daran, dass Leib- und Seelsorge, Lebens- und Sterbebegleitung die zwei Seiten derselben *charitas* sind. Immer wieder bricht die Frage, ob die strikte Infektionsschutz-Logik prioritär gegenüber dem Gebot der Menschlichkeit in der Sterbebegleitung gesetzt werden darf. Zu dieser ethischen Debatte gibt Comenius nicht nur einige Impulse, er lässt eine theologisch reflektierte und bis heute provokative Grundhaltung erkennen, die ihm damals bei seinen Adressaten in Lissa großen Respekt einbrachte. Übrigens hat Comenius den Text vermutlich nicht ohne Vorbild und Modell verfasst. Eine ganze Reihe von reformierten Theologen haben zur Pest-Epidemie und zum Umgang mit ihr Stellung bezogen. Auch Wilhelm Zepper hat 1597 in Siegen einen „Bericht von Sterbensläuften" verfasst und ebenfalls Matthias Martinius „Christliche Erinnerung und Bericht Wider die jetzt in der Welt hin und her schwebende betrübte Zeit" (Siegen 1597). Martinius war der Lehrer Johann Heinrich Alsteds, der in Herborn in besonderer Weise Comenius beeinflusst hat, und er war ebenfalls auch Lehrer von Thomas Dubinus, der Comenius an der Lateinschule in Prerau unterrichtete. Hier gab es offensichtlich einen lebhaften Austausch zwischen dem Lehrkörper der Johannea und der Brüder-Unität, ein Netzwerk, das nicht nur theologisch und konfessionell, sondern auch durch dieselben pandemischen Herausforderungen zusammengehalten wurde.

III. Teil

> „Comenius ist der Klassiker der neuzeitlichen Pädagogik; er ist überhaupt ihr Begründer. So wie einst Aristoteles die Philosophie zum ersten Mal systematisch und wissenschaftlich zusammengestellt hat, so legte Comenius zum ersten Mal, man darf sagen, das einzige Mal und auf einmalige Weise, ein allumfassendes pädagogisches System vor. Dies allein schon ist Grund genug, sich mit Comenius' Werk zu beschäftigen."[14]

Diese Einschätzung des Gelehrten und Bischofs der Böhmischen Brüder wird eindrucksvoll durch die Jahrbücher der Deutschen Comenius-Gesellschaft oder den 2005 von Werner Korthaase u.a. herausgegebenen Sammelband „Comenius und der Weltfriede" bestätigt. Comenius führte beispielsweise das „Prinzip der gesprengten Klassentür" ein und unterrichtete seine Schüler im Freien. 1656 veröffentlichte er das Buch „Die Schule als Spiel" (*Schola ludus*), um die Kreativität und spontanen Einfälle seiner Schüler sowie ihre ständige Sehnsucht nach dem Spiel besser zu nutzen. In seiner „Große(n) Didaktik" (1657) – die erste, die den Namen verdient – entfaltet er „die vollständige Kunst, alle Menschen alles zu lehren, und zwar rasch, angenehm und gründlich". 1658 gab er ein bebildertes Lehrbuch heraus, den „Orbis sensualium pictus" (Die sichtbare Welt in Bildern), ein europäisches Schulbuch, aus dem noch Goethe lernte und es im Rückblick lobte. Comenius führte auf höchster Ebene Schulreformen in Schweden und Ungarn durch. Er erhielt ehrenvolle Angebote und Rufe aus aller Welt, etwa von Kardinal Richelieu, die Schulen Frankreichs zu erneuern. Von der ersten Hochschule der USA, dem Harvard College, wurde ihm die Stelle eines Rektors angetragen. Unter den Klassikern der Religionspädagogik nimmt Johann Amos Comenius zweifellos eine hervorragende Stellung ein. Nun hat der Schulreformer über 250 Schriften zu philosophischen, naturwissenschaftlichen, politischen, theologischen und pädagogischen Themen verfasst, außerdem gibt es eine unüberschaubare Fülle von Sekundärliteratur zu Comenius, deren Erschließung und Interpretation sich seit einigen Jahren eine eigene Wissenschaft widmet, die Comeniologie. Im Folgenden kann also nur eine minimale Auswahl von Anliegen und Ansichten des Comenius zur Pädagogik dargestellt werden.

14 Johannes Schnurr, zitiert nach Veit-Jakobus Dieterich, Jan Amos Comenius, Reinbek bei Hamburg [4]2005, 145.

In der gegenwärtigen Comenius-Forschung ist man sich einig, dass das pansophische Denken des Comenius auch im Hintergrund seiner Bildungstheorie steht: „Was ich für die Jugend geschrieben habe, habe ich nicht als Pädagoge, sondern als Theologe geschrieben", sagt er rückblickend in seinen „Opera didactica omnia" (1657).

Das von Comenius immer wieder verwendete griechische Schlüsselwort *pan* heißt „alles", „ganz", „umfassend" u.Ä. Der von Comenius geprägte Begriff „Pampaedia" (gr. *paideia*, d.h. Bildung, Erziehung) bedeutet demgemäß Bildung für alle, Formung aus dem Ganzen und für das Ganze. Es geht ihm um das Weltganze, um die Entwicklung in Natur und Geschichte, in deren Zusammenhang er den Erziehungsprozess als eine vielschichtige Vernetzung ortet, dem keine subjektivistisch verengte, aber auch keine auf bloße Wissensvermittlung abhebende Pädagogik gerecht wird. Denn die in seiner Zeit aufblühenden Naturwissenschaften mit ihrem immensen Wissenserwerb hinterließen beim Menschen ein intellektuelles Ohnmachtsgefühl. Den Geborgenheitsverlust durch die astronomischen Erkenntnisse empfindet Comenius zutiefst und thematisiert ihn immer wieder. Der offene Horizont und die Unendlichkeit des Kosmos ermöglichen eine Vielzahl der Standpunkte. Die Orientierung wird gerade dem Heranwachsenden schwer. Auf diesem Hintergrund entfaltet Comenius seine „Pampaedia":

> „Eine nur äußerliche Kenntnis der Sachenwelt reicht [...] nicht aus. Die Menschen müssen vielmehr zur Einsicht in ihre inneren Gründe angeleitet werden [...] Sie haben keine Einsicht in die Gründe der Sachenwelt und möchten doch den Anschein erwecken, als wüssten sie darum. So entstehen dann ihre wunderlichen Ansichten und das vielfältige Chaos ihrer Vermutungen und Irrtümer, welche die Welt geradezu in einen schwindelerregenden Strudel reißen. Dagegen hilft nur die Kenntnis von den ersten Sachgründen. Die Pansophia (das wahre Wissen vom Ganzen] hat sich bemüht, diese aufzuzeigen, während die Pampaedia [die Unterweisung im wahren Wissen vom Ganzen) danach trachtet, sie den Gemütern einzuimpfen."[15]

Weil die isolierende Detailforschung die Tiefendimension der Wirklichkeit verschloss, hatten, so formuliert Klaus Schaller treffend, die Erkenntnisgegen-

15 Jan Amos Comenius, Pampaedia – Allerziehung, in deutscher Übersetzung hg. von Klaus Schaller, Sankt Augustin 1991, 46.

stände „ihr ‚Gesicht' verloren, sie hatten ihren Charakter als Signaturen, als ‚Spuren Gottes' vergessen lassen. Das von seinem Ursprung gelöste Seiende war herausgefallen aus dem innehaltenden, umgreifenden Umgriff des Seins im Ganzen." Demgegenüber beruft sich das comenianische Denken auf die drei „Bücher Gottes", auf die Heilige Schrift, auf das Buch der Natur und auf das Buch der Vernunft bzw. des Gewissens. In diesen Büchern erkennt der Wahrheit Suchende das Ganze (*omnia*), das allen (*omnes*) gründlich (*omnino*) zu lehren sei. Ohne „Einsicht in die Gründe", wir würden sagen, ohne Einsicht in das Sinngefüge des Ganzen ist weder Bildung noch Erziehung möglich. Erziehung lässt sich nicht von der Sinnfrage und Sinnerfahrung lösen. Es ist deswegen wohl begründet, wenn sich die EKD-Denkschrift „Maße des Menschlichen" (2003) auf Comenius beruft und die Unterscheidung von „Verfügungswissen" und „Orientierungswissen" bzw. „Lebenswissen" einführt. Wissen ist mit Weisheit zu verbinden oder, wie es die genannte Denkschrift formuliert: „Derjenige Mensch ist gebildet, der umsichtig und verantwortungsbewusst ist und sich an dem orientiert, was hinsichtlich der ‚menschlichen Angelegenheiten' (*rerum humanarum*, J.A.Comenius) alle gemeinsam angeht."

Demgemäß ist die Vernunft auch keine absolute, alles andere überbietende Instanz. Sie könnte sich niemals, wie die souveräne Vernunft bei René Descartes, selbst begründen. Die comenianische Vernunft ist vielmehr „eine Kraft unter den Kräften einer ganzen, ins Ganze des Universums – Gott inbegriffen – eingespannten und eingewobenen Seele".[16] Immer wieder verdeutlicht Comenius mit der Spiegelmetapher und dem Austausch des Lichtes (*communicatio lucis*), was er unter Vernunft versteht. Sie hat ihr Licht nicht aus sich selbst, sondern sie spiegelt das von überall her, also universal einfallende Licht und vermehrt es – gleich einer Kugel aus Spiegelglas. Das ursprünglich von Gott ausgehende Licht fällt in den richtig eingestellten Spiegel (*speculum*) der Vernunft und wird dort aktiv gewendet und als Schlüssel verwendet, die geschlossenen Pforten der Dinge (*rationes rerum*) zu öffnen. Im Widerspiegeln belässt die Vernunft die Dinge in der ihnen gemäßen Ordnung. Dabei tritt das

16 Jan Patocka, Die Philosophie der Erziehung des J. A. Comenius, Paderborn 1971, 63. Ähnlich auch Ulrich Kunna, Das „Krebsgeschwür der Philosophie". Komensky's Auseinandersetzung mit dem Cartesianismus, Sankt Agustin 1991, und Klaus Schaller, Die Pädagogik der „Mahnrufe des Elias". Das Lebenswerk des J. A. Comenius zwischen Politik und Pädagogik. Mit einem Beitrag von Regine Masthoff und einem Auszug in deutscher Übersetzung, Kastellaun 1978.

Ausschauen, Erkunden und Erspähen, was das lateinische *speculari* meint, in eine *communicatio lucis*, d.h. das Licht der anderen wird empfangen und in der Kraft der eigenen Reflektion weitergeleitet. Die Vielzahl der Lichtzentren intensivieren das Licht, was für Comenius ganz konkret in Erziehungsprozessen, in den Wissenschaften und Diskursen usw. geschieht. Die Vernunft kann also bei Comenius nicht wie bei Descartes zum Herrschaftsinstrument des „Meisters und Eigners der Natur“ (Descartes) werden. Die Vorgaben des aufscheinenden Grundes sind entscheidend, auf die sich die comenianische Vernunft einlässt. Hier wird eine pansophische Grundhaltung sichtbar, die des Lassens, des Belassens, des Zulassens, des Unterlassens ... Diese Haltung wird virulent um Umgang mit dem Ganzen, also auch in ethischen Bezügen, in Erkenntnis-, aber auch in Bildungs- und Erziehungsprozessen,

Ganz in dieser Optik des Sein- und Gewährenlassens hat Comenius seiner „Großen Didaktik“ ein Motto vorangestellt: „*Omnia sponte fluant, absit violentia rebus*“ – „Alles fließe von selbst, Gewalt sei ferne den Dingen.“ Die Reichweite dieses im einprägsamen Hexameter formulierten Wortes lässt sich ermessen, wenn man es auf das Herrschaftsverhältnis des Menschen über die Natur oder auf die gesellschaftliche bzw. zwischenstaatliche Ordnung überträgt und anwendet. Wird ein Mensch mit Methoden der Gewalt behandelt, so erklärt Comenius grundsätzlich, wird „aus dem Menschen ein Nicht-Mensch“. Welche Bedeutung hat das Diktum nun für die Praxis des Unterrichts, für die Pädagogik und Didaktik?

Comenius bezeichnet die Didaktik noch als *ars didactica* (didaktische Kunst), sie beginnt darum auch wie die anderen Künste mit dem Studium der Natur: „Aus alledem geht hervor, dass die Ordnung, die das allgemeine Urbild der Kunst, alles zu lehren und zu lernen, sein soll, nirgends anders entlehnt werden soll und kann als von der Lehrmeisterin Natur [...]. Richtig sagt Cicero: unter der Leitung der Natur kann man unmöglich irren.“ In diesem aristotelisch geprägten Denkhorizont erweist sich das Lehren als „Nachbildung der Natur“ (*imitatio naturae*) und der Pädagoge als „Diener der Natur“. Die Didaktik bildet damit die göttliche Kunst (*ars divina*) nach, die die Natur und den Kosmos kunstvoll eingerichtet hat. Die Grundsätze der Didaktik stehen in Analogie zu naturalen Vorgängen, das Lernen ist ein Wachsen, ein Reifen und Entfalten, eine natürliche Lebensbewegung. Den Verstand vergleicht Comenius beispielsweise mit einem Samenkorn oder Kern: „Es ist also nicht nötig, in den Menschen etwas von außen hineinzutragen. Man muss nur das, was in ihm beschlossen liegt, herausschälen, entfalten und im einzelnen aufzeigen." Da nach Comenius der Mensch als Geschöpf Gottes seinen ursprünglichen Platz im Ganzen verloren hat, ist es die Aufgabe der Erziehung, den dezentrierten Menschen an seinen ursprünglichen Ort zurückzubringen, dem Enteigneten sein Eigenstes zurückzugeben, die eingefaltete Individualität zu entfalten, kurz: den Menschen in sein Element zu bringen, das er in seiner „Selbsteigenheit" oder durch deformierende Bildungsprozesse verlassen hat. Denn „ein jedes Ding kehrt gern zu seiner eigenen Natur zurück". Der eigentliche *„educator"*, der den Denaturierten aus der Entfremdung „herausführt" (*e-ducere*) und die Gottebenbildlichkeit wiederherstellt, ist Christus, der *optimus magister*. Karl Ernst Nipkow weist zu Recht daraufhin, dass Bildung im comenianischen Sinn immer auch Umkehr und Buße einschließt, eine Vorstellung, die einem naiven Fortschrittsglauben damals wie heute widerspricht.

Wenngleich das auf der Schwelle zur Neuzeit stehende pansophische Modell heute nicht einfach wiederholt werden kann, erweist sich das Gesamtwerk des Comenius als überaus ergiebiger, perspektivenreicher Fundus. Das auf Bildung setzende und nach vorn drängende Moment, das Ziel der Erneuerung und Wiederherstellung des Ganzen, das vernetzende, offene und einbeziehende Denken, die Herausstellung des Menschen als „Pro-König" und „Vize-Gott", der mitschöpferisch tätig wird, die Konaturalität des Denkens, das Insistieren auf Grund und Sinn in den Bildungsbezügen, das sein- und gewährenlassende Moment in Erziehungsprozessen: dies alles erinnert uns an die Inszenierbarkeit und Inspirierbarkeit der Realität und insbesondere an die der Schule und anderer Bildungseinrichtungen.

DER „SOKRATES VON KOPENHAGEN" - SÖREN KIERKEGAARD

Einleitender Vortrag in einem Lehrerseminar des Schulreferats des Kirchenkreises Wittgenstein im Februar 2008 in Bad Berleburg

Zu Beginn möchte ich Kierkegaard das Wort geben. In seinen „Tagebüchern" (1845) erzählt er folgende Parabel. Sie zeigt seine Sprachkraft, sein satirisches Talent und seinen scharfzüngigen Affront gegen die dänische Staatskirche und das real-existierende Christentum seiner Zeit:

„Die zahme Gans – Eine grundlegende Reflexion. Man stelle sich vor, dass Gänse sprechen könnten. Dann hätten sie auch ihren Gottesdienst, ihre Anbetung des Herrn. Jeden Sonntag würden sie sich versammeln und ein Gänserich würde predigen. Der wesentliche Inhalt dieser Predigt wäre, zu welch hohem Zweck der Schöpfer – und jedes Mal, wenn dieses Wort erwähnt wurde, machten alle Gänse einen Knicks, und alle Gänseriche senkten den Kopf – die Gänse bestimmt habe. Mit Hilfe ihrer Flügel könnten sie zu fernen Ländern fliegen, gelobten Ländern, wo sie eigentlich hingehören, denn hier seien sie doch nur Fremde. So jeden Sonntag. Dann zerstreute sich die Gemeinde und jeder watschelte heim – so ginge es weiter, und sie würden beleibt und fett, würden saftig und zart – und am Martinstag verspeist. So ginge es weiter. Denn während die Predigten am Sonntag laut ertönten, wussten die Gänse am Montag einander mitzuteilen, wie es einer Gans ergangen war, die Ernst habe machen wollen mit Hilfe der Flügel, die ihr der Schöpfer als Zeichen ihres höheren Schicksals verliehen hatte, wie es ihr ergangen sei, welche Leiden sie habe erdulden müssen. Die Gänse waren sich klugerweise hierüber einer Meinung. Doch das könnte man nie an einem Sonntag sagen, weil sie dann wüssten, dass es offenkundig sei, dass der Gottesdienst ein Hohn gegen Gott und uns sei. Doch es gab unter den Gänsen einige, die elend aussahen, mager wurden. Von diesen meinten die Gänse:

‚Da sieht man, wozu es führt, wenn man fliegen will. Weil jene in ihrer Seele ans Fliegen denken, magern sie ab, fühlen sich unwohl, sind nicht in der Gnade des Herrn, wie wir es sind, weshalb wir wohlbeleibt werden, fett und saftig, denn in der Gnade des Herrn wird man wohlbeleibt, fett und saftig.' Am nächsten Sonntag watschelten sie wieder zu ihrem Gottesdienst und der greise Gänserich predigte abermals über den hohen Zweck, wozu der Schöpfer (hier knicksten die Gänse und die Gänseriche neigten ihre Köpfe) die Gänse, wozu er die Flügel bestimmt habe. So auch mit dem christlichen Gottesdienst. Auch der Mensch hat Flügel, er hat Phantasie. Ihr Zweck ist es, dass er mit ihrer Hilfe imstande ist, sich zu erheben – wir aber spielen und lassen unsere Phantasie in einer stillen sonntäglichen Stunde sich an der Inbrunst ergötzen und sonst verbleiben wir, wo wir sind, und am Montag werden wir wohlbeleibt, fett und saftig, bekommen einen Bauch, d.h. wir erwerben Geld, befördern eine Karriere, zeugen viele Kinder, haben Erfolg usw., alles, was wir als Beweise der Gnade des Herrn ansehen. Aber jene, die wirklich Gott dienen und deshalb – anders kann es gar nicht sein, und anders ist es auch nicht nach dem Neuen Testament – elend und in Kummer leben, gequält und beladen sind –, von denen sagen wir, dass sie offensichtlich nicht in der Gnade des Herrn sein können. Und wenn es jemand beschieden sein sollte, dies zu lesen, wird er sagen: wie wunderschön – und damit hat es sich, und er watschelt nach Hause und tut sein Bestes, um wohlbeleibt zu werden, fett und saftig – aber am Sonntag predigt der Pfarrer und er hört zu – genau wie die Gänse."

Kierkegaard ist immer wieder auf dieses skurrile Bild zurückgekommen: Wirkliche Christen vergleicht er mit Wildgänsen, die hoch, fernab von den Niederungen am Himmel zielbewusst dahinfliegen. Aber eine Wildgans steht immer in der Gefahr, zur zahmen, fetten Hausgans zu verkommen: Vorsicht! „Sobald du merkst, dass die zahmen Gänse Macht über dich bekommen, nur fort, nur schnell weg, dass du nicht gemästet in der Jämmerlichkeit endest." Aber Kierkegaard kennt auch das Wunder. Der Geist beflügelt, eine zahme Gans kann mit seiner Hilfe zur Wildgans werden, die einem ganz anderen Horizont entgegenfliegt. Die Gänse-Parabel artikuliert ein zentrales Anliegen Kierkegaards: Die Wahrheit des Evangeliums, der Skandal, die mit dem Evangelium einhergehende Umwertung, das „Entweder-Oder" darf nicht zu einem bürgerlichen, gefälligen, beruhigenden Evangelium verkommen, es gibt kein „Christentum light“, eine Neutralisierung des Evangeliums, um es mit anderen Begriffen zu sagen. Denn „ihr seid das Salz der Erde“ (Mt 5,13). „Man muss das Christentum entweder resolut leugnen, bekämpfen und verfolgen oder man muss es wirklich leben. Was dazwischen liegt, ist Geniekult und Schwindel.“ Wer ist nun dieser scharfzüngige Kritiker?

Sören wurde am 5. Mai 1813 als 7. Kind der Eheleute Kierkegaard geboren, im selben Jahr, wie er einmal ironisch sagte, wo so mancher andere falsche Geldschein in Umlauf kam. Er spielte damit auf den Staatsbankrott Dänemarks nach den napoleonischen Wirren an. Wirren gab es gewiss auch in der Familiengeschichte. Das Verhältnis seiner Eltern empfand er als fragwürdig. Der Vater Michael Pedersen hatte kurz nach dem Tod seiner ersten Ehefrau sein Dienstmädchen Anne Lund geheiratet, musste sie heiraten. Das Verhältnis beider war zeitlebens kühl. Die Frau wurde von Kierkegaards Vater eherechtlich in vielen Punkten benachteiligt. Während Sören von seinem Vater und dessen herrnhutschem Pietismus stark beeinflusst war, hat er seine Mutter kaum einmal in seinen vielen Briefen und Tagebuchnotizen erwähnt. Im Haus herrschte ein beachtlicher Wohlstand, weil der Vater es gut verstand, gewinnbringenden Handel mit Wollwaren zu treiben. Er hatte mehrfach Glück: 1797 wütete in Kopenhagen ein fürchterlicher Brand, aber seine Häuser blieben davon verschont.

Von seinen vielen Cousins wurde er als boshafter, kleiner Kerl empfunden. Als man ihn einmal fragte, was er am liebsten sein wolle, gab er zur Antwort: „Eine Gabel“, eine Antwort, die auch zu seinem Necknamen wurde: „Ja, dann könnte ich alles auf dem Tisch, was ich haben will, aufgabeln“ – „Ja, aber wenn wir dann hinter dir herkämen?“ – „Dann würde ich euch stechen“. Das mit der Gabel blieb also hängen dank seiner „frühzeitig entwickelten Neigung zu satirischen Bemerkungen“. In der äußerst strengen Schule hänselten ihn seine Mitschüler wegen seiner dicken Wollsocken als „Socken-Sören“ oder als „Chorknaben“, weil er schwarz gekleidet war wie in Kirchenschulen. Seine Mitschüler fanden ihn still, freudlos, in sich gekehrt, schmächtig und blass, aber auch frech, witzig, irritierend und aufreizend. Sören hatte Spaß daran, seine Mitschüler zu ärgern. Im Schummeln muss er es zur Meisterschaft gebracht haben.

Unter der häuslichen Erziehung des Vaters, der der dänischen Staatskirche angehörte, hat Sören zeitlebens gelitten. Hier liegt ein Grund für seine lebenslange Schwermut. Er sagte einmal:

„Als Kind ward ich strenge und mit Ernst im Christentum erzogen: menschlich gesprochen auf wahnsinnige Weise erzogen: bereits in der frühesten Kindheit hatte ich mich verhoben an den Eindrücken, unter denen der schwermütige alte Mann, der sie auf mich gelegt hatte, selber zusammensank – ein Kind, auf wahnwitzige Weise dazu verkleidet, ein schwermütiger alter Mann zu sein. Fürchterlich."

Kein Wunder also, dass ihm das Christentum zeitweise als grausam, schwer und unmenschlich vorkam. Obwohl er auch dann im Leben, als er sich am weitesten von ihm entfernt hatte, seine Ehrerbietung dafür nicht verlor.

Sören fühlte sich auch noch in einem anderen Sinne als Erbe seines Vaters. Dieser lebte zeitlebens in Angst vor Gottes Strafe. Als kleiner Junge hatte er einmal, als er hungerte und fror, auf der jütischen Heide Gott verflucht – eine Tat, die er sich nie verzieh, auch als er schon 82 Jahre alt war. So deutete er wie selbstverständlich den frühzeitigen Tod seiner fünf Kinder als Strafe Gottes. Dieses strenge Gottesbild und seine Neigung zur Depression übertrug er auch auf Sören, der fest davon überzeugt war, dass ein Fluch auf der Familie liege und dass er wie seine Geschwister vor seinem 33. Lebensjahr sterben müsse. Mit einer solchen Sündenlast könne man unmöglich älter als Jesus werden. Als Sören dann tatsächlich 33 Jahre alt wurde, glaubte er zunächst an einen Fehler bei der Berechnung seines Geburtstages und er ließ sich erst überzeugen, als er dieses beim städtischen Amt kontrolliert hatte. Den Tod des Vaters (1838) deutete Sören demgemäß als letztes Sühneopfer für ihn, damit aus ihm noch etwas Ordentliches werden könne.

Aber diese schwere psychische Hypothek darf nicht isoliert werden von einem ganz anderen Zug des Vaters, den der Sohn in einer frühen, autobiographischen Erzählung („Johannes Climacus oder De omnibus dubitandum est") dem Knaben Johannes in den Mund legt:

„Sein Zuhause bot nicht viele Zerstreuungen, und da er so gut wie niemals herauskam, gewöhnte er sich daran, sich mit sich selber zu beschäftigen und mit seinen eigenen Gedanken. Sein Vater war ein sehr strenger Mann, dem Anschein nach trocken und prosaisch, indessen er unter dieser Friesjacke eine glühende Einbildungskraft verbarg, die auch sein hohes Alter nicht abzustumpfen vermochte. Wenn Johannes zuweilen um Erlaubnis bat, ausgehen zu dürfen, wurde er zumeist abschlägig beschieden; wohingegen der Vater gelegentlich zum Entgelt ihm vorschlug, an seiner Hand die Diele auf und ab zu spazieren. Dies war beim ersten Augenschein ein dürftiger Ersatz, und doch ging es damit ebenso wie mit der Friesjacke, er barg etwas ganz anderes in sich. Der Vorschlag wurde angenommen, und es wurde Johannes ganz überlassen zu bestimmen, wo es hingehen sollte. Sie gingen dann aus dem Tore, zu einem nahe liegenden Lustschlösschen, oder hinaus zum Uferstrand, oder umher in den Straßen, alles gemäß dem wie Johannes es wollte; denn der Vater vermochte alles. Während sie so die Diele auf und ab gingen, erzählte der Vater alles, was sie sahen; sie grüßten die Vorrübergehenden, Wagen ratterten an ihnen vorüber und übertäubten die Stimme des Vaters; die Früchte der Kuchenfrau waren einladender denn je. Er erzählte alles so genau, so lebendig, so gegenwärtig bis zur unbedeutendsten Einzelheit [...]. Für Johannes war es, als entstünde die Welt mitten unter dem Gespräche, als wäre der Vater der Herrgott und er selber sein Liebling, der Erlaubnis erhielt, seine törichten Einfälle dreinzumengen, ganz so ausgelassen wie er wollte; denn er wurde niemals abgewiesen, der Vater niemals gestört, es kam alles mit herein und allemal zu Johannes' Zufriedenheit."

Später hat er diese Zeit auch als Defizit beschrieben. Diese frühe Schulung und Fixierung auf Phantasie und Einbildungskraft habe doch zu einer verkümmerten Kindheit und Jugendzeit geführt, er habe eigentlich „von Anfang bis Ende" im Modus der Reflexion gelebt.

1828 wurde Sören konfirmiert. 1830 bestand er sein Abitur an der Borgerdydskole mit Bestnoten. Im gleichen Jahr wurde er auf Wunsch des Vaters Student der Theologie und später immer intensiver der Philosophie an der Universität von Kopenhagen. Seine kritischen Auffassungen über das Christentum passten zweifellos nicht zu dieser Wahl. Alle theologischen Lehrmeinungen, die dort vertreten wurden, lehnte er strikt ab. So studierte er intensiv ästhetische, literarische, psychologische und humanistische Themen.

Als Student erlebt er auch die Kehrseite seines „Reflexions-Martyriums", er amüsierte sich in leichtlebigen Studentenkreisen, flanierte als Dandy in extravaganter Kleidung über die Prachtstraßen Kopenhagens, besuchte Cafés und zahllose Theateraufführungen und Opern, unter denen er Mozarts „Don Giovanni" am höchsten schätzte. Er sammelte Spazierstöcke und Seidenschals. Er verpulverte in kurzer Zeit 1.262 Reichstaler, für die Zeit ein riesiger Betrag. Der Vater half ihm aus der finanziellen Notlage, war aber erschüttert über seinen Sohn, in den er so hohe Erwartungen gesetzt hatte. Allerdings kann der Student im Amüsement nicht aufgehen, seine „Martyrien" holen ihn auch dort ein. Er trägt 1836 in sein Tagebuch ein: „Ich komme jetzt eben aus einer Gesellschaft, wo ich die Seele war, die Witze strömten aus meinem Munde, alle lachten, alle bewunderten mich – aber ich, ja, der Gedankenstrich müsste genauso lang sein wie die Radien der Erde ---- ich ging fort und wollte mich erschießen."

1838 starb Kierkegaards Vater. Sören fühlte sich nun ihm gegenüber verpflichtet, sein Theologie-Studium abzuschließen, und legte 1840 sein Staatsexamen ab. Aber er übte seinen Beruf nicht aus. Er promovierte 1841 mit einer Arbeit „Der Begriff der Ironie mit ständiger Beziehung auf Sokrates".

Die wichtigste Person neben dem Vater war in Kierkegaards Leben Regine Olsen (1822–1904). Er lernte die junge Dänin 1837 kennen, als sie 15 Jahre alt war. Sie wusste ihn mit ihrem natürlichen Charme so zu inspirieren und zu beglücken, dass sie sich 1840 verlobten. Aber schon nach 13 Monaten löste Sören die Verlobung unerwartet wieder auf und sandte seiner untröstlichen Braut den Ring mit der Bitte um Verständnis zurück: „eine seidene Schnur schicken, bedeutet im Osten Todesstrafe für den Empfänger; einen Ring schicken, wird wohl hier Todesstrafe für den Absender werden." Später heiratete sie einen angesehenen Beamten, den Geheimrat Schlegel, ohne Kierkegaard je vergessen zu können. 1843 schrieb Kierkegaard „Hätte ich Glauben gehabt, so wäre ich bei Regine geblieben [...]" Bis heute gibt es viele Theorien, die die Trennung zu erklären versuchen: Er habe seinen komplizierten Charakter durchschaut; er habe sich von Regine gelöst, um ihr seine Schwermut nicht zuzumuten oder um ganz Schriftsteller zu sein, es gibt die Syphilis-Theorie usw. Eine überzeugende Beweisführung gibt es jedoch nicht. Geahnt hat er den Spott: „über dem Feuer zu braten, sei nichts gemessen an der Qual, zu Tode gegrinst zu werden". Beide haben sehr an der Trennung gelitten. Übrigens, das bekannte Kierkegaard-Wort: „Entweder du heiratest oder du heiratest nicht: du wirst es auf jeden Fall bereuen [...]", wird man auf diesem biographischen Hintergrund verstehen müssen.

Kierkegaard entwickelte sich mehr und mehr zum Schriftsteller. Sein erstes Buch „Entweder-Oder. Ein Lebensfragment" (1843), herausgegeben unter dem Pseudonym Viktor Eremita, machte ihn berühmt. Die anschließenden Bücher waren weniger erfolgreich. Einige seien genannt: „Die Wiederholung" (1843), „Furcht und Zittern" (1843), „Philosophische Brocken" (1844), „Der Begriff der Angst" (1844), „Der Liebe Tun" (1847), „Die Krankheit zum Tod" (1849),

„Einübung im Christentum“ (1850). Kierkegaard war überzeugt, dass er erst posthum entdeckt werde. Sein Lebenswerk umfasst 55 Bände. Sein Ansinnen, doch noch Pfarrer in einem abgeschiedenen Dorf zu werden, gab er bald auf. Stattdessen schrieb er neben den Büchern Reden, Predigten und Zeitungsartikel zu Tagesfragen und war schon bald auf den Straßen eine bekannte Figur. Er unternahm täglich seine weiten Spaziergänge und kam mit vielen Menschen ins Gespräch. Mancher sah in ihm den „Sokrates von Kopenhagen“. Und so fühlte er sich wohl. Aber er erntete wegen seiner kleinen Gestalt, wegen seiner Ideen und seiner ungleich langen Hosenbeine viel Spott und Häme von Passanten und der heimischen Presse. Einige seiner Schriften wurden heftig diskutiert und nur wenige wurden akzeptiert und verstanden. Im Übrigen verschärfte er seine Kritik an der dänischen Staatskirche, einem bloß nominellen Christentum und ihren Repräsentanten, die „Wahrheitszeugen“ im Sinne des Neuen Testaments sein sollten, aber tatsächlich nur bezahlte Dozenten der kirchlichen Lehre seien. Nach einem Gottesdienstbesuch bemerkt Kierkegaard:

> „In der prächtigen Schlosskirche tritt ein stattlicher Hofprediger, der Auserwählte des gebildeten Publikums, vor einen auserwählten Kreis von Vornehmen und Gebildeten und predigt gerührt über die Worte des Apostels: Gott erwählte das Niedere und Verachtete. Und da ist keiner, der lacht.“

Anfang Oktober 1855 fiel Kierkegaard vom Sofa auf den Boden, fühlte sich unwohl und wurde ins Fredericks-Hospital gebracht, wo er bis zu seinem Tode am 11. November lag. Sein Gesundheitszustand wurde immer kritischer. In dieser Zeit konnte er noch vertrauensvoll beten, aber er weigerte sich, das Abendmahl aus der Hand eines Pastors entgegenzunehmen. Von einem Laien hätte er es genommen, wie sein Freund Emil Boesen berichtet. Seine manchmal maßlose Kritik an der Staatskirche und den Pfarrern nahm er nicht zurück.

Seine kurze Lebensgeschichte von nur 42 Jahren zeigt, wie ein tragischer Schriftsteller seine Schwermut in eine ungeheure Schaffenskraft umwandeln konnte. Heute ist unbestritten, dass Kierkegaard als Schriftsteller, Theologe und Philosoph zu den großen Denkern des 19. Jahrhunderts zählt. Viele halten ihn für den Vater der sog. „Existenzphilosophie“. Er hat Schriftsteller wie Ibsen, Strindberg, Kafka, Rilke und Frisch beeinflusst, aber auch die Theologie des 20. Jahrhunderts: Brunner, Barth, Bultmann, wie auch die Philosophie: Jaspers, Heidegger und Sartre. Die genannten Namen stehen für weitere Schriftsteller und es steht außer Frage, dass Kierkegaards Wirkungsgeschichte noch nicht zu Ende geschrieben ist.

Nun einiges zu seinem Denken und seinem Werk. Es dürfte klar sein, dass dies nur ein paar Bruchstücke und Ansätze aus seinem Gesamtwerk sein können.

In seiner Dissertation beschreibt Kierkegaard Sokrates als ersten existenziellen Denker. In den Gesprächen mit den Freunden versucht Sokrates nicht, sie zu indoktrinieren oder ihnen eine unbekannte Weisheit nahezubringen. Mit der Kunst des geschickten Fragens versucht er vielmehr, dass sein Gesprächspartner selbst die in ihm ruhende als seine Wahrheit hervorbringt. Die sokratische Maieutik fordert eine Selbstrücknahme des Fragenden, der konsequent vorgibt, nichts zu wissen, und stellt den Mitdiskutanten auf Augenhöhe. So wird Sokrates zu einem Vorläufer eines neuen subjektiven Denkens, der den Einzelnen aus seiner Außenorientierung zu sich selbst führt. In diesem Prozess wird das bisherige – wir würden sagen – nicht-authentische Denken negiert, genauer: ironisch negiert. Sokrates gibt also seinem Gesprächspartner volle Freiheit auf dem Weg der Wahrheits- und Selbstfindung und verzichtet demgemäß auch ironisch auf die Ansage des Zukünftigen. So gibt er den Einzelnen, der sich vielleicht zuvor mit dem Kollektiv und der Meinung des Kollektivs identifizierte, sich selbst zurück. Allerdings musste der Maieutiker alles daransetzen, dass die Lernenden sich nicht an den Meister binden. Auch diesen Zug arbeitet Kierkegaard heraus:

> „Sieh, Sokrates war ein Lehrer im Ethischen, aber er war darauf aufmerksam, dass es kein direktes Verhältnis zwischen dem Lehrer und dem Lernenden gibt, weil die Innerlichkeit die Wahrheit ist, und weil die Innerlichkeit in jedem der beiden gerade der Weg ist, der sie fort voneinander führt. Weil er dies einsah, war er wahrscheinlich so froh über sein vorteilhaftes Äußeres."

Hier bezeichnet Kierkegaard Sokrates' Hässlichkeit als „vorteilhaft", weil sie dem Schüler half, sich von ihm abzuwenden. Sokrates hat seine Zeitgenossen als Schlafende betrachtet, als Schlafende mit offenen Augen, die er geweckt hat, indem er die Wahrheit aus ihnen heraus fragte, die Wahrheit, die in ihnen schlummerte. Deswegen machten die Athener ihm den Prozess. Sie wollten weiter im Schlummer bleiben und nicht durch wachsames Hinterfragen aufgeschreckt werden.

Wie Sokrates ist auch Jesus Christus fragend an Menschen herangetreten. Kierkegaard hat die beiden historischen Gestalten, die beide keine Schriften, wohl aber einen Schüler- bzw. einen Jüngerkreis hinterlassen haben, immer wieder kontrastiert. Theologisch gehört der Mensch nicht zu den *beati possidentes*, zu den glücklich Besitzenden, die die Wahrheit in sich trügen. Sondern er befindet sich radikal in der Unwahrheit – in seinem ganzen Sein und so eben auch erkenntnismäßig. Er ist nicht imstande, sich selbst in seiner Wahrheit hervorzubringen. An ihn muss die Wahrheit von außen herangetragen werden. Er braucht also einen anderen Lehrer als Sokrates. Darum tritt Jesus Christus in der Verkündigung an die Menschen heran mit der Selbst-Vorstellung: „Ich bin die Wahrheit" (Joh 14,6.17). Diese Selbst-Vorstellung wäre aber im Munde eines Menschen Hybris. Erhebt sie doch einen Anspruch, der nur Gott zusteht. Aber genau dies ist die Botschaft des Neuen Testaments. Darum bindet auch Jesus Christus – anders als Sokrates – die Jünger an sich und hält sie so bei der Wahrheit. Das entschlossene Bleiben in der Wahrheit heißt darum in den Evangelien „Nachfolge".

Auf der Folie dieser Gedanken entwirft Kierkegaard seine Konzeption von den drei Lebensformen bzw. den „Stadien auf dem Lebensweg". Obwohl Kierkegaard weiß, dass jede Lebensgeschichte individuell verläuft, unterscheidet er unter dem Gesichtspunkt der Beziehung zu sich selbst, zu den anderen und zum Absoluten zwischen drei Lebensmodellen. Er zeigt sich in der jeweiligen Beschreibung der Stadien als brillanter und feinsinniger Sozialpsychologe, der die Institutionen und das kulturelle und gesellschaftliche Leben seiner Zeit vorurteilsfrei analysiert. Die Beurteilung der Daseinsformen legt er geschickt in den Mund von Repräsentanten höherrangiger Daseinsformen. Er bewertet sie also unter ethischem bzw. christlich-ethischem Gesichtspunkt. An der ästhetischen Lebensform haben zunächst alle Menschen teil, da sie die materielle Basis individuellen Lebens bildet. Die *aisthesis* ist bei Kierkegaard im ursprünglichen Sinn noch nicht auf die sinnliche Wahrnehmung beschränkt, sondern umschließt das handwerkliche und künstlerische Gestalten der Lebenswelt, um die natürlichen Bedürfnisse zu befriedigen. In diesem Prozess des sinnlichen Wahrnehmens und Hervorbringens melden sich das Begehren und die Erfahrung des Genusses. Beides hat nun die Eigenart, selbst wenn sie auf der Suche nach der großen Liebe sind und sich auf etwas Absolutes richtet, einen Stand im Leben zu verfehlen. An Cherubino aus dem Figaro, an Papageno aus der Zauberflöte und an Don Juan aus Don Giovanni zeigt er, wie der Geist in den Dienst des sinnlichen Begehrens genommen wird und in den vorübergehenden Befriedigungen keine, vor allem keine reflexive Erfüllung findet. Der Verlust der Freiheit, Lebensüberdruss, Sinnlosigkeit, Freudlosigkeit usw. sind die Folge. Alles, was den sinnlichen Genuss beeinträchtigt, wird ausgeblendet. Die Betrachtung der ethischen Lebensform wird von dem Ästhetiker als störend zurückgewiesen: „Das Ethische ist gleich langweilig in der Wissenschaft wie im Leben. Welch ein Unterschied: unter dem Himmel der Ästhetik ist alles leicht, schön, flüchtig; wenn die Ethik dreinkommt, wird alles hart, eckig, unendlich langweilig" (Entweder-Oder, 1843). Die Suche nach Zerstreuung, das unverbindliche Experimentieren, das Delektieren des Augenblicks schließen eine Kontinuität und Identität aus, und damit natürlich auch ein Bleiben in der Wahrheit. Der in der unentwegten Genusssuche zutage tretende Egoismus schränkt die Für-Sorge für die anderen ein und lässt im Grunde auch keine Gemeinschaftsbildung zu, da ethisch verbindliche Regeln fehlen. Man könnte auf den ersten Blick meinen, Kierkegaard nehme in der ästhetischen Lebensform das Lustprinzip Freuds vorweg, aber sein Interesse liegt mehr auf der kulturell-ästhetischen Gestaltwerdung dieser Lebensform, an der bleibend jeder Einzelne teilnimmt, was er, wie er zugibt, mit einem Lächeln im Gesicht beobachtet.

Die ethische Lebensform stellt für jeden Ästhetiker eine Herausforderung dar. Normative und moralische Ansprüche schränken in seiner Optik die Freiheit ein und führen aus der Vielfalt des Genusses in die Langeweile und vermindern die Lebensqualität. Kierkegaards Analyse zeigt nun, dass die vermeintliche Freiheit des Ästhetikers eine verkappte Form der Unfreiheit ist, da er sich abhängig macht von seiner Natur und seinem Begehren. Er lässt sich als Erfüllungsgehilfe der Ansprüche seines Begehrens instrumentalisieren, ohne seine eigenen Ziele zu setzen. Kierkegaard lässt in „Entweder-Oder" einen Ethiker B auftreten, einen glücklich verheirateten Gerichtsrat, der seinem Freund, dem Dichter A, den Spiegel vorhält. B zeigt A, dass er das attraktive Gegenüber als Beute und Objekt betrachtet, das er sich unterwerfen und einverleiben will. Diese Schmarotzer-Existenz macht er am Bild einer Qualle deutlich, die letztlich nichts anderes ist als ein Sack. Eine Gesellschaft von Individuen aber, in der jeder jeden benutzt, um seine Lust zu steigern, ist unfähig, eine Gemeinschaft zu bilden, die auf gegenseitigem Geben und Nehmen beruht. Bei allen Anläufen, seinen Genuss zu steigern und eine möglichst vollkommene Befriedigung zu erreichen, scheitert der Ästhetiker und wird darüber unglücklich. Das Leben löst sich in lauter Episoden und enttäuschten Illusionen auf, unter denen das Selbst verschwindet. Einen Ausgang aus dieser verzweifelten Befangenheit und Suche, die immer nur in die Irre führt, findet der Ästhetiker erst in der

Selbst-Distanzierung von dem ästhetischen Ich. Indem er sich als Subjekt in einer Gemeinschaft entdeckt und das Ich durch das ethische Wir ersetzt und in seine Handlungen einlässt, eröffnet sich die Möglichkeit, dass Wollen und Sollen zusammenfallen. Dies ist allerdings eine Wahl, die Selbst-Wahl, in der das Selbst allererst konstituiert und existent wird, indem es sich zu dem Ästhetischen und Ethischen verhält, das heißt, ihm eine Bedeutung zumisst. Indem er nun seine Mitmenschen als Freie und Gleiche, eben nicht mehr als Objekte achtet und respektiert, betritt er selbst den Raum der Freiheit.

Konnte Sokrates mit der Kunst der Mäeutik die schlafenden Athener wecken und zur Selbst-Erkenntnis bringen, also den Überschritt zum ethischen Stadium einleiten, so kann das ethische Subjekt die christliche Wahrheit nicht aus sich selbst schöpfen. Kierkegaard macht dies unmissverständlich mit der Geburtsmetapher deutlich. Durch die erste bzw. die natürliche Geburt gehört der Einzelne unabdingbar in die Sphäre des Ästhetischen. Mit der zweiten Geburt, einer Art „Selbst-Geburt" bringt sich das ethische Subjekt hervor und distanziert sich von der Verabsolutierung des Ästhetischen. Den Zugang zur christlichen Lebensform ist dem Ethiker bzw. Sokratiker, wie gesagt, verwehrt. Er vermag weder einzusehen, dass er sich radikal in der Unwahrheit befindet, noch kann er durch Vermittlung eines Lehrers der Wahrheit teilhaftig werden. Der ethisch Existierende, der bislang daran gewöhnt war, sich nach seiner inneren Wahrheit zu verhalten, gerät nun in eine absurde Situation, seine Autonomie preiszugeben und seinem Intellekt eine tiefe Kränkung zuzumuten. Denn er steht vor dem absoluten Paradox, dass das Ewige in die Zeit eingegangen und die ewige Wahrheit in Jesus Christus inkarniert ist. Da der Intellekt selbst darauf aus ist, leidenschaftlich nach Wahrheit zu suchen, verlangt das Paradox eine „Kreuzigung des Verstandes durch den Glauben". Dies heißt aber zugleich, dass der Verstand etwas entdeckt, das er selbst nicht denken kann, aber gerade damit seine Unwahrheit eingesteht und aufhebt. Wenn sich nun der Glaubende diesem Paradox hingibt und es sich entschlossen aneignet, wiederholt er die in Jesus Christus erschienene Wahrheit und wird ihr gleichzeitig. Denn das Gleichzeitige, nicht das Vergangene ist „Wirklichkeit für mich". Da das Eintreten in den Ewigkeitshorizont Gottes bewusst und in einer leidenschaftlichen Entscheidung und Lebensbewegung geschieht, erhält der Augenblick, in dem der „unendlich qualitative Unterschied" zwischen Ewigkeit und Zeit, Gott und Mensch, Wahrheit und Unwahrheit zutiefst erfahren wird, eine besondere Bedeutung. Der Augenblick ist der Kairos, „die Fülle der Zeit".

Da für Kierkegaard „alle Existenzprobleme leidenschaftlich" sind, geht es auch beim Glauben um den „Sprung" bzw. „das Wagestück, das objektiv Ungewisse und subjektiv Unbegreifliche mit der Leidenschaft der Unendlichkeit zu wählen".

Kierkegaards Begriff des Glaubens wirft auch Licht auf seine Kritik an der dänischen Staatskirche und einem verbürgerlichten Christentum. Dass Christus die Wahrheit ist, drückt der Glaubende in seiner Existenz bzw. seiner konkreten Nachfolge aus. Wenn nun die Christenheit anstelle der Nachfolge die Bewunderung, die Heldenverehrung oder Rührseligkeit setzt, verfehlt sie ihren Auftrag, die Christusverkündigung durch ihr Leben zu verdoppeln. Die Kirche gerät dann in die Gefahr, zu einem bloßen „Behälter aller Wahrheiten" zu degenerieren. Die Wahrheit, die mit Christus in die Welt gekommen ist, befreit den Nachfolger dazu, mit ihr identisch bzw. gleichzeitig zu werden. In dieser Hinsicht stimmt es nachdenklich, wenn im Apostolischen Glaubensbekenntnis der zentrale Begriff der Nachfolge fehlt und stattdessen eine Reihe dogmatischer Bekenntnissätze angeführt wird.

Ich will mit einem Bonmot Karl Barths schließen. Anlässlich der Verleihung des Sonning-Preises in Kopenhagen hielt der Schweizer Theologe 1963 eine kleine Dankesrede, in der er seine Beziehung zu Kierkegaard skizzierte. Am Ende seiner Rede fasste er zusammen: „Ich halte ihn für einen Lehrer, durch dessen Schule jeder Theologe einmal hindurch gegangen sein muss. Wehe einem Jeden, der sie versäumt haben sollte! Nur dass er nicht in ihr sitzen bleiben und besser nicht in sie zurückkehren würde."

„ALLES WIRKLICHE LEBEN IST BEGEGNUNG" – MARTIN BUBER UND DER CHASSIDISMUS

Vortrag am 14. April 2016 im Frauenabendkreis Bad Berleburg

Als Jugendlicher stöberte ich gerne in einer Buchhandlung, deren Bücherbestand die Regale ächzen ließen. Eines Tages fand ich ein schmales Büchlein mit kaum fünfzig Seiten, gedruckt 1948 in Amsterdam. Der Titel: „Der Weg des Menschen nach der chassidischen Lehre". Darin fand ich unter anderem folgende zwei Rabbiner-Geschichten:

> „Es gab einmal einen Toren, den man den Golem nannte, so töricht war er. Am Morgen beim Aufstehen fiel es ihm immer so schwer seine Kleider zusammenzusuchen, dass er am Abend, dran denkend, oft Scheu trug schlafen zu gehen. Eines Abends fasste er sich schließlich ein Herz, nahm Zettel und Stift zur Hand und verzeichnete beim Auskleiden, wo er jedes Stück hinlegte. Am Morgen zog er wohlgemut den Zettel hervor und las: ‚die Mütze' – hier war sie, er setzte sie auf, ‚die Hosen' – da lagen sie, er fuhr hinein, und so fort, bis er alles anhatte. ‚Ja aber, wo bin ich denn?', fragte er sich nun ganz bang, ‚wo bin ich nur geblieben?' Umsonst suchte und suchte er, er konnte sich nicht finden. So geht es auch uns", sagte der Rabbi.

Im Kontext heißt es dann, der archimedische Punkt, von dem aus ich die Welt bewegen und Frieden finden kann, liegt in mir selbst.

Die zweite Geschichte erzählte Rabbi Bunam über seinen Kollegen Rabbi Eisik:

> „Dem war nach Jahren schwerer Not, die sein Gottvertrauen nicht erschüttert hatten, im Traum befohlen worden, in Prag unter der Brücke, die zum Königschloss führt, nach einem Schatz zu suchen. Als der Traum zum dritten Mal wiederkehrte, machte sich Rabbi Eisik auf und wanderte nach Prag. Aber an der Brücke standen Tag und Nacht Wachtposten, und er getraute

sich nicht zu graben. Doch kam er an jedem Morgen zur Brücke und umkreiste sie bis zum Abend. Endlich fragte ihn der Hauptmann der Wache, auf sein Treiben aufmerksam geworden, freundlich, ob er hier etwas suche oder auf jemand warte. Rabbi Eisik erzählte, welcher Traum ihn aus fernem Land hergeführt habe. Der Hauptmann lachte: ‚Und da bist du armer Kerl mit deinen zerfetzten Sohlen einem Traum zu Gefallen her gepilgert! Ja, wer den Träumen traut! Da hätte ich mich ja auch auf die Beine machen müssen, als es mir einmal ein Traum befahl, nach Krakau zu wandern und in der Stube eines Juden, Eisik, Sohn Jekels sollte er heißen, unterm Ofen nach einem Schatz zu graben. Ich kann's mir vorstellen, wie ich drüben, wo die eine Hälfte der Juden Eisik und die andere Jekel heißt, alle Häuser aufreiße!' Und er lachte wieder. Rabbi Eisik verneigte sich, wanderte heim, grub den Schatz aus und baute das Bethaus, das Reb Eisik Reb Jekels Schul heißt."

In der Deutung der Erzählung heißt es: „Es ist ein großer Schatz, man kann ihn die Erfüllung des Daseins nennen. Und der Ort, an dem dieser Schatz zu finden ist, ist der Ort, wo man steht […] Denn hier, wo wir stehen, gilt es, das verborgene göttliche Licht aufleuchten zu lassen."

Die chassidischen Geschichten, auch die übrigen des Büchleins, haben mich damals angesprochen und seitdem ist mir der Autor nicht mehr aus dem Sinn gegangen. Es ist der Religionsphilosoph und Übersetzer Martin Buber. Seine Schriften haben mich eigentlich zeitlebens begleitet und mich auch als Student angeregt, die Judaistik-Seminare von dem hessischen Landesrabbiner Professor Ernst Roth zu besuchen.

Als Buber 1965 verstarb, brachte die FAZ einen Nachruf von Theodor Schleiermacher:

> „Wir kennen Martin Buber als einen Führer der Zionistenbewegung, als einen der geistigen Initiatoren des jungen Israel, wir kennen ihn als Wiederentdecker des chassidischen Schrifttums und als sprachgewaltigen Übersetzer der Bibel. Wer ihn näher kennt, weiß, dass damit nur das umschrieben ist, was er auch war […]."

Ich kann also nur eine lückenhafte Skizze seines Lebens und Schaffens zeichnen, einige Stationen zwischen Wien und Jerusalem benennen und einige Linien des Chassidismus aufzeigen.

Martin Bubers Leben

Am 8. Februar 1878 wurde er als Sohn von Carl und Elise Buber in Wien geboren. Der Vater war ein erfolgreicher Unternehmer, der mit Getreide, Phosphat und Mineralöl handelte; die Mutter war eine russische Schauspielerin aus Odessa. Seine Eltern trennten sich 1881; der Vierjährige wurde anschließend bei den Großeltern väterlicherseits im galizischen Lemberg (heute Lwiw in der Ukraine) untergebracht. Galizien, heute im Grenzbereich von Polen, der Ukraine und Rumänien gelegen, war seit dem Mittelalter ein Sammelbecken des europäischen Judentums. Aus Deutschland und Frankreich kamen aschkenasische, aus Spanien die sephardischen Juden. Neben den Polen und den Ruthenen (Ukrainern) bildeten die Juden die drittgrößte Bevölkerungsgruppe. Es gab Städte, besonders in der südlich gelegenen Bukowina, in denen der jüdische Anteil der Bürger bis 50 % anstieg. Zum Straßenbild gehörten also Juden mit Schläfenlocken, Kippa, Kaftan, den Tefillin, wie wir es von den Bildern Marc Chagalls kennen; es gab Läden mit koscheren Speisen, Metzgereien, in den geschächtet wurde usw. Die jüdische Kultur war vorwiegend eine Kultur der armen Leute, der „Luftmenschen", die eben von der Luft leben mussten, arm, aber sie waren reich an Traditionen. Daneben gab es noch eine Minderheit, ein wohlhabendes und aufgeklärtes Judentum in den Städten mit den Zentren in Lemberg und Czernowitz, das als „Klein-Wien" galt. Galizien ist damals wie heute eine Vielvölkerregion, ein Gebiet verschiedenster sprachlicher, religiöser, ethnischer Identitäten. Hier in Galizien stand die Wiege der jüdischen Reformbewegung, die wir als Chassidismus bezeichnen.

Buber hat zeitlebens an der Trennung seiner Eltern gelitten. Seine Mutter, die später einen russischen Offizier heiratete, hat Martin ohne Abschied und Erklärung verlassen. Nach Jahrzehnten des Schweigens gab es mit ihr ein distanziertes Wiedersehen, das Buber mit einer Wortschöpfung als „Vergegnung" bezeichnete. Der Großvater Salomon war ein jüdischer Großbürger und Großgrundbesitzer, Direktor zweier Banken, Besitzer von Phosphorgruben usw. Über viele Jahre war er Vorsteher der Israelitischen Kultusgemeinde in Lemberg. Die Alltagsgeschäfte erledigte vor allem seine Frau, während er selbst in vielen Ehrenämtern und in der Wissenschaft aufging. Als Privatgelehrter und Autodidakt widmete er sich besonders der Erforschung der Midraschtexte, alte und neue Auslegungen, mit denen man versuchte, Gottes Wort in den Alltag zu übersetzen. Die heilige Schrift sollte als heilende Schrift erfahren werden. Er sammelte bereits Schriften der chassidischen Tradition Osteuropas, die später seinen Enkelsohn Martin berühmt machten. Er sprach mit Martin Jiddisch, eine fast tausend Jahre alte Sprache, die von aschkenasischen Juden in weiten Teilen Europas gesprochen wurde. Sie besteht aus Elementen der hebräisch-aramäischen, mittelhochdeutschen, slawischen und romanischen Sprachen. Geschrieben wurde sie mit hebräischen Schriftzeichen. Es gab in den verschiedenen Ländern und Regionen natürlich unterschiedliche Dialekte. Bis heute wird diese Sprache von den Nachfahren osteuropäischer Juden, den sogenannten Jiddischisten – oft ultraorthodoxen Juden – gesprochen. Seine Großmutter Adele hat Buber stark geprägt und auch religiös geformt. Insbesondere ist ihm ihre „wirkliche Ansprache", ihre horchend-hingebende Aufmerksamkeit, in Erinnerung geblieben. Mit ihr unterhielt sich Martin Buber auf Deutsch. Sie hatte sich die Sprache durch die Lektüre deutscher Schriftsteller selbst beigebracht. Das hatte einen bestimmten Hintergrund. Bei den Juden war das Lesen fremden Schrifttums verpönt, Mädchen sollten mit Ausnahme erbaulicher Volksbücher gar nichts lesen. Darum richtete sich die Großmutter auf dem Speicher ein Leseversteck ein, wo sie eben alle mögliche Literatur, vor allem aber deutsche Klassiker wie Schiller, las. Martin sagt einmal:

> „Im großväterlichen wie im väterlichen Hause herrschte die deutsche Rede. Aber Straße und Schule waren polnisch. Nur das Judenviertel rauschte von derbem und zärtlichem Jiddisch, und in der Synagoge erklang, lebendig wie je, die große Stimme hebräischer Vorzeit. In dieser Sprachluft bin ich großgeworden."

Die Mehrsprachigkeit in Galizien hat Buber auch später beibehalten. Er veröffentlichte seine Bücher und Aufsätze in Deutsch, Hebräisch, Englisch, Französisch, Italienisch. Bis zum 10. Lebensjahr erhielt er Privatunterricht, den die Großmutter organisierte.

Von 1888 bis 1896 besuchte Buber das katholische Kaiser-Franz-Joseph-Gymnasium in Lemberg, wo er auch die Altsprachen Griechisch und Latein lernte. Allerdings lernte er hier nicht nur in den klassischen Schulfächern, er erfuhr bei seinen Lehrern und Mitschülern ein hohes Maß an Toleranz. Der Name der Schule wirft Licht auf die politische Situation. Galizien lag an der Peripherie der österreichisch-ungarischen Donau-Monarchie der Habsburger. Was das im Schulalltag bedeutete, berichtete Buber einmal selbst:

„Vor 8 Uhr morgens mussten alle Schüler versammelt sein. Um 8 Uhr ertönte das Klingelzeichen; einer der Lehrer trat ein und bestieg das Katheder, über dem an der Wand sich ein großes Kruzifix erhob. Im selben Augenblick standen alle Schüler in ihren Bänken auf. Der Lehrer und die polnischen Schüler bekreuzigten sich, er sprach die Dreifaltigkeitsformel und sie sprachen sie ihm nach, dann beteten sie laut mitsammen. Bis man sich wieder setzen durfte, standen wir Juden unbeweglich da, die Augen gesenkt."

Dieses erzwungene Stehen und Anhören einer Fremdandacht hat bei Buber eine Abneigung gegen alle missionarischen Aktionen hervorgerufen. Aber er räumt auch ein, dass er in seiner Gymnasialzeit keine Bekehrungsversuche von Seiten seiner Lehrer erlebt hat. Schon als Schüler interessierte er sich vor allem für die Philosophie und las bevorzugt Texte von Plato, Kant und Nietzsche.

1896 schreibt sich der Abiturient an der Philosophischen Fakultät der Universität in Wien ein, hört sich aber auch Vorlesungen aus der Germanistik, der Nationalökonomie, der Psychiatrie und Psychologie und Kunstgeschichte an. Er ist begeistert von dem lebendigen Dialog zwischen Lehrern und Studenten, begeistert auch von dem kulturellen Leben in der Stadt, besucht häufig die Aufführungen im Burgtheater, schreibt einen ersten Essay über Peter Altenberg, Arthur Schnitzler und Hugo von Hoffmannsthal. 1897 geht er nach Leipzig, wird ein leidenschaftlicher Freund der Bach'schen Musik, hört und liest in jener Zeit gerne über die Mystik der Renaissance und der Reformationszeit. 1898/99 setzt er sein Studium in Berlin fort. Er engagiert sich in der zionistischen Bewegung und gründet in Berlin eine zionistische Ortsgruppe, wird Delegierter beim 3. Zionistenkongress in Basel 1899. In Berlin lernt er auch seine spätere Frau kennen: Paula Winkler, eine Germanistik-Studentin, die vor der Hochzeit 1906 zum Judentum konvertiert. 1901 übernimmt Buber die Herausgabe der zionistischen Zeitschrift „Die Welt" und gründet mit Freunden den Jüdischen Verlag. In den nachfolgenden Jahren beginnt er, jüdische Überlieferungen und chassidische Geschichten zu sammeln. 1903 promoviert Buber in Wien. Das Thema seiner Dissertation heißt: „Beiträge zur Geschichte des Individuationsproblems. Nikolaus von Cues und Jakob Böhme". Grundlage seiner Arbeit sind seine Studien über die deutsche Mystik.

1906 – 1916 verbringt Buber mit seiner Familie in Berlin-Zehlendorf, wo auch seine Kinder Rafael (1900) und Eva (1901) groß werden. In dieser Zeit vertieft er sich weiter in jüdische Quellen und Überlieferungen des Chassidismus: „[…] ich versenkte mich darein, Geheimnisland um Geheimnisland entdeckend". Oder er äußert sich stärker zu den Inhalten: „Urjüdisches ging mir auf, im Dunkel des Exils zu neu bewusster Äußerung aufgeblüht: die Gottebenbildlichkeit des Menschen als Tat, als Werden, als Aufgabe gefasst. Und dieses Urjüdische war ein Urmenschliches […]." Wichtig sind Bubers Gedanken, dass die Gottebenbildlichkeit im Dialog entdeckt und als Werden mit einem Ziel begriffen wird. In dieser Zeit arbeitet Buber als Herausgeber einer sozialpsychologischen Reihe „Die Gesellschaft", gründet zusammen mit Salman Schocken die Monatszeitschrift „Der Jude". Er selbst publiziert unter anderem: „Die Legende des Baalschem" (1908) und die „Reden über das Judentum" (1911). In dieser Zeit entstehen auch die Vorarbeiten zu seinem philosophischen Hauptwerk „Ich und Du", das 1923 in Leipzig im Insel-Verlag erscheint. Wie praktisch alle Juden lebte auch Martin Buber in all den Jahren als „ein guter Deutscher" und teilte 1914 wie viele überzeugte Zionisten die allgemeine Kriegseuphorie.

1916 zieht Buber mit seiner Familie nach Heppenheim an der Bergstraße. Hier arbeitet er als freier Schriftsteller. 1919 organisiert er eine Konferenz zur Erneuerung des Bildungswesens, von der neue Impulse für die Hochschularbeit ausgehen. Er arbeitet in dem neugegründeten Freien Jüdischen Lehrhaus in Frankfurt mit, dessen Leitung Franz Rosenzweig übernahm. Er hielt Vorlesungen etwa zu den Themen „Urformen des Glaubens", „Das Gebet" oder „Religion als Gegenwart". Mit Franz Rosenzweig beginnt er eine Neuübertragung der Hebräischen Bibel. Martin Buber bleibt in jenen Jahren der zionistischen Bewegung verbunden, allerdings mit Einschränkungen. Er versteht den Zionismus in erster Linie als Kulturzionismus, der Besitzansprüche ausschloss. Außerdem fordert er eine aufrichtige Verständigung mit dem arabischen Volk. Eine gewisse Distanzierung zum Zionismus entstand aus seiner zweiten, unlösbaren Beheimatung in der deutschen Sprache und Kultur, die er übrigens nie thematisierte. Seine Biographin Grete Schaeder schreibt dazu:

> „Buber bleibt Zionist, bleibt der jüdischen Vergangenheit und dem Neuen, das in Palästina werden sollte, treu. Aber während seine Freunde nach dem Krieg mit dem Schwung des Neuanfangs und eines vertieften Nationalbewusstseins den Übergang nach Palästina wagten oder vorbereiteten, war er eingekapselt in eine Atmosphäre der Konzentration auf ein neues Werk, das er als religiösen Auftrag empfand und dessen Entstehung eine grundlegende Veränderung der äußeren Lebensbedingungen nicht zuließ. Dass der Ver-

fasser der ‚Reden über das Judentum' die Entscheidung für Jerusalem, die ihn erst wahrhaft zu ihrem Meister gemacht hätte, Jahr um Jahr vor sich herschob, war eine tiefe Enttäuschung für seine jüdischen Freunde und für viele, die Buber nur von ferne kannten. ‚Ich und Du' gelang, aber es war teuer bezahlt. Es wurde zum Ausgangspunkt seines Weltruhms – aber auch seine spätere Isolierung im eigenen Volk fing damit an."

1930 wird Buber zum Honorarprofessor für Allgemeine Religionswissenschaft an der Frankfurter Universität ernannt, wo er seit 1923 als Lehrbeauftragter tätig war. Einen Tag nach der Machtergreifung der Nationalsozialisten legt er seine Professur nieder. 1935 wird er aus der Reichsschrifttumskammer ausgeschlossen und ihm wird die Betätigung als Redner in der Öffentlichkeit untersagt. Sein Wohnhaus in Heppenheim wurde am 9. November 1938 verwüstet. Noch im selben Jahr floh die Familie Buber aus Deutschland und fand in Jerusalem ihre neue Heimat. Buber lehrte dort von 1938 bis 1951 Soziologie und Anthropologie an der Hebräischen Universität. Schalom Ben-Chorin hält eine kuriose Erinnerung an den berühmt-berüchtigten Boykott-Samstag, den 1. April 1933, fest:

> „An diesem Tage wurden auf Geheiß des Propagandaministers Goebbels Boykottposten vor jüdischen Geschäften, Anwaltskanzleien und ärztlichen Ordinationen aufgestellt. Auch in Bubers Haus in Heppenheim erschien ein strammer SA-Mann, hob die Hand zum deutschen Gruß und meldete Buber zackig: ‚Boykottposten vor dem Haus aufmarschiert'! Buber meinte milde, dass er es wohl nicht ändern könne, aber der SA-Mann wandte sich nun mit einer eigentümlichen Frage an Buber: ‚Herr Professor, wir haben verschiedene Schilder: ‚Jüdisches Geschäft', ‚Jüdische Anwaltskanzlei', ‚Jüdischer Arzt' … aber keines will bei Ihnen so recht passen; welches sollen wir nun ins Fenster stellen?' An dieser Stelle unterbrach Buber das dialogische Prinzip seines Lebens und meinte lakonisch, die Wahl müsse er wirklich dem SA-Mann überlassen, denn er selbst habe ja kein Schild bestellt. Der SA-Mann sah sich mit kritischem Blick in Bubers Studierzimmer um und bemerkte die eindrucksvolle Bibliothek, die sich an den Wänden hinzog. Schließlich kam ihm eine Erleuchtung. ‚Ich hab's', rief er beglückt aus und zog aus einer Mappe ein Schild ‚Jüdische Buchhandlung' heraus, ‚Das stellen wir ans Fenster …', entschied er, und so geschah es."

In Jerusalem hatte Buber von Anfang an Probleme mit orthodoxen Kreisen. Sie verhinderten auch, dass Buber den Lehrstuhl für Religionsphilosophie bekam. Sie warfen ihm eine Art Anmaßung vor, wie er über den Chassidismus sprechen könne, ohne die jüdischen Gesetze des Glaubens einzuhalten. Aber der von Buber vertretene biblische Humanismus bedeutete etwas anderes als das Einhalten dogmatischer Vorschriften. Auch die streng nationalistisch eingestellten Landsleute verübelten ihm seine freundschaftliche Haltung gegenüber den Arabern. Wie differenziert Buber dagegen die politische Situation in Nahost kurz vor Beginn des 2. Weltkriegs beurteilt, zeigt eine Auseinandersetzung mit Mahatma Gandhi. Dieser hatte in Unkenntnis der Situation in Deutschland in einem offenen Brief die Juden aufgefordert, in einen gewaltfreien, organisierten, zivilen Widerstand dem nationalsozialistischen Terror zu begegnen. Es gebe Gemeinsamkeiten zur Situation der Unberührbaren in Indien und zur Diskriminierung der Inder in Südafrika, die Gandhi ja am eigenen Leib erlebt hatte. Außerdem lehnte er den Zionismus als ungerecht gegenüber den Arabern ab. Den Palästinensern gehöre Palästina genauso wie den Franzosen Frankreich usw. Buber widersprach Gandhi scharf und wies die historischen Vergleiche entschieden zurück. Gandhi verkenne die Aggressivität der Nazis und das Elend der Juden in den Konzentrationslagern. Außerdem sei Gandhis Behauptung, Palästina gehöre ausschließlich den Arabern, historisch, rechtlich und moralisch falsch.

Jerusalem bedeutete für Buber natürlich eine Umstellung. Er musste sich in das Neuhebräisch, das Iwrit, einhören. Es gab damals ein Scherzwort, Buber könne sich im Iwrit schon verständlich, aber noch nicht unverständlich machen. In den 50er Jahren erhielt Buber zahlreiche Einladungen zu Vorträgen an Universitäten und in Gesellschaften für den jüdisch-christlichen Dialog in den USA und in Europa. Bei den Arabern erfuhr er hohe Akzeptanz. 1953 erhielt er den Friedenspreis des deutschen Buchhandels in der Frankfurter Paulskirche. Den Hansischen Goethe-Preis in Hamburg (1951) und den Erasmus-Preis (1963). Prinz Bernhard der Niederlande sagte in seiner Laudatio:

> „Aus einer Zeit, als die Imperiation des Judentums Namen aufblenden ließ wie Heine, Freud, Einstein, Chagall, Kafka und Buber, wurde die Tragödie geboren, die in Europa die Lichter der Menschlichkeit auslöschte. Aber aus dem Dunkel erhob sich eine neue Flamme, die wir alle mit Teilnahme, Stau-

> nen und Freude beobachteten. Von dem Kern dieses Lichts finden wir aufs Neue oder besser noch stets – Buber."

In seiner Ansprache „Gläubiger Humanismus" stellte Buber noch einmal den Geist des biblischen Humanismus und die unzerstörbare Gottebenbildlichkeit des Menschen heraus. Der Oberrabbiner der Niederlande und seine Kollegen hatten indes die Einladung zu der Preisverleihung in Amsterdam ausgeschlagen. Auch dies gehört zu Bubers Biographie. Doch unbeirrt unterstützte er in den 60er Jahren Martin Luther Kings Kampf um die Menschrechte in den USA und setzte sich für die Freilassung Nelson Mandelas in Südafrika ein.

Paula Buber starb 1958 in Venedig bei der Rückkehr von einer Reise durch die USA und Europa. Martin Buber starb sieben Jahre später 1965 in Jerusalem. 2001 startete das Gütersloher Verlagshaus eine 21 Bände umfassende „Martin Buber Werkausgabe", die 2019 abgeschlossen wurde. Zu Bubers 100. Geburtstag druckte die Deutsche Bundespost 1978 eine Gedenkbriefmarke.

Der Chassidismus

Im Film und in der Literatur werden die Chassidim oft in schrillen und bunten Bildern dargestellt, man sieht die Rabbiner ihre Thorarollen innig küssen, vor Freude weinen, ausgelassen tanzen und das applaudierende Volk in den Reigen mit hineinziehen. In der Tat war und ist der Chassidismus, heute noch in New York oder Israel, eine fröhliche, lebensbejahende, aber auch spirituelle Wegführung der Menschen hin zu ihrem Schöpfer. Allerdings führen viele Wege zu Gott und seinem Namen. Im Hintergrund steht eine spezielle theologische Vorstellung. Als Gott sein Schöpfungswerk vollendet hat, sah er an „alles, was er gemacht hatte, und siehe, es war sehr gut". Dieses Gute, das Gott in vielen Welten, die er zuvor geschaffen und verworfen hat, ist in kleinen Funken, den *nizorot*, überall in der Welt verstreut. Diese Funken sind aber in Schalungen eingeschlossen und unter Schmutzschichten, den *kalifot*, verborgen. Die Aufgabe, die Funken aus der Tiefe zu befreien, die „Lese" zu halten, damit die Funken wieder zum Leuchten kommen, darf als zentraler Lebenssinn gelten. Wenn man so will, ist das Paradies in kleinen Mosaiksteinen über die ganze Welt verstreut:

> „In allem, was in der Welt ist, wohnen heilige Funken, kein Ding ist ihrer ledig. Auch in den Handlungen des Menschen, ja sogar in der Sünde, die

> ein Mensch tut, wohnen Funken der Herrlichkeit Gottes. Und was sind das für Funken, die in der Sünde wohnen? Es ist die Umkehr. In der Stunde, wo du ob der Sünde Umkehr tust, hebst du die Funken, die in ihr waren, in die obere Welt."

Diese Worte Martin Bubers erklären den lebensbejahenden, optimistisch-hoffnungsvollen, aber auch den zutiefst tröstlichen Grundzug des Chassidismus.

Wer sich in Hingabe und Treue an dieser „Lese" beteiligt und die Funken erlöst, kommt dem Ziel einen Schritt näher, dass Gott und Welt eins werden.

Als Begründer der chassidischen Lehre gilt Baal-Schem-Tow, auch Baalschem genannt, der von 1700 bis 1760 in Podolien lebte. Anders als etwa Benedikt von Nursia, der für seine Brüder die „Regula Benedicti" aufschrieb, haben er und seine Nachfolger nichts Schriftliches hinterlassen. Sie sammelten Schüler, die Chassidim, um sich; denn das von ihnen Erfahrene und Erkannte sollte nicht in einem Buch stillgelegt, sondern in ihren Schülern und deren Leben derart wirksam werden, dass sie ihre eigenen Erfahrungen machen und die Funken, die Lichter Gottes in ihrem eigenen Leben, entdecken. Besonders begnadete Schüler haben dann wiederum Schülerkreise gebildet und einer von ihnen hat schließlich auch die Nachfolge des Meisters angetreten. Der „Zaddik", der Gerechte und Bewährte, war also nicht der studierte, sich in den Büchern auskennende Theologe, sondern ein Mensch, der gleich einem Seelenführer seine Schüler und das Volk auf die Suche bringt, jene Funken in sich und in den ganz alltäglichen Lebensbereichen aufzuspüren. Martin Buber beschreibt ihn einmal mit folgenden Worten:

> „[E]r lehrt dich deine Geschäfte so zu verwalten, dass dein Gemüt frei wird, und er lehrt dich dein Gemüt so in sich zu festigen, dass du den Geschicken standhalten kannst. Und immer wieder weiß er dich so an der Hand zu führen, bis du dich allein weiter zu wagen vermagst; er tut nichts statt deiner, was du schon selber zu tun erstarkt bist; er nimmt deiner Seele keinen Kampf ab, den sie selber bestehen muss, um ihr besonderes Werk in der Welt zu vollbringen [...]. Der Zaddik [...] hat seinen Chassidim den unmittelbaren Umgang mit Gott zu erleichtern, nicht zu ersetzen. Wie er den Chassid in Stunden des Zweifels stärkt, aber ihm die Wahrheit nicht einflößt, sondern ihm nur hilft, sie zu gewinnen und wiederzugewinnen, so entbindet er in ihm die Kraft des rechten Betens [...]."

Das Lernen des Lebens-ABC gründet also nicht auf einer Lehre, sondern ist ein fortschreitender Reinigungsprozess von Lehrer und Schüler in wechselseitigem Gespräch. Der Dialog zwischen beiden und die Demut des einen wie des anderen spielen eine zentrale Rolle. Buber sagt einmal, dass die Frage des Schülers in der Antwort des Zaddiks „einverleibt" sei. Es liegt auf der Hand, dass sich in dieser dialogischen Atmosphäre von Gleichgesinnten eine besondere Erzählkultur entwickeln konnte. Der Erzählende war mit Haut und Haaren in dem Erzählten selbst involviert und präsent. Das heißt wiederum, dass der Erzählende an seinem eigenen Lebensmodell zeigte, was er mitteilen wollte. Im Vorwort der „Erzählungen der Chassidim" zitiert Buber folgende Geschichte:

> „Man bat einen Rabbi, dessen Großvater ein Schüler des Baalschem gewesen war, eine Geschichte zu erzählen. ‚Eine Geschichte', sagte er, ‚soll man so erzählen, dass sie selber Hilfe sei.' Und er erzählte: ‚Mein Großvater war lahm. Einmal bat man ihn, eine Geschichte von seinem Lehrer zu erzählen. Da erzählte er, wie der heilige Baalschem beim Beten zu hüpfen und zu tanzen pflegte. Mein Großvater stand und erzählte, und die Erzählung riss ihn so hin, dass er hüpfend und tanzend zeigen musste, wie der Meister es gemacht hatte. Von der Stunde an war er geheilt. So soll man Geschichten erzählen."

Die Erzählungen wirken also von Generation zu Generation weiter und sie wirken wie ein Medikament, wie ein Heilmittel.

Die chassidischen Geschichten befolgen die Regel „In der Kürze liegt die Würze", sie sind manchmal befremdend, manchmal rührend, eine komplizierte oder geheimnisvolle Botschaft sucht man vergebens. Ihre oft kindliche Einfalt verbindet sich mit einem Humor, der befreiend wirkt. Die Protagonisten treten oft, wie wir das etwa von Franz von Assisi kennen, als Gottesnarren auf, deren Weisheit frappiert. Die Geschichten sind getragen von einer beschwingten Heiterkeit, wecken die Freude an der Welt und stoßen zum Glaubensmut an. Der tiefere Grund ihrer mitreißenden Begeisterung ist wohl letztlich in der messianischen Hoffnung zu suchen. In der Einleitung der „Erzählungen der Chassidim" (1949) schreibt Martin Buber: „Mit allem Tun und Lassen bekundet der echte Chassid, dass trotz all des unsäglichen Leidens der Kreatur doch der Herzpuls des Daseins göttliche Freude ist und dass man stets und überall zu ihr durchdringen kann – wenn man sich drangibt."

Gerne hätte ich noch einiges zu der Bibelübersetzung gesagt, die Buber 1925 gemeinsam mit Franz Rosenzweig (1886–1929) begann, aber erst 1954 als die „Buber-Rosenberg-Bibel" fertiggestellt und im Hegner Verlag herausgegeben werden konnte. Ich muss das zurückstellen und gehe abschließend kurz auf Bubers bekanntes philosophisches Werk „Ich und Du" ein, das 1923 erschien und vor allem auch Theologen wie Emil Brunner, Karl Barth u.a. beeinflusst hat.

In dem Buch „Ich und Du" stellt Buber den Menschen in seinen Beziehungen zu den Dingen (Es) und zu den Menschen (Du) dar. In diesen Beziehungen leibt und lebt das Ich. Natürlich ist der Umgang mit der Welt der Dinge die alltägliche not-wendige Beziehung, in die die eigentliche Ich-Du-Beziehung auch immer abgleiten kann und muss. Die ständige Gegenwärtigkeit des Du könnte das Ich gar nicht aushalten. Aber natürlich liegt Bubers Interesse bei der Ich-Du-Relation:

> „Das Du begegnet mir durch Gnaden – durch Suchen wird es nicht gefunden [...] Das Du begegnet mir. Aber ich trete in unmittelbare Beziehung zu ihm. So ist die Beziehung Erwähltwerden und Erwählen, Passion und Aktion in einem. Das Grundwort Ich-Du kann nur mit dem ganzen Wesen gesprochen werden. Die Einsammlung und Verschmelzung zum ganzen Wesen kann nie durch mich, kann nie ohne mich geschehen. Ich werde am Du; Ich werdend spreche ich Du. Alles wirkliche Leben ist Begegnung."

Bei diesen Formulierungen spürt man, wie stark Bubers Denken vom Chassidismus, aber auch von der deutschen Mystik und Sören Kierkegaard beeinflusst ist. Die Begegnung verändert den Menschen. Eine echte Begegnung verlassen wir anders, als wir in sie hineingegangen sind. Aber, wie gesagt, das Du kann auch wieder verdinglicht und zum Es werden. Außerdem gibt es Asymmetrien, Machtstrukturen, Entfremdungen in den Beziehungen; das Ich kann versuchen, das Du in seinem So-Sein zu ignorieren und zu okkupieren. Wer die Ich-Du-Beziehung von Anfang an und zu Ende denkt, darf in ein wahrhaftiges Gespräch mit dem „ewigen Du" (Gott) treten; denn die „verlängerten Linien der Beziehungen schneiden sich im ewigen Du". Und in seinem 1957 verfassten Nachwort in „Ich und Du" fügt er hinzu: „Der Mensch, der sich ihm zuwendet, braucht sich daher von keiner andern Ich-Du-Beziehung abzuwenden: rechtmäßig bringt er sie alle ihm zu und lässt sie sich ‚in Gottes Angesicht' verklären." Buber vermeidet es, sich auf irgendein Bild von Gott einzulassen, er sagt vielmehr: „In jedem Du reden wir das ewige an.“ Von dem ewigen Du weiß man nichts Einzelnes mehr, sondern „nur alles“. Dieses Gegenwärtigsein des ewigen Du findet in einem kleinen Lied einen starken Ausdruck, das Rabbi Levi Jizchak gedichtet und gesungen haben soll:

„Wo ich gehe – du!
Wo ich stehe – du!
Nur du, wieder du, immer du!
Du, du, du!

Ergeht's mir gut – du!
Wenn's weh mir tut – du!
Nur du, wieder du, immer du!
Du, du, du!

Himmel – du, Erde – du,
oben – du, unten – du,
wohin ich mich wende,
an jedem Ende /
Nur du, wieder du, immer du!
Du, du, du!“

DIE BILLIGE UND DIE TEURE GNADE – DIETRICH BONHOEFFERS „NACHFOLGE" (1937)

Vortrag in der Landeskirchlichen Gemeinschaft
Erndtebrück 2013

Seine klare und konsequente Haltung gegenüber dem NS-Staat, seine unbeirrte Nachfolge bis in den aktiven Widerstand und sein Martyrium haben Dietrich Bonhoeffer weltweit bekannt gemacht. Bei uns tragen Straßen, Schulen und Gemeindehäuser seinen Namen. In der Westminster Abbey ist seine Statue an prominentem Ort neben Martin Luther King, Maximilian Kolbe, Oskar Romero unter zehn Märtyrern des 20. Jahrhunderts aufgenommen und zu sehen. Als sein Freund Eberhard Bethge seine bewegenden Briefe und Aufzeichnungen aus der Haft unter dem Titel „Widerstand und Ergebung" (1951) herausbrachte, gab es eine enorme Nachfrage, die bis heute anhält. Eberhard Busch erzählte, dass er an der Göttinger Universität ein Seminar über Bonhoeffer angeboten habe und dann sei etwas passiert, was er und seine Kollegen nie zuvor erlebt hätten. Es kamen zur ersten Sitzung völlig unerwartet so viele Studenten, dass er den Termin des Seminars verfünffachen musste. Andererseits – das ist mein persönlicher Eindruck – ist die Kenntnis von dem Theologen und Schriftsteller Bonhoeffer auch in engagierten Gemeindekreisen eher gering. Oft geht sie über die Kenntnis häufig zitierter Bonhoeffer-Worte nicht hinaus. Dies ist umso bedauerlicher, als Bonhoeffer – trotz seiner nur 39 Lebensjahre – seinen Zeitgenossen und uns heute ein umfangreiches Werk hinterlassen hat, ja eine Botschaft, die unvermindert aktuell ist. Bereits in den 30er Jahren wurde Bonhoeffer bekannt durch das Buch „Nachfolge", an das ich heute erinnern möchte. Die schnelle Verbreitung des Buches, das 1937 erschien, war für die damaligen Verhältnisse schon aufsehenerregend.

Bonhoeffer hat über fünf Jahre an dem Buch gearbeitet. Am Anfang steht wohl die Entdeckung der Bergpredigt, deren Anspruch ihn nicht mehr losließ. An seinen älteren Bruder Karl-Friedrich, den Professor für Physikalische Chemie, schrieb er 1935:

„Als ich anfing mit der Theologie, habe ich mir etwas anderes darunter vorgestellt – doch vielleicht eine mehr akademische Angelegenheit. Es ist nun etwas ganz anderes daraus geworden. Aber ich glaube nun endlich zu wissen, wenigstens einmal auf die richtige Spur gekommen zu sein – zum ersten Mal in meinem Leben [...]. Ich glaube zu wissen, dass ich eigentlich erst innerlich klar und wirklich aufrichtig sein würde, wenn ich mit der Bergpredigt wirklich anfinge, Ernst zu machen. Hier sitzt die einzige Kraftquelle, die den ganzen Zauber und Spuk einmal in die Luft sprengen kann, bis von dem Feuerwerk nur ein paar Reste übrig bleiben. Die Restauration der Kirche kommt gewiss aus einer Art neuen Mönchtums, das mit dem alten nur die Kompromisslosigkeit eines Lebens nach der Bergpredigt in der Nachfolge Christi gemeinsam hat. Ich glaube, es ist an der Zeit, hierfür Menschen zu sammeln."

Geht es Bonhoeffer einerseits um den Ruf in die Nachfolge, so möchte er andererseits die Botschaft von der Rechtfertigung des Gottlosen davor bewahren, dass sie zu einer nichtssagenden und bedeutungslosen Sache abgleitet. Denn es ist ja diese Botschaft, mit der die Kirche steht und fällt.

Die Sprache des Buches ist schlicht und pointiert. Man spürt den Formulierungen ab, wie sorgfältig ihr Verfasser an ihnen geschliffen hat. Hier findet sich nichts Akademisches oder Lebensfernes. Bonhoeffer braucht im Grunde auch keine Übersetzer oder Ausleger. Deswegen möchte ich ihn weitgehend selbst zu Worte kommen lassen und in seiner Sprache wiedergeben. Die „Nachfolge" ist so geschrieben, dass auch ein kirchlich Distanzierter dieses Buch verstehen kann. Indem Bonhoeffer den Kern der Botschaft Jesu freilegt, ruft er zur entschiedenen Nachfolge. Jeder Leser damals und heute spürt, dass dieses Buch Folgen für das eigene Leben haben muss.

Vielleicht noch ein paar Vorbemerkungen zum zeitlichen Kontext! Die Grundsätze des Buches stehen bereits vor 1933, aber Spannung, Profil und Tiefgang des Buches lassen sich nur im zeitgeschichtlichen Horizont voll ermessen. Dazu einige Erinnerungen! Der Nationalsozialismus befand sich dem äußeren Anschein nach in einem gewaltigen Aufschwung. Vor 1933 herrschte unter den Deutschen weithin das Gefühl, von den Siegermächten des 1. Weltkriegs schmählich behandelt worden zu sein. Nun erfolgten Schritte zur „Beseitigung der Versailler Schmach", darunter die Einführung der Wehrpflicht im Frühjahr 1935. Der Vatikan hatte den NS-Staat mit dem Reichskonkordat

1934 anerkannt und diplomatisch hoffähig gemacht. Die Olympiade 1936 in Berlin sollte der Welt ein Bild von Deutschlands Größe und der Überlegenheit des „Nordischen Menschen“ vor Augen stellen. Die seit der Machtübernahme Hitlers am 30. Januar 1933 betriebene „Gleichschaltung“ der Kirchen mit der Ideologie und den Strukturen der Partei forderte auch von den Christen den Verrat ihres Glaubens, nämlich die Diskriminierung jüdischer Mitbürger und anderer zu „Volksfeinden“ erklärten Gruppen. Die evangelische Kirche spaltete sich in eine von der nationalsozialistischen Herrschaft abhängige Reichskirche unter dem sogenannten Reichsbischof Ludwig Müller und der Bekennenden Kirche. Diese widersprach entschieden der Lehre der dem Regime angepassten Deutschen Christen. Auf der Bekenntnissynode in Barmen Ende Mai 1934 wurde die „Theologische Erklärung“ als Grundlage der Bekennenden Kirche angenommen. Bereits im August 1933 hatte Bonhoeffer in einem Flugblatt klar und eindeutig erklärt: „Der Ausschluss der Judenchristen aus der kirchlichen Gemeinschaft zerstört die Substanz der Kirche Christi.“ Mit Martin Niemöller trat er aktiv in den Pfarrernotbund ein, der einige Tage zuvor im September 1934 gegründet wurde. Ab April 1935 übernahm Bonhoeffer die Leitung des Predigerseminars der Bekennenden Kirche, zunächst auf dem Zingsthof, dann in Finkenwalde. In den letzten zwei Jahren vor der Veröffentlichung, also in der besonderen Atmosphäre und Gemeinschaft mit den Pfarramts-Kandidaten, hat Bonhoeffer sein Buch immer wieder überarbeitet. Vielleicht dokumentiert ein Stimmungsbild jener Zeit am besten die dunklen Wolken, die am Horizont aufzogen. Ein Amerikaner fotografierte im Sommer 1936 ein an einer Berliner Buchhandlung aushängendes Schild: „Nach der Olympiade haun wir die B.K. zu Marmelade, dann schmeißen wir die Juden raus, dann ist die B.K. aus.“ An keiner Stelle seines Buches nimmt Bonhoeffer jedoch direkten Bezug zu den Ereignissen, die Namen der Nazi-Größen werden nirgends genannt. Doch darin liegt die Brisanz und Größe des Buches, genau zu diesem Zeitpunkt für die Sache Jesu einzutreten und seinen Ruf in die Nachfolge laut werden zu lassen.

Zunächst stellt sich Bonhoeffer kritisch gegen eine Kirche und ein Christentum, in denen das große Wort von der Gnade Gottes verkommen ist zu einer belanglosen, nichtssagenden Sache:

> „Billige Gnade ist der Todfeind unserer Kirche. Unser Kampf heute geht um die teure Gnade. Billige Gnade heißt Gnade als Schleuderware, verschleuderte Vergebung, verschleuderter Trost, verschleudertes Sakrament; Gnade als

unerschöpfliche Vorratskammer der Kirche, aus der mit leichtfertigen Händen bedenkenlos und grenzenlos ausgeschüttet wird; Gnade ohne Preis, ohne Kosten. Das sei ja gerade das Wesen der Gnade, dass die Rechnung im Voraus für alle Zeit beglichen ist. Auf die bezahlte Rechnung hin ist alles umsonst zu haben [...]. Billige Gnade ist darum Leugnung des lebendigen Wortes Gottes, Leugnung der Menschwerdung des Wortes Gottes [...]. Das ist billige Gnade als Rechtfertigung der Sünde, aber nicht als Rechtfertigung des bußfertigen Sünders, der von seiner Sünde lässt und umkehrt; nicht Vergebung der Sünde, die von der Sünde trennt. Billige Gnade ist die Gnade, die wir mit uns selbst haben. Billige Gnade ist die Predigt der Vergebung ohne Buße, ist Taufe ohne Gemeindezucht, ist Abendmahl ohne Bekenntnis der Sünden, ist Absolution ohne persönliche Beichte. Billige Gnade ist Gnade ohne Nachfolge, Gnade ohne Kreuz, Gnade ohne den lebendigen, menschgewordenen Jesus Christus. Teure Gnade ist der verborgene Schatz im Acker, um dessentwillen der Mensch hingeht und mit Freuden alles verkauft, was er hatte; die köstliche Perle, für deren Preis der Kaufmann alle seine Güter hingibt; die Königsherrschaft Christi, um derentwillen sich der Mensch das Auge ausreißt, das ihn ärgert, der Ruf Jesu Christi, auf den hin der Jünger seine Netze verlässt und nachfolgt. Teure Gnade ist das Evangelium, das immer wieder gesucht, die Gabe, um die gebeten, die Tür, an die angeklopft werden muss."

Es fällt ins Auge, wie sehr Bonhoeffer seine Gedanken und Formulierungen aus der Schrift entwickelt. Er meditiert die neutestamentlichen Nachfolgegeschichten, ohne sich von exegetischen Detailfragen ablenken zu lassen, und verkündigt durch seine Gegenüberstellung von billiger und teurer Gnade das Evangelium. In ihm gehören Gnade und die Nachfolge unlösbar zusammen, sonst kommt es zu dem grotesken Missverständnis der „billigen Gnade".

Der Ruf in die Nachfolge wird in Mk 2,14 laut: „Und da Jesus vorüberging, sah er Levi, den Sohn des Alphäus, am Zoll sitzen und sprach zu ihm. Folge mir nach! Und er stand auf und folgte ihm nach." In großer Textnähe erklärt Bonhoeffer, was aber zugleich 1937 hochbrisant war:

„[E]s [gibt] nur eine einzige gültige Begründung für dieses Gegenüber von Ruf und Tat: ‚Jesus Christus selbst'. Er ist es, der ruft. Darum folgt der Zöllner. Die unbedingte, unvermittelte und unbegründbare Autorität Jesu wird in dieser Begegnung bezeugt. Nichts geht hier voraus, und es folgt nichts

> anderes als der Gehorsam des Gerufenen [...]. So wird in diesem kurzen Text Jesus Christus und sein Anspruch auf den Menschen verkündigt, sonst nichts. Kein Lob fällt auf den Jünger, auf sein entschiedenes Christentum. Der Blick soll nicht auf ihn fallen, sondern allein auf den, der ruft [...]. Was wird über den Inhalt der Nachfolge gesagt? Folge mir nach, laufe hinter mir her! Das ist alles. Hinter ihm hergehen, das ist etwas schlechthin Inhaltsloses. Es ist wahrhaftig kein Lebensprogramm, dessen Verwirklichung sinnvoll erscheinen könnte, kein Ziel, kein Ideal, dem nachgestrebt werden sollte [...]. Der Gerufene verlässt alles, was er hat, nicht um damit etwas besonders Wertvolles zu tun, sondern einfach um des Rufes willen [...]. Die Brücken werden abgebrochen und es wird vorwärtsgegangen."

Die „einzige Bindung an Jesus Christus" löst also alle anderen Bindungen.

Ich denke, wir haben die entschiedenen Absagen zwischen den Zeilen gehört. Niemand, kein Vorbild, kein Führer, hat das Recht, in die Nachfolge zu rufen, nur Jesus Christus, der Sohn Gottes. Nachfolge darf nicht mit einem Lebensprogramm verwechselt werden und ist darum etwas völlig anderes als ein Parteiprogramm. Schließlich vermittelt Nachfolge kein Ideal, vor allem nicht das des arischen Menschen. Diese von mir zur Verdeutlichung angeführten Begriffe verwendet Bonhoeffer nicht. Sie lagen ja gewissermaßen in der Luft. Hier zeigt sich weiterhin, wie nahe er dem Zeugnis der „Theologischen Erklärung" von Barmen stand. Ich zitiere nur die erste These:

> „Jesus Christus, wie er uns in der Heiligen Schrift bezeugt wird, ist das eine Wort Gottes, das wir zu hören, dem wir im Leben und im Sterben zu vertrauen und zu gehorchen haben. Wir verwerfen die falsche Lehre, als könne und müsse die Kirche als Quelle ihrer Verkündigung außer und neben diesem einen Worte Gottes auch noch andere Ereignisse und Mächte, Gestalten und Wahrheiten als Gottes Offenbarung anerkennen."

Im nächsten Abschnitt weist Bonhoeffer – wieder zwischen den Zeilen – die Nordische Religion und den Mythos eines arteigenen, heldischen Christus schon im Ansatz zurück:

> „Nachfolge ist Bindung an Christus; weil Christus ist, darum muss Nachfolge sein. Eine Idee von Christus, ein Lehrsystem, eine allgemeine religiöse

> Erkenntnis von der Gnade oder Sündenvergebung macht Nachfolge nicht notwendig, ja schließt sie in Wahrheit aus, ist der Nachfolge feindlich. Zu einer Idee tritt man in ein Verhältnis der Erkenntnis, der Begeisterung, vielleicht auch der Verwirklichung, aber niemals der persönlichen gehorsamen Nachfolge. Ein Christentum ohne den lebendigen Jesus Christus bleibt notwendig ein Christentum ohne Nachfolge [...], es ist Idee, Mythos. Ein Christentum, in dem es nur den Vatergott, aber nicht Christus als lebendigen Sohn gibt, hebt Nachfolge geradezu auf. Hier gibt es Gottvertrauen, aber nicht Nachfolge. Allein weil der Sohn Gottes Mensch wurde, weil er Mittler ist, ist Nachfolge das rechte Verhältnis zu ihm. Nachfolge ist gebunden an den Mittler, und wo von Nachfolge recht gesprochen wird, dort wird von dem Mittler Jesus Christus, dem Sohn Gottes gesprochen. Nur der Mittler, der Gottmensch kann in die Nachfolge rufen. Nachfolge ohne Christus ist Eigenwahl eines vielleicht idealen Weges, vielleicht eines Märtyrerweges, aber sie ist ohne Verheißung."

Bonhoeffer beschreibt weiterhin die Konsequenzen, das Risiko und das Wagnis der Nachfolge. Denn wenn Jesu Ruf in die Nachfolge alle Bindungen löst, „unterbricht" die Nachfolge die tägliche, auch die politische Tretmühle, kurz gesagt: den von allen möglichen Faktoren bestimmten Lebenslauf. Und ich möchte hinzufügen, dieser Ruf unterbricht im Jahr 1937 vor allem die laut tönenden Stimmen im nationalen Taumel.

Blicken wir hier kurz zurück! Es ging Bonhoeffer zunächst darum, das reformatorische „allein aus Gnade" (*sola gratia*) vor einem schwerwiegenden Missverständnis zu schützen. Er stellt die Kostbarkeit der Gnade heraus, sie soll in der Nachfolge wiederentdeckt und zurückgewonnen werden. Und diese Wiederentdeckung der teuren Gnade sprengt die Kirchenmauern, sie führt nämlich ins konkrete Leben, nicht in ein himmlisches Jenseits, sondern ins politische Diesseits. Und für Bonhoeffer schloss dies eben auch die Nachfolge unter das Kreuz und den Weg in den Widerstand mit all seinen Konsequenzen ein:

> „Eine Christlichkeit, die die Nachfolge nicht mehr ernst nahm [...], musste das Kreuz als das tägliche Ungemach, als die Not und Angst unseres natürlichen Lebens verstehen [...]. Im Leiden ausgestoßen, verachtet und verlassen zu sein von den Menschen, wie es die nicht enden wollende Klage des

Psalmisten ist, dieses wesentliche Merkmal des Kreuzesleidens kann eine Christlichkeit nicht mehr begreifen, die bürgerliche und christliche Existenz nicht zu unterscheiden weiß. Kreuz ist Mitleiden mit Christus, Christusleiden. Allein die Bindung an Christus, wie sie in der Nachfolge geschieht, steht ernstlich unter dem Kreuz."

Der Ruf in die Nachfolge ergeht an den Einzelnen, aber er führt zugleich auch in die Gemeinschaft und Gesellschaft: „Der Ruf Jesu in die Nachfolge macht den Jünger zum Einzelnen [...]. Christus will den Menschen einsam machen, er soll nichts sehen als den, der ihn rief." Die Glaubenden sollen nicht auf sich selbst schauen, auf ihre Zweifel, auf ihren Unglauben, sondern auf Christus blicken, sich ihm immer neu anvertrauen und auf seinen Ruf hören. Nun aber ist Christus nicht nur der Mittler zwischen Gott und dem Einzelnen, sondern auch zwischen Mensch und Mensch: „Es gibt für uns keinen Weg zum anderen mehr als den Weg über Christus." Nur über ihn ist der Weg zum anderen geöffnet. Diese Perspektive ist bei Bonhoeffer ganz zentral. Nachfolge vollzieht sich nicht in einem sozialen Vakuum oder in einer religiösen, spirituellen oder jenseitigen Sonderwirklichkeit, so als könnten die Nachfolgenden ohne Mitmenschen auskommen: „Ebenderselbe Mittler, der uns zu Einzelnen macht, ist damit auch der Grund ganz neuer Gemeinschaft. Er steht in der Mitte zwischen dem anderen Menschen und mir." Das heißt, wir können unsere Nächsten nicht mehr sehen, beurteilen und behandeln nach unserer Optik oder unserem Geschmack oder wie es die Partei befiehlt, sondern allein im Lichte unseres gemeinsamen Versöhners Jesus Christus. Darum folgert Bonhoeffer: „Wer allein ein neuer Mensch werden will, bleibt beim alten [...]. Nicht der gerechtfertigte und geheiligte Einzelne ist der neue Mensch, sondern die Gemeinde, der Leib Christi, Christus." Diese Identifikation der Gemeinde mit dem Leib Christi führt zu der bekannten Formulierung, dass Kirche nichts anderes sei als „Jesus Christus als Gemeinde existierend". Das heißt nicht, dass sich eine Gemeinde hochfahrend mit ihm gleichsetzen dürfte, aber sie lebt unter der Verheißung, dass er es je und je tut. Übrigens fügt sich hier auch die andere Aussage ein, die Bonhoeffer aus dem Gefängnis schrieb: „Kirche ist nur Kirche, wenn sie für andere da ist." Christus ist da für mich, für uns, für andere. Oder noch einmal anders ausgedrückt: „Das Leben Jesu Christi ist auf dieser Erde noch nicht zu Ende gebracht. Christus lebt weiter in dem Leben seiner Nachfolger." Dies bedeutet übrigens auch, dass der/die Prediger/in in der versammelten Gemeinde auf den gegenwärtigen Christus trifft. Deren Nachfolge ist bereits Geschichte geworden und deren Zeugnis darf der/die Prediger/in als persönliche Botschaft an ihn/sie hören.

Auch das Wort Gottes, wo der Ruf in die Nachfolge laut wird, steht unter dem Zeichen des Kreuzes. Hier hört man wieder den sensibel registrierenden, zeitkritischen Bonhoeffer. Er arbeitet scharf den Unterschied zwischen dem Wort Gottes und den flammenden Propaganda-Reden der NS-Elite heraus:

> „Die Idee fordert Fanatiker, die keinen Widerstand kennen und achten. Das Wort Gottes ist aber so schwach, dass es sich von Menschen verachten und verwerfen lässt [...]. So sind die Zeugen des Wortes mit diesem Wort schwächer als die Propagandisten einer Idee. Aber in dieser Schwäche sind sie frei von der kranken Unruhe der Fanatiker, sie leiden ja mit dem Wort. Die Jünger können auch weichen, können auch fliehen, wenn sie nur mit dem Wort weichen und fliehen, wenn nur ihre Schwäche die Schwäche des Wortes selbst ist."

Die Schwäche des Wortes ist also begründet im „Geheimnis der Niedrigkeit Gottes".

Über viele Seiten hin legt Bonhoeffer die Bergpredigt aus. Es würde jetzt zu weit führen, alle diese Gedanken nachzuzeichnen. Öfter unternimmt er auch Ausflüge in die Kirchengeschichte und trägt hier originelle Beobachtungen und Urteile vor. Nachdenkenswert sind besonders seine Sicht des Mönchtums und die des Reformators Martin Luther:

> „Mit der Ausbreitung des Christentums und der zunehmenden Verweltlichung der Kirche ging die Erkenntnis der teuren Gnade allmählich verloren. Die Welt war christianisiert, die Gnade war Allgemeingut einer christlichen Welt geworden. Sie war billig zu haben. Doch bewahrte die römische Kirche einen Rest der ersten Erkenntnis. Es war von entscheidender Bedeutung, dass das Mönchtum sich nicht von der Kirche trennte und dass die Klugheit der Kirche das Mönchtum ertrug. Hier war am Rande der Kirche der Ort, an dem die Erkenntnis wachgehalten wurde, dass Gnade teuer ist, dass Gnade die Nachfolge einschließt [...]. So wurde das mönchische Leben ein lebendiger Protest gegen die Verweltlichung des Christentums, gegen die Verbilligung der Gnade."

Mit dem Einzug des Leistungsdenkens und der „Unterscheidung einer Höchstleistung und einer Mindestleistung des christlichen Gehorsams" korrumpierte das Mönchtum, Nachfolge wurde zum verdienstlichen Tun der Heiligen:

„Die Selbstverleugnung des Nachfolgenden enthüllte sich hier als die letzte geistliche Selbstbehauptung der Frommen [...]. Die Weltflucht des Mönchs war als feinste Weltliebe durchschaut. In diesem Scheitern der letzten Möglichkeit eines frommen Lebens ergriff Luther die Gnade [...]. Es war eine teure Gnade, die sich ihm schenkte, sie zerbrach ihm seine ganze Existenz [...]. Das erste Mal, als er ins Kloster ging, hatte er alles zurückgelassen, nur sich selbst, sein frommes Ich, nicht. Diesmal war ihm auch dies genommen. Er folgte nicht auf eigenes Verdienst, sondern auf Gottes Gnade hin [...]. Luthers Weg aus dem Kloster zurück in die Welt bedeutete den schärfsten Angriff, der seit dem Urchristentum auf die Welt geführt worden ist [...]. Nachfolge musste nun mitten in der Welt gelebt werden [...]. Der vollkommene Gehorsam gegen das Gebot Jesu musste im täglichen Berufsleben geleistet werden. Damit vertiefte sich der Konflikt zwischen dem Leben des Christen und dem Leben der Welt in unabsehbarer Weise. Der Christ war der Welt auf den Leib gerückt. Es war Nahkampf [...]. Teure Gnade war Luther geschenkt worden. Gnade war es, weil sie Wasser auf das durstige Land, Trost für die Angst, Befreiung von der Knechtschaft des selbstgewählten Weges, Vergebung aller Sünden war. Teuer war die Gnade, weil sie nicht dispensierte vom Werk, sondern den Ruf in die Nachfolge unendlich verschärfte."

Ich möchte hier die Darstellung des Buches abschließen, wohl wissend, dass ich ganz wichtige und weitreichende Gedanken Bonhoeffers beiseitegelassen habe – wie etwa seine Auslegung des Luther-Wortes „Sündige tapfer, aber glaube und freue dich in Christo umso tapferer", wo er im Grunde das Problem des Tyrannenmordes erörtert, also vorausahnend seinen Weg in den aktiven Widerstand bedenkt.

Fragen wir zum Schluss nach der Wirkung und der Aktualität des Buches! Der folgende Vergleich ist leicht missverständlich, trotzdem möchte ich ihn wagen: Mitte der 30er Jahre wurde teils in dem Berliner Ufa-Palast Leni Riefenstahls Trilogie der Reichsparteitage uraufgeführt – unter begeistertem Applaus und mit anschließenden Rekordeinspielergebnissen: „Der Sieg des Glaubens", „Triumph des Willens" und „Tag der Freiheit – Unsere Wehrmacht". Diese Filme zeigten kraftstrotzende Männer, die Stahlnaturen (Ernst Jünger), und im Fackelschein aufmarschierende Verbände. Die Filme zeigen die grandiose Selbstinszenierung des NS-Staates, das Kolossale und den messianischen Anspruch der NS-Diktatur unterlegt mit der rauschhaft-stimulierenden Musik Richard Wagners. Dieses abgründig-martialische Selbst-Bild des NS-Staates bot in seiner Intention genau das Gegenbild von dem, was Bonhoeffer in seiner „Nachfolge“ zum Ausdruck brachte. Der Wille zur Macht, der Machtmensch, die geschlossenen Kampftruppen, die Schlagkraft eines eisernen Willens: alles im fundamentalen Gegensatz zu dem von Christus in die Nachfolge Gerufenen, der und dessen Wort an der Ohnmacht und dem Kreuz seines Herrn teilhaben.

Die Verbreitung des Buches war, wie gesagt, über die engeren Fachkreise hinaus außergewöhnlich und man darf mit Bonhoeffers Freund Eberhard Bethge festhalten, dass es „sich tief in das Bewusstsein der evangelischen Kirche eingeprägt hat“. Bethge weist auch den Vorwurf zurück, Bonhoeffer befinde sich auf dem Pfad der Weltflucht in ein Ghetto. Das Gegenteil sei richtig. Bonhoeffer möchte mit der unbegrenzten Botschaft die Weite wiedergewinnen. Nachfolge führt ja nicht ins Abseits oder in eine religiöse Sonderwirklichkeit, sondern ins vitale Zentrum des privaten und öffentlichen Lebens. Eberhard Bethge hat dies so ausgedrückt:

> „Als sich das Vorletzte in den Vordergrund drängte und nach seiner Glorifizierung lechzte, durstig nach Verehrung und nach Opfer – und es bekam die Legion von Kniefälligen auch in der Kirche! –, da wendete sich Bonhoeffer dem Letzten zu, aber eben um der Sache des Vorletzten willen.“

Karl Barth, der Schweizer Theologe, hat Bonhoeffers Buch ungemein geschätzt. Bonhoeffer hatte die Schrift mit 31 Jahren abgeschlossen. Als der fast 70-jährige Karl Barth in seiner Dogmatik über dasselbe Thema handelte, schrieb er: Bonhoeffer habe gerade diese „Sache so tief angefasst und so präzis behandelt, dass ich wohl versucht sein könnte sie hier einfach als großes Zitat einzurücken, weil ich wirklich nicht der Meinung bin, etwas Besseres dazu sagen zu können, als da gesagt ist [...]“. Dieses Votum erhält umso mehr Gewicht, als Bonhoeffer mit seinem Leben bis zum Ende authentisch wahrgemacht hat, was er zuvor geschrieben hatte.

Erwähnen möchte ich noch, dass Bonhoeffers Schwager Gerhard Leibholz, der 1938 nach England emigrierte, eine Übersetzung ins Englische anregte. Sie erschien 1948 unter dem Titel „The Cost of Discipleship“. Bischof George Bell schrieb ein Vorwort für die Ausgabe.

Vielleicht zum Schluss drei Anstöße zur Aktualität Bonhoeffers!

Erstens: Ich habe bei Bonhoeffer gelernt, dass die Vorstellung falsch ist: erst über die Nachfolge nachzudenken, dann in die Nachfolge einzutreten und zu praktizieren. Bonhoeffer weiß, ich kann nicht im Voraus überlegen, wie ich zu handeln habe, und erst dann mit der Nachfolge beginnen. Sondern das Nachdenken ist bereits Vollzug der Nachfolge. Das nennt er „einfältigen Gehorsam". Eberhard Busch kommentiert treffend: „Einfältig heißt hier nicht: töricht, heißt auch nicht: unreflektiert. Einfältig heißt: Niemals heraustreten aus dem Gehorsam gegen den vorangehenden Christus". Mit Bonhoeffers eigenen Worten gesagt: „Die Brücken werden abgebrochen, und es wird einfach vorwärtsgegangen." Vorwärtsgegangen! Gehorsam ist Tun, ist Tat!

Zweitens: Der Begriff und die Sache der „Nachfolge" sind überkonfessionell, weder katholisch, noch evangelisch, noch sonst konfessionell gebunden. „Nachfolge" ist ein Grundwort der biblischen Überlieferung, der Verkündigung Jesu! Kirchen und Gemeinschaften, die sich auf diese Botschaft gründen, kommen im Geist und in der Nachfolge Jesu zusammen. Die Nachfolger brauchen einander, Geschwister pflegen Gemeinschaft, ob man dies nun „Allianz" oder „Ökumene" nennt. Im Leben und Werk Bonhoeffers spielt diese letztere Thematik eine unübersehbar wichtige Rolle.

Drittens: Die Situation der Kirche in der NS-Zeit und heute sind völlig verschieden, ein Vergleich wäre abwegig. Trotzdem kann die Erinnerung an Bonhoeffer in der gegenwärtigen Krise der Kirche nur hilfreich, vielleicht und hoffentlich wegweisend sein. Jesu Ruf in die Nachfolge trifft heute auf eine Kirche, die sich im Umbruch befindet. Mein Eindruck: In den kirchlichen Gremien besteht die Gefahr, dass die Verlustangst und die Sprache des Geldes mehr Raum und ein stärkeres Gewicht bekommen als die Sprache des dem Ruf folgenden Gehorsams. Nachfolge beinhaltet weder die Rettung des frommen Ichs noch die Rettung kirchlicher Bausubstanz, politischer Machtansprüche oder einer verklärten Vergangenheit. Wohl gehört auf den Weg der Nachfolge Elias Frage: „Wie lange hinkt ihr auf beiden Seiten? Ist der Herr Gott, so wandelt ihm nach, ist's Baal, so wandelt ihm nach!" (1Kön 18,21). Der Welt auf den Leib rücken, wie es Bonhoeffer genannt hat, „Nahkampf", Widerstand gegen die Hinnahme des *Status quo* ohne Selbstbemitleidung, aber auch das Wissen um das eigene Versagen und das Bekennen der eigenen Schuld, die Umkehr und der Neuaufbruch: in diesen Taten bezeugt die Kirche die teure Gnade.

V.

IM SCHEINE DER EWIGKEIT: GLAUBENSHEITERKEIT *SUB SPECIE AETERNITATIS*

DAS ERINNERN UND VERGESSEN, DIE ZEIT UND DER AUGENBLICK

Predigt über Psalm 103,2 und Psalm 31,15 f.
Jubiläumskonfirmation am 3. Oktober 2021 in der Schützenhalle Wunderthausen

„Lobe den Herrn, meine Seele, und vergiss nicht, was er dir Gutes getan hat.“ (Ps 103,2)
„Ich aber, Herr, hoffe auf dich und spreche: Du bist mein Gott! Meine Zeit steht in deinen Händen.“ (Ps 31,15 f.)

Liebe Konfirmandinnen und Konfirmanden, liebe Gemeinde,

auf meiner Goldenen Konfirmation hatte ich ein Gespräch mit einer Klassenkameradin und Mitkonfirmandin, das mir nachgegangen ist. Ich hatte sie seit 50 Jahren nicht mehr gesehen, sie war weggezogen nach Süddeutschland und hatte dort als Lehrerin gearbeitet. Wir kamen ins Gespräch, erinnerten uns gegenseitig an die gemeinsame Schulzeit und wie sehr sich die Welt inzwischen verändert hat. Da fiel mir eine Episode ein.

Wir verließen während der Schulzeit das alte Schulgebäude und zogen in eine neue, moderne Schule um. Die alten Schulbänke und die Lehrmittel wurden ausrangiert, verkauft oder sogar verschenkt. Unser Klassenlehrer hatte nun die Gewohnheit, dass er die Rechenstunde immer damit eröffnete, dass alle Kinder aufstehen mussten und dann gab es einen Wettbewerb im Kopfrechnen. Wer zuerst das Ergebnis in die Klasse rief, durfte sich setzen.

An jenem Tag sollte es nun einen besonderen Preis geben: die oder der Beste im Kopfrechnen sollte einen wuchtigen alten Globus bekommen, der auch ausrangiert werden sollte, einen Globus, der sich in einem wunderbaren gedrechselten

Holzgestell drehte. Die Klassenkameradin bemühte sich nach Kräften, ich aber auch. Am Ende war es ein Kopf-an-Kopf-Rennen. Der Lehrer sah das schließlich ein. Und da man beim Globus nicht halbe-halbe machen kann, mussten wir das Los ziehen und hier zog ich den Kürzeren. Der Globus ging an Almut.

Ich erinnerte meine einstige Klassenkameradin daran und sie sagte: Hör mal, das habe ich total vergessen. Aber das ist ja immer so, das Negative bleibt hängen! Auf meine Verwunderung hin bestand sie darauf: Ja, wir erinnern uns immer nur an das Negative! Und sie gab Beispiele: Wo wir uns am 11. September 2001 aufhielten, als die Zwillingstürme in New York einstürzten, wissen wir heute noch. Als die Todesnachricht von der Ermordung Kennedys oder die Nachricht vom Bau der Berliner Mauer eintraf, wissen wir noch genau die Umstände … Ich habe ihr damals heftig widersprochen. Auch mit Beispielen! Erinnern wir uns nicht an einen schönen ersten Schultag! An die Geburt unserer Kinder! An das Gipfelerlebnis einer Bergbesteigung usw.! Mein eigentlicher Einspruch war und ist aber noch ein anderer! Ich habe damals, als mir der Globus durch die Lappen ging, auch etwas gelernt: mit dem Negativen, mit Frustration umzugehen, Pech auszuhalten, das Leerausgehen zu verschmerzen. Denn es gehört zum Leben.

Und noch tiefer geblickt! Jeder von uns könnte gewiss von Beinahe-Unfällen berichten, die fast ins Auge gegangen wären. Als 5-Jähriger lief ich einmal, völlig blind, auf die Straße. Ich spürte noch den Fahrtwind des Autos. Es ging um Zentimeter. Auf der anderen Straßenseite sagte ein älterer Mann zu mir: Junge, da hast du aber ein Schutzengel gehabt! Oder 1995 kam ich mit einer Viruserkrankung in eine Klinik und dort sofort in die Quarantäne-Station. Der Verdacht der Ärzte: Hepatitis B oder C. Ich war tatsächlich so schwach, dass ich keine Treppenstufe mehr steigen konnte. Aber nach 14 Tagen konnte ich das Krankenhaus gesund verlassen. Der Ärzte hatten sich getäuscht. Das sind zweifellos negative Erfahrungen, zugleich aber Erfahrungen, dass ich auf wunderbare Weise bewahrt worden bin.

An dieser Stelle kommt für mich der Glaube ins Spiel. Der Glaube, der auch das Negative, die Schatten im Leben, die finsteren Täler, ja sogar die Abschiede und den Tod ins Licht des Glaubens stellt und sie neu und tiefer versteht. Sie manchmal sogar umdeutet und auch im scheinbar Sinnlosen einen tiefen Sinn erkennt. Der Heidelberger Katechismus deutet hier eine Richtung an, wenn er in der Ich-Form bekennt: „Auf Gott vertraue ich und zweifle nicht, dass er mich mit allem versorgt, was ich für Leib und Seele nötig habe, und auch alles

Übel, das er mir in diesem Jammertal zuschickt, zu meinem Besten wendet" (Frage 26). Oder sagen wir es mit einem bekannten Lied: „In wie viel Not hat nicht der gnädige Gott über dir Flügel gebreitet" (EG 316,3). Darum heißt es in Ps 103,2: „Lobet Herrn, meine Seele, und vergiss nicht, was er dir Gutes getan hat." Gutes getan hat er aber eben auch in der Stunde der Not und Gefahr, beim Abschiednehmen und in der Trauer, und auch, wenn wir versagt haben, schuldig geworden oder gescheitert sind ... Es geht hier um die Tat Gottes, um die erfahrene Hilfe, um seine Begleitung, um Trost und Vergebung.

Das andere Thema, das uns heute bewegt, habe ich auch schon angeschnitten. Es ist die Zeit, das Gefühl, dass sich das Rad der Zeit immer schneller dreht. Im Alter von 14 Jahren lag die Zeit vor uns wie ein endlos weites Feld, gefüllt mit vielen Optionen, Möglichkeiten und Wunschträumen. Heute wissen wir um die Begrenztheit unserer Tage und Jahre und die Zeit ist nur so vorbeigehuscht. Wir blicken zurück zumeist auf randvoll gefüllte, arbeitsreiche Jahre und fragen uns: Wo ist die Zeit nur geblieben? Manchmal könnte man den Eindruck gewinnen, als trete die Zeit wie eine unerbittliche Macht ganz eigener Art auf. Gleich einem großen Hobel, der über alles und alle Menschen und Kreaturen hinwegfährt und alles gleich macht. In diesem Sinne hat einmal jemand gesagt: „Die Zeit ist Gottes Statthalter auf Erden." Dieser Statthalter „Zeit" unterwirft alles. Die Natur, jedes Lebewesen, alle Dinge. Die Königshäuser und Prominenten, die Superreichen und Stars. Alle lernen diesen Statthalter genauso kennen wie die Anderen, die die Bibel realistisch die Staubgeborenen nennt. Dieser Statthalter sorgt dafür, dass Krieg, Knechtschaft, Folter und Ausbeutung nicht ewig währen. So beendete dieser Statthalter auch das 1.000-jährige Reich nach nur 12 Jahren. Er sorgt dafür, dass nach einer dunklen, schweren Zeit die Sonne wieder aufgeht und neues Leben aufblühen kann. Aber diese Vorstellung zeigt nur eine Facette der Zeit.

Im Alten Testament gibt es einen Mann, der sich auch Gedanken über die Zeit macht. Er befindet sich in großer Not. Seine Freunde haben ihn verlassen. Er wird von Feinden umlagert, die ihn schmähen. Ihm droht wohl ein Attentat. Er ist zweifelsohne in Lebensgefahr. Aber er verflucht die Zeit, in der er das erleben muss, nicht. Er macht auch dieser belastenden Zeit nicht eigenmächtig ein Ende. Vielmehr bedenkt er seine Zeit im Lichte des Glaubens. Es wird ihm klar, dass es keine Zeiten gibt, die Gott nicht kennt. Er weiß, dass Gott als einziger die Zeit kennt, die nach der bösen Zeit kommt. Er macht sich fest in Gott und sagt: Bei allen Schmähungen und Belastungen: „Ich aber, Herr, hoffe auf dich und spreche: Du bist mein Gott! Meine Zeit steht in deinen Händen" (Ps 31,15 f.). Damit gibt er zu verstehen: Was mir auch zustößt, ich kann nicht tiefer fallen als in Gottes Hand. Auch in extremer Gefahr sind wir geborgen in seinen Händen. Der Psalmdichter drückt es mit einem poetischen Bild aus: „Nähme ich Flügel der Morgenröte und bliebe am äußersten Meer, so würde auch dort deine Hand mich führen und deine Rechte mich halten" (Ps 139,9 f.)

Ich denke, diese Gewissheit könnte auch uns als Anleitung dienen, behutsam mit der Zeit umzugehen. Alles, was wir mit der geschenkten Zeit machen, machen wir innerhalb dieser Hände Gottes. Wir können die geschenkte als kostbare Zeit ausschöpfen, sorgsam und überlegt mit ihr umgehen, mit den Tagen, Stunden und Augenblicken, um sich so auch mit den Grenzen unserer Zeit anzufreunden. Jedem Tag sein eigenes Recht zu geben, dem Spiel, dem Gespräch, dem Planen, der Arbeit, der Fröhlichkeit, der Ruhe und dem Nachdenken. Nach Möglichkeit nichts tun, dessen Wiederholung man nicht wünschen könnte. Andreas Gryphius hat diese Gedanken in einen kleinen Reim gebracht: „Mein sind die Jahre nicht, die mir die Zeit genommen. Mein sind die Jahre nicht, die etwa mögen kommen. Der Augenblick ist mein, und nehm' ich den in Acht, so ist der mein, der Zeit und Ewigkeit gemacht." Ich wünsche uns, dass wir noch viele dieser gefüllten und gesegneten Augenblicke erleben und genießen dürfen und dass wir dabei den neu erfahren, der unsere Zeit bedacht und liebevoll in seinen Händen hält. Amen.

EIN JEGLICHES HAT SEINE ZEIT … – EINFÜHRUNG IN DIE ZEIT UND DIE GEDANKENWELT DES PREDIGERS SALOMO (KOHELET)

Bibelarbeit im Frauenabendkreis Bad Berleburg und
in der landeskirchlichen Gemeinschaft Erndtebrück
im Herbst 2017

Wir kennen das Buch unter dem Namen „Der Prediger Salomo". Es steht im Alten Testament, in der Hebräischen Bibel, und gehört zu den fünf Meggilot, den Festrollen, die jeweils zu den fünf verschiedenen Festen in der Synagoge verlesen werden. Unser Buch wird bis heute zum Laubhüttenfest vorgetragen. Mit der Übersetzung „Prediger" Salomo gibt Luther das hebräische Wort „Kohelet" wieder, das so viel heißt wie Versammlungsredner oder -leiter. In 1,12 heißt es weiter: „Ich, Kohelet (Prediger), war König über Israel zu Jerusalem." Kohelet wird also mit dem König Salomo gleichgesetzt, der als Inbegriff eines Weisen schlechthin galt. Dieser vermutlich später eingefügten Verfasserschaft verdankt das Buch die Aufnahme in den hebräischen und dann auch in den christlichen Kanon der alttestamentlichen Schriften. Der eigentliche Verfasser ist unbekannt.

Das Buch „Prediger Salomo" gehört gewiss zu den weniger bekannten Büchern des Alten Testaments. Ein einziger Text aus diesem Buch stand auf dem früheren Predigtplan, am 24. Sonntag nach Trinitatis, der nur alle 30 Jahre überhaupt vorkam. Im Gottesdienst habe ich den Prediger Salomo nicht ausgelegt, wohl aber habe ich das Buch bei zwei völlig entgegengesetzten Anlässen verwendet. Bei Trauerfeiern habe ich den weithin bekannten Text in Kapitel 3 ausgelegt: „Ein jegliches hat seine Zeit, und alles Vorhaben unter dem Himmel hat seine Stunde. Geboren werden hat seine Zeit, sterben hat seine Zeit; pflanzen hat seine Zeit, ausreißen, was gepflanzt ist, hat seine Zeit; töten hat seine Zeit, heilen hat seine Zeit …". Oder ich habe bei seltenen herausgehobenen und freudigen Anlässen, wie etwa bei Trauungen, den bekannten Text in 9,7 ff. gewählt: „So geh hin und iss dein Brot mit Freuden, trink deinen Wein mit gutem Mut; denn dies dein Tun hat Gott schon längst gefallen. Lass deine Kleider immer weiß sein und lass deinem Haupte Salbe nicht mangeln. Genieße dein Leben mit deinem Weibe, das du liebhast, solange du das eitle Leben hast, das dir Gott unter der Sonne gegeben hat; denn das ist dein Teil am Leben …".

Trotz der relativ seltenen Verwendung hat das Buch eine äußerst starke Wirkungsgeschichte, es ist in Kultur, Film und Musik eingegangen. Es gibt eine ganze Reihe geflügelter Worte in dem Buch: „Alles ist eitel" (1,2), „Ein lebender Hund ist besser als ein toter Löwe" (9,4), „Weh dir, Land, dessen König ein Kind ist" (10,16), „Das sind die bösen Tage und Jahre, da du sagen wirst: Sie gefallen mir nicht" (12,1). Die Rockgruppe „Die Puhdys" beziehen sich in einem Album auf 3,1ff. „Ein jegliches hat seine Zeit" (2005). Oder der amerikanische Erfolgsautor John Grisham schreibt einen Justizroman „A Time to Kill" (1989). Die Reihe der Bezugnahmen auf Kohelet ist endlos, vor allem das Motiv „Alles ist eitel / Windhauch", auf das ich gleich zurückkomme, sticht hervor. Ja, man kann sagen, das Buch hat kulturgeschichtliche Bedeutung.

In der Theologie ist der Prediger Salomo in den letzten Jahrzehnten regelrecht neu entdeckt worden. Das Buch zeigt jedenfalls eine erstaunliche Aktualität zu unseren Fragen, zu den Fragen der Moderne, mischt sich als unüberhörbare Stimme ins Gespräch, hinterfragt den Zeitgeist und die Selbstverständlichkeiten des alltäglichen Lebens.

Wer ist nun dieser Anonyme, den wir unter dem Namen Prediger Salomo bzw. Kohelet kennen? Wie ich schon sagte: Die Zuweisung in der Überschrift und 1,12 möchte den König Salomo als Vater der Weisheit würdigen. Aber eine königliche Hand hat das Buch sicherlich nicht geschrieben. Denn später werden aus der Sicht der kleinen Leute die Könige heftig kritisiert. Außerdem kann man aus der Sprache und dem historischen Hintergrund des Buches ableiten, dass es erst spät, Jahrhunderte nach Salomo, entstanden ist. Jerusalem war damals griechische Provinz unter den Ptolemäern. Die Könige residierten in Alexandria und beuteten das Land nach allen Regeln der Kunst aus. Die Abgabenlast war unerträglich. Man legitimierte die Ausbeutung mit der Vorstellung: das ganze Land gehöre dem König als Privatbesitz. Es gab eine aufgeblähte, viel Geld verschlingende Verwaltung mit einer Hierarchie von Beamten, die das Eintreiben der Steuern überwachte. Die Zollpächter kamen aus den reicheren Schichten im Lande – ein kluger politischer Schachzug zur

Aufrechterhaltung des Systems! Leidenschaftlich, mitunter sarkastisch protestiert Kohelet gegen die Unterdrückung der Armen.

> „Ich habe alles beobachtet, was unter der Sonne getan wird, um Menschen auszubeuten. Sieh, die Ausgebeuteten weinen und niemand tröstet sie; von der Hand ihrer Ausbeuter geht Gewalt aus, und niemand tröstet sie [...]. Wenn du beobachtest, dass in der Provinz die Armen ausgebeutet und Gericht und Gerechtigkeit nicht gewährt werden, dann wundere dich nicht über solche Vorgänge: Ein Mächtiger deckt den anderen und hinter beiden stehen noch Mächtigere" (4,1 und 5,7).

Der Verfasser, ein Weisheitslehrer, ist also zugleich ein wachsamer Zeitgenosse, der sozialkritisch und skeptisch auf seine Zeit blickt. Vielleicht ist er in Jerusalem oder Alexandria aufgetreten. Vieles spricht dafür, dass das Buch in der frühen hellenistischen Zeit entstanden ist, also im 2. oder 3. vorchristlichen Jahrhundert.

Das Buch ist insgesamt nur locker gegliedert. Trotzdem lassen sich die Grundgedanken zusammenstellen, die immer wieder neu anklingen, variiert werden und die Leserinnen und Leser in ihren Bann ziehen. Wenden wir uns nach den Vorbemerkungen der Botschaft des Buches zu!

Immer wieder umkreist Kohelet die allgemein menschliche Grunderfahrung der Vergänglichkeit: „Windhauch, Windhauch, sagte Kohelet, Windhauch, Windhauch, das ist alles Windhauch. Welchen Vorteil hat der Mensch von all seinem Besitz, für den er sich anstrengt unter der Sonne" (1,2 f.). Ich habe das hebräische Wort *hebel* mit Windhauch wiedergegeben und nicht interpretiert, abstrahiert und so verkürzt. Denn ein Windhauch, den man kaum spürt, der so schnell verweht und vorüber ist, ja hinterher wie eine Täuschung, wie eine Lüge und ein Nichts erscheint, ist ein starkes, kaum zu übertreffendes Bild. Die Übersetzer haben hier auch andere Begriffe gewählt wie: vergänglich, nichtig, Wahn, sinnlos, absurd usw. Insgesamt kommt das Wort 37 Mal im Buch vor und bezeichnet eins der Hauptthemen des Autors, das unerbittliche Vergehen, die Wechselhaftigkeit des Lebens, das, was die Griechen als das „Tragische" bezeichnet haben, das Abschiednehmen vom „Fest des Lebens", die Betrachtung der Dinge im „Schein der Ewigkeit" ...

Das Buch Prediger Salomo, ursprünglich in Hebräisch und Aramäisch geschrieben, ist schon in der Antike übersetzt worden. Und gerade die lateinische Übersetzung schuf einen Traditionsstrom, der über Kunst und Literatur bis heute ein oft verschwiegenes Lebensgefühl ausdrückt. Das Sätzlein „Alles ist eitel, nichtig oder Windhauch" übersetzt die Vulgata mit: *Vanitas vanitatum, et omnia vanitas. Vanitas* heißt ‚Nichtigkeit, Vergänglichkeit, Leere, Eitelkeit', aber auch Vergeblichkeit, Überheblichkeit, Prahlerei, Misserfolg. In der Anwendung dieses weiten und breiten Begriffs wurde bereits im Mittelalter die Unbeständigkeit und Wechselhaftigkeit des Lebens, die Sterblichkeit und das *Memento mori* in Puppenspielen und Schauspielen, in Totentanz-Darstellungen und in unzähligen Bildern aufgenommen, die das blühende Leben und den Schädel, das junge Mädchen und den Tod nebeneinander stellten. Wird ein neuer Papst in sein Amt eingeführt, wird ihm seit dem 16. Jahrhundert beim Betreten der Peterskirche dreimal zugerufen: *Sic transit gloria mundi* – „So vergeht der Ruhm der Welt". Diese Mahnung entspricht dem Geist des „Predigers". Oder Andreas Gryphius formuliert in dieser Tradition mitten im 30-jährigen Krieg „Es ist alles eittel":

> „Du sihst, wohin du sihst, nur eitelkeit auff erden. Was dieser heute bawt, reist jener morgen ein: Wo itzund städte stehn, wird eine wiese sein, Auff der ein schäffers kind wird spilen mitt den heerden. Was itzund prächtig blüht sol bald zutretten werden. Was itzt so pocht und trotzt ist morgen asch und bein. Nichts ist das ewig sey, kein ertz kein marmorstein. Itzt lacht das Gluck uns an, bald donnern die beschwerden."

Maler bedienen sich einer Vielzahl von Symbolen, um versteckt auf die *vanitas* zu verweisen: die erloschene Kerze, das leere Glas, die verblühte Rose oder Tulpe, die Sanduhr usw. Diese Linie zieht sich bis in unsere Zeit. Denken wir an die Szenarien von Katastrophen-Filmen oder an die Horror-Literatur seit Mary Shelleys Frankenstein, die Präsenz vom Untergang in Titanic-Filmen usw. „Alles ist Windhauch, alles ist *vanitas*": ist also ein Ausgangspunkt bzw. eine Inspirationsquelle, um ein immer neu aktualisiertes Zeitgefühl einer Epoche zur Darstellung zu bringen.

Eine ganz ähnliche Betrachtung der Dinge kommt in einer anderen Aussage zum Ausdruck: „Es gibt nichts Neues unter der Sonne" (1,8). Ich sage es jetzt einmal bildlich: Hier greift Kohelet zu einem Fernglas, dreht es herum und schaut aus großer Distanz auf die Ereignisse und deren Lauf, auf das Auf-und-Ab der Dinge. Wer kennt es nicht? Kriege und Friedenszeiten, glanzvolle Blütezeiten und schreckliche Katastrophen, steile Karrieren und plötzliche Insolvenzen, Aufbau und Trümmer, sportliche Siege und Niederlagen, schwindelerregende Gipfelstürmerei und furchtbare Abstürze, technische Höchstleistungen und Untergänge geben einander die Hand. Kohelet reicht den Lesern gewissermaßen dieses Fernglas: Dreh es um, schau hinein und schau auf die Dinge aus großer Entfernung, wie sie sich zeigen! Sieh die Dinge einmal im „Schein der Ewigkeit": Da ist nichts Neues unter der Sonne. Ich weiß, in der historischen Forschung gilt das Gegenteil. Hier wird der Grundsatz vertreten: Jedes geschichtliche Ereignis sei einzigartig, habe andere Bedingungen, eine andere Entstehungsgeschichte usw. Kohelet lässt sich nicht beirren, die Distanz muss nur groß genug sein. Krieg- und Friedenszeiten lösen sich ab, Reiche entstanden und zerfielen, Epidemien wüteten und ebbten ab ... Das ist der Lauf der Zeit wie zu den Gezeiten Ebbe und Flut gehören.

Ich selbst schaue gerne einmal umgekehrt durchs Fernglas und teile so Kohelets Optik. Der Blick aus großer Distanz tut mitunter gut und fördert durchaus die „sinnstiftende Orientierung" (Gerald Hüther). Die täglichen Nachrichtensendungen und Eilmeldungen mit ihrer Fokussierung auf die Brandherde in aller Welt, auf Straßenschlachten mit Toten, Überschwemmungen, Erdbeben, Fehlentscheidungen von Regierungen, Korruption, Bürgerkriege, Invasionen, Massakern usw. sind bedrückend, ja oft unerträglich. So frage ich mich und ich kenne die Frage auch von anderen: Passt das alles noch auf die emotionale Landkarte meiner und unserer Gefühle? Diese „Landkarte" ist nämlich nicht global, sondern sehr begrenzt. Sollte man sich wirklich alltäglich oder allabendlich der Bilderflut und den Negativnachrichten aussetzen? Hier schafft jedenfalls Kohelets distanzierter Blick Luft, gibt Raum zum Nachdenken, ja, führt letztlich ins Gebet und zur Tat des Naheliegenden. Sein distanzierter Blick auf die Politik und Geschichte wirkt befreiend. Während die ständige Aktualität, das Bombardement der Schlagzeilen bedrückt, lähmt und ein Gefühl der Ohnmacht hinterlässt. Gerade heute in der medialen Welt der Bilder- und Nachrichtenflut tut es gut, die Ereignisse einmal im „Scheine der Ewigkeit" zu betrachten.

Diese Betrachtung führt bei Kohelet keineswegs in die Resignation. Gegen die Windhauchoptik und das Auf-und-Ab in der Geschichte und Gegenwart stellt Kohelet erstaunt die beständige Herrlichkeit und Harmonie der Welt und ihrer Ordnungen. Mit bunten Bildern beschreibt er den Wasserkreislauf und das Naturschauspiel der Winde, bis hin zur Spitzenaussage: „Die Erde steht in Ewigkeit“ (1,4), da kannst du vor Anker gehen! Es gibt Saat und Ernte, Frost und Hitze, Sommer und Winter, Tag und Nacht. Hierhin gehört übrigens auch sein kühles und beruhigendes Wort: „Alle Wasser laufen ins Meer“ (1,7), so als wollte er sagen: Ruhig Blut, behalt einen kühlen Kopf! Also mit der Verlässlichkeit der Schöpfung, dass jeden Morgen neu die Sonne aufgeht und der Regen sicher irgendwann kommt, damit kontrastiert er die Vergänglichkeit der Menschen. Der Mensch hat allerdings nur einen kurzen Auftritt auf der Bühne dieser Welt. Ich bin fest überzeugt, dass Kohelet die griechische Kosmos-Vorstellung kannte und teilte. Kosmos heißt bei den Griechen die schöne, wohlgeordnete Welt, Schmuck, Glanz, Ehre.

Allerdings ist ihm der überkommene Glaube an Gott an einigen Stellen brüchig geworden. Er gibt den Glauben an Gott keineswegs auf. Aber Gottes Wirklichkeit hat sich ihm in mancher Hinsicht verdunkelt. Es gibt zu viele Fragen, auf die er keine Antwort weiß. Hören wir ihn selbst!

> „Freilich kenne ich das Wort: Denen, die Gott fürchten, wird es gut gehen, weil sie sich vor ihm fürchten; dem, der das Gesetz übertritt, wird es nicht gut gehen und er wird kein langes Leben haben, gleich dem Schatten, weil er sich nicht vor Gott fürchtet. – Doch es gibt etwas, das auf der Erde getan wurde und Windhauch ist: Es gibt gesetzestreue Menschen, denen es so ergeht, als hätten sie wie Gesetzesbrecher gehandelt; und es gibt Gesetzesbrecher, denen es so ergeht, als hätten sie wie Gesetzestreue gehandelt. Ich schloss daraus, dass auch dies Windhauch ist“ (8,12–14).[17]

Wir alle kennen den Psalm 1. Da heißt es noch: „Wohl dem, der nicht wandelt im Rat der Gottlosen, noch tritt auf den Weg der Sünder, noch sitzt, wo die Spötter sitzen, sondern Lust hat am Gesetz des Herrn und sinnt über seinem Gesetz Tag und Nacht! Der ist wie ein Baum, gepflanzt an den Wasserbächen, der seine Frucht bringt zu seiner Zeit, und seine Blätter verwelken nicht. Und

17 Zitiert nach Franz-Josef Ortkemper, Alles Windhauch. Kohelet – ein Querdenker in der Bibel, Neukirchen-Vluyn 2005, 82f.

was er macht, das gerät wohl" (Ps 1,1–3). Kohelet setzt dagegen eine ganz andere Erfahrung: Die Welt ist voller Widersprüche. Egoistische brutale Menschen, die sich rücksichtslos durchsetzen, erfreuen sich eines langen, von Gesundheit strotzenden Lebens. Und es gibt wunderbare, sympathische Menschen, die sich für das soziale Zusammenleben wer-weiß-wie einsetzen, die aber einen Schicksalsschlag nach dem anderen erleben. Dem Frevler geht es so gut wie dem Gerechten. Den Weisen trifft dasselbe Los wie den Toren. Zwischen beiden macht der Tod keinen Unterschied. Und auch nach dem Leben ist für den Menschen keine ausgleichende Gerechtigkeit zu erwarten. Denn in der Unterwelt, so sagt er, gibt es nur Vergessen (vgl. 9,5). Für die „alte Weisheit" galt der Tat-Ergehen-Zusammenhang noch als Grundsatz, auf dessen Basis man die soziale Welt sicher deuten konnte. Diese Deutung ist für ihn zerbrochen.

Damit hängt für Kohelet noch etwas anderes zusammen: Die Welt ist für ihn, den Weisheitslehrer, insgesamt undurchschaubar geworden. Der Mensch ist zu gering, sein Verstand zu begrenzt, um die Fülle und Widersprüchlichkeit der Wirklichkeit angemessen zu erfassen und einzuordnen (vgl. 2,13–17). Übrigens behauptete Albert Einstein mehr als 2000 Jahre später nichts anderes. Sagte er doch einmal dem Sinne nach: Wenn wir Wissenschaftler eine Tür (der Erkenntnis) aufstoßen, betreten wir einen Raum mit sieben neuen verschlossenen Türen. Wegen der Vergesslichkeit der Menschen beurteilt Kohelet auch den Wissenserwerb skeptisch: „[…] man gedenkt der Weisen nicht für immer, ebenso wenig wie des Toren, und in künftigen Tagen ist alles vergessen. Wie stirbt doch der Weise samt dem Toren" (2,16).

Auch das Tun Gottes kann niemand enträtseln: „Als ich meinen Sinn darauf richtete, Weisheit zu lernen und die Dinge zu beobachten, die auf Erden geschehen, da erkannte ich, dass es dem Menschen unmöglich ist, das ganze Tun Gottes zu ergründen, alles, was unter der Sonne geschieht, ob auch bei Tag und bei Nacht in seine Augen kein Schlaf kommt. Denn wie immer der Mensch sich abmüht, zu suchen, er ergründet es nicht; und selbst wenn der Weise es zu verstehen meint, er kann es doch nicht ergründen" (8,16 f.; zitiert nach der Zürcher Bibel).

Also auch der sich um Erkenntnis Bemühende steht letztlich unter einem geheimnisvoll verschlossenen Himmel. Gott bleibt in seinem Tun größer, anders, rätselvoller, unverständlicher, abgründiger als wir uns das normalerweise eingestehen. Darum: „Sei nicht vorschnell mit deinem Munde, und dein Herz übereile sich nicht, etwas von Gott zu reden; denn Gott ist im Himmel, und du bist auf Erden" (5,1; zitiert nach der Zürcher Bibel). Hier wird etwas Grundsätzliches zu unserer Vorstellung und Rede von Gott gesagt. Der hier angesprochene „unendliche qualitative Unterschied" von Gott und Mensch war das große Thema und Anliegen von Karl Barth und seinen Mitstreitern. Gott ist und bleibt der ganz Andere, der sich all unseren spekulativen Zugriffen und Bildern entzieht. Und Sören Kierkegaard hat einmal treffend gesagt, dass gerade „die direkte Kenntlichkeit" für Götzen charakteristisch sei. Karl Barth hat darum einmal geschrieben, nicht die Menschengedanken über Gott seien entscheidend, sondern die rechten Gottesgedanken über den Menschen, das heißt, dass Gott uns kennt, liebt, begleitet und tröstet. Philipp Melanchthon hat einmal ganz ähnlich diese doppelte Erkenntnis sehr schön in einem Wort zusammengefasst: „Wir können von Gott nicht sagen, wie er an sich ist, wir können nur sagen, was er an uns tut." Auch das Kohelet-Buch hat zu diesen wichtigen Einsichten beigetragen, Einsichten von bleibender Bedeutung, die zur Selbstkritik des Glaubens anleiten.

Kohelet spricht mehrfach von der Gottesfurcht. Auch diesem Begriff zeichnet er die Unerkennbarkeit Gottes ein. Mit Ehrfurcht vor Gott meint er nicht, dass wir vor Gott Angst haben sollen, sondern dass wir uns dem geheimnisvollen Gott anvertrauen – trotz seiner Unergründbarkeit und der vielen offenen Fragen.

Hier gerät Kohelet ganz in die Nähe von Ps 103: „Denn so hoch der Himmel über der Erde ist, lässt er seine Gnade walten über denen, die ihn fürchten" (Ps 103,11). Aber es kommt noch etwas hinzu: Ich sagte ja schon: Kohelet sieht überall die Vergänglichkeit, den Windhauch, trotzdem verfällt er nicht in Depression und Verzweiflung. Der Mensch findet durchaus Lebenssinn und Glück und das ist für ihn eine Gabe Gottes, reines Geschenk, denn „nicht im Menschen selbst gründet das Glück" (2,24).

Darum noch einmal die Worte, die ich anfangs zitierte: „Geh, iss mit Freuden dein Brot und trink deinen Wein mit fröhlichem Herzen; denn längst hat Gott dein Tun gebilligt. Trage allezeit weiße Kleider und lass deinem Haupte das Öl nicht mangeln. Genieße des Lebens(!) mit dem geliebten Weibe alle die

Tage des flüchtigen Daseins, das dir verliehen ist unter der Sonne; denn das ist dein Teil am Leben und für die Mühe, womit du dich abmühst unter der Sonne. Alles, was du tun kannst, das tue nach deinem Vermögen, denn in der Unterwelt, wohin du gehst, gibt's nicht Schaffen noch Planen, nicht Erkenntnis noch Weisheit mehr" (9,7–10; zitiert nach der Zürcher Bibel). Die schönen Dinge des Lebens als Geschenk Gottes dankbar genießen, immer im Wissen um die Begrenztheit des eigenen Lebens, das ist sicher mehr als ein oberflächliches „genieße den Tag". Auffällig ist auch sein Plädoyer für das werktätige Leben: Alles, was dir Gott vor die Füße legt, das tu! Pack's an! Arbeit ist Kreativsein, Sinngebung, Erfüllung. Kohelet steht voll in der Tradition der alttestamentlichen Schöpfungsfreude. So in 8,15: „Darum pries ich die Freude; denn es gibt für den Menschen nichts Gutes unter der Sonne als essen und trinken und fröhlich sein. Das begleite ihn bei seiner Mühsal die ganze Zeit seines Lebens, das Gott ihm gegeben unter der Sonne." Man könnte also durchaus im Sinne Kohelets sagen: Wer den Genuss verweigert, würde Gottes Geschenk und seine Schöpfungsgaben ausschlagen und das käme einem Akt des Unglaubens gleich.

Wie auch sonst in der Hebräischen Bibel werden die Gaben Gottes als Ausdruck einer ganz diesseitigen lebensdienlichen Güte Gottes verstanden. Was die Dimensionen von Zeit und Ewigkeit betrifft, die immer mit dem aktiven Leben verbunden sind, so kommt Andreas Gryphius dem Prediger sehr nahe: „Mein sind die Jahre nicht, die mir die Zeit genommen. Mein sind die Jahre nicht, die etwa möchten kommen. Der Augenblick ist mein und nehm' ich den in Acht, so ist der mein, der Zeit und Ewigkeit gemacht." Der in Acht genommene Augenblick, sei er gefüllt mit Arbeit und Genuss – dies führt für Kohelet in die Dankbarkeit, hier erfahren die Dankenden die Gnade, besser: die konkreten Gnadengaben Gottes. In diesem Sinne könnte er sagen: Schöpfer, wie kommst du uns Menschen so nah!

Ich komme zum Schluss noch einmal auf den wohl bekanntesten Text im Buch Kohelet zurück, auf das Gedicht 3,1–9:

> „Ein jegliches hat seine Zeit, und alles Vorhaben unter dem Himmel hat seine Stunde: geboren werden hat seine Zeit, sterben hat seine Zeit; pflanzen hat seine Zeit, ausreißen, was gepflanzt ist, hat seine Zeit; töten hat seine Zeit, heilen hat seine Zeit; abbrechen hat seine Zeit, bauen hat seine Zeit;

weinen hat seine Zeit, lachen hat seine Zeit; klagen hat seine Zeit, tanzen hat seine Zeit; Steine wegwerfen hat seine Zeit, Steine sammeln hat seine Zeit; herzen hat seine Zeit, aufhören zu herzen hat seine Zeit; suchen hat seine Zeit, verlieren hat seine Zeit; behalten hat seine Zeit, wegwerfen hat seine Zeit; zerreißen hat seine Zeit, zunähen hat seine Zeit; schweigen hat seine Zeit, reden hat seine Zeit; lieben hat seine Zeit, hassen hat seine Zeit; Streit hat seine Zeit, Friede hat seine Zeit. Man mühe sich ab, wie man will, so hat man keinen Gewinn davon."

Auf den ersten Blick steht dieses Gedicht dem heutigen Lebensgefühl völlig fremd gegenüber. Doch wenn man am Ende eines gelebten Lebens auf die Geschichte, auf die Biographie eines Menschen zurückblickt, rührt er sofort an eine Grunderfahrung. Wie ist das Leben tatsächlich im Auf-und-Ab dahingeflossen! Das Gedicht öffnet den Lesenden und Hörenden einen breiten Spielraum zur Deutung und Identifikation, sich in den Worten wiederzufinden. Das Leben wird erlebt und erlitten, es gibt Höhen und Tiefen, tragische Ereignisse, die sich nicht ausschließen lassen, und Entscheidungen, deren Konsequenzen erst später sichtbar und bedrückend werden. Darum die ständige Kontrastierung. Anders gesagt: Jedes Glück und jedes Ding hat seine Zeit. Jeder Schmerz und jedes Leid hat auch ein Ende.

Allerdings ist für den Prediger die Welt und alles Geschehen rätselhaft und undurchschaubar. Unmittelbar nach dem Gedicht sagt er: „Gott hat alles schön gemacht zu seiner Zeit, auch hat er die Ewigkeit in ihr Herz gelegt; nur dass der Mensch nicht ergründen kann das Werk, das Gott tut, weder Anfang noch Ende" (3,11). Diese Skepsis gegenüber unserem Erkenntnisvermögen können wir zum Teil bestätigen. Wie schwer ist es mitunter, „im Dunkel des jeweils gelebten Augenblicks" (Ernst Bloch) eine weitreichende Entscheidung zu treffen! Wie oft müssen wir dem alten Sprichwort recht geben: „Was der Weber webt, das weiß er nicht." So sieht Kohelet einerseits den Menschen seinen Weg gehen vor der Sinnverschlossenheit von Gott und Welt, andererseits versteht er die Welt als schöne und vollkommene Schöpfung Gottes, die viele Glückserfahrungen für den Menschen bietet, die er genießen darf. Wiederholt weist er auf diese zwiespältige Erfahrung hin und fordert auf, „fröhlich zu sein und es gut zu haben im Leben" (3,12). Für den Prediger heißt das, wie auch immer im Hier und Jetzt zu leben, sich auf den Augenblick einzulassen, was er auch immer für mich bereithält, das Auf-und-Ab in heiterer Gelassenheit anzunehmen, den Augenblick mit dankbarem Herzen gegenüber dem Geber aller Gaben auszukosten.

Ich versuche, diese sich nicht in Gedanken verlierende, diesseitige Lebenshaltung mit einem Beispiel zu konkretisieren. Die Entwicklung in den letzten Jahrzehnten, unsere allmähliche Umstellung unserer Lebensgewohnheiten, die Nutzung der Handys und Smartphones, der moderne Lebensstil in der digitalisierten Welt, die Allgegenwärtigkeit der Medien, Nachrichten und Informationen im Internet, das globale Zusammenwachsen und die Nutzung einer beispiellosen Mobilität ermöglichen eine nie dagewesene Horizontweitung und erleichtern elementare Lebensvollzüge: Wer könnte das bestreiten? Aber diese Entwicklung kann uns auch in die Entfremdung führen, derart, dass wir uns aus dem geselligen Umfeld in einen elfenbeinernen Turm begeben. Sie kann dazu führen, den Resonanzkörper Schöpfung, die einfache Begegnung mit Natur, Tier und Menschen zu versäumen, und wir würden damit auch die primären Glückserfahrungen verpassen, auf die der Prediger verweist. Es gehört ebenfalls zu den fraglosen Selbstverständlichkeiten Kohelets, Einsamkeit und Trauer, Schmerz und Verlust an sich heranzulassen, um so auch Krisen, das Scheitern und Niederlagen gefühlsmäßig und gedanklich zu durchleiden und zu überwinden, um dann auch die Höhepunkte des Lebens als Höhepunkte und Festtage zu erleben. Hier wird Kohelet auf einmal überraschend aktuell. Er korrigiert den oberflächlich verstandenen Appell *Carpe diem* und vertieft seinen Sinn. Das von dem römischen Dichter Horaz stammende Wort wird ja in der Regel mit „Genieße den Tag“ übersetzt. Wörtlich übersetzt heißt dieses geflügelte Wort aber: „Pflücke den Tag!“. Das der Redewendung zugrundeliegende Bild stammt also aus dem sinnlichen Erleben der Schöpfung. Bei der Ernte, beim Pflücken von Kirschen, Erdbeeren oder Hopfen genießen wir den Tag, also bei den einfachen Dingen, in die Gott, so sagt der Prediger in 3,11, seine Ewigkeit hineingelegt hat. Ich bin überzeugt, dass Kohelet dem Dichter Andreas Gryphius zugestimmt hätte, der gesagt hat, dass wir im bewusst und mit dankbarem Herzen erlebten Augenblick dem begegnen können, „der Zeit und Ewigkeit gemacht“ hat.

Blicken wir kurz zurück! Ich habe mich bemüht, Kohelet nicht auf eine Rolle festzulegen, auf die eines Skeptikers, eines Pessimisten, eines Querdenkers oder eines Melancholikers. Diese verallgemeinernden Begriffe, die man immer wieder liest, werden seinem differenzierten und widersprüchlichen Denken nicht gerecht. Seine Aussagen fordern heraus und strapazieren mitunter, ja, aber sein Denken hat zweifellos kulturgeschichtliche Anstöße gegeben und Kohelet verleiht durchaus auch dem heutigen Zeitgefühl Sprache und macht Deutungsangebote. Es bleiben allerdings nach der Auslegung Fragen. Wird nicht der Lobpreis des Gebers aller Gaben in den Psalmen, etwa in Psalm 103 oder 104, mit hellerer, freudigerer und dankbarerer Stimme vorgetragen? Und trösten nicht die Worte etwa von Psalm 73 die Trauernden und Leidtragenden ungleich tiefer: „Wenn mir gleich Leib und Seele verschmachtet, so bist du doch, Gott, allezeit meines Herzens Trost und mein Teil“? Schließlich muss ich fragen, ob nach Auschwitz noch Aussagen wie die in 1,8 vertretbar sind: „Es gibt nichts Neues unter der Sonne.“ Gerade wir Deutschen sollten an den Zivilisationsbruch des Holocaust erinnern, der sich nirgends einreihen lässt. Das sind einige Anfragen, es gibt weitere, über die wir uns gleich unterhalten können.

DAS HAUSABENDMAHL – EINE URCHRISTLICHE TRADITION

Bericht aus dem Gemeindebrief
der Ev. Kirchengemeinde Wunderthausen-Diedenshausen
Sommer 2015

„Sie blieben beständig in der Lehre der Apostel und in der Gemeinschaft und im Brotbrechen und im Gebet." (Apg 2,42)
„Wo zwei oder drei versammelt sind in meinem Namen, da bin ich mitten unter ihnen." (Mt 18,20)

Was eine Gemeinde ausmacht, das sind nicht nur ihre Kirchengebäude, ihre Gottesdienste oder die Anzahl und die Aktivitäten ihrer Kreise. Dies alles ist für das öffentliche Erscheinungsbild der Gemeinde zweifellos wichtig, aber es gibt auch ganz unscheinbare Lebenszeichen einer Gemeinde, die mitunter übersehen werden. Von einer solchen Tradition möchte ich im Folgenden erzählen, ein Lebenszeichen, das ich erst in unserer Gemeinde kennengelernt habe. Ich meine das Hausabendmahl.

Als ich im Herbst 1982 meinen Dienst in der Gemeinde begann, stieß ich bald im Pfarrhaus auf einen kleinen Lederkoffer, den offensichtlich einer meiner Vorgänger im Pfarramt angeschafft hatte. Was sollte es damit auf sich haben? Ich schaute nach. Er enthielt ältere Abendmahlsgeräte. Einen kleinen silbernen Kelch und einen Brotteller. Mir wurde klar, dass das Hausabendmahl in der Gemeinde beheimatet war. Und es dauerte auch nicht lange und ich bekam die erste Einladung zu einem Hausabendmahl. Mein damaliges Gottesdienstbuch, die Agende, enthielt sogar ein Formular für den Ablauf eines Hausabendmahls und ich machte mich vorher ein wenig schlau über die Herkunft und Bedeutung des „Abendmahls außerhalb des Gottesdienstes".

Manche Menschen würden gerne an der Abendmahlsfeier in der Kirche teilnehmen, sie können aber nicht mehr zum Gottesdienst kommen, weil es eine Krankheit, eine Einschränkung, das Alter oder äußere Umstände nicht erlauben. Da aber das Sakrament der Mahlfeier als „Wegzehrung“ und als „Mahl der Gemeinschaft“ ganz wichtig zur Stärkung des Glaubens ist, sollten auch alle Christinnen und Christen die Gelegenheit bekommen, am Abendmahl teilzunehmen.

Ich wurde also von den Familien eingeladen, zunächst von der alteingesessenen Familie B. Die betagte F. B. war seit dem 16. Lebensjahr blind. Damals lernte ich sie kennen, hörte von ihrem schweren Schicksal und merkte auch, wie wichtig ihr die häusliche Abendmahlsfeier, aber auch mein Besuch und das der Feier vorangehende Gespräch waren. Der Bruder, die Schwägerin und die Nichte nahmen ebenfalls an der Feier teil. Später erzählte mir die Nichte, wie sie als Kind die Abendmahlsfeier erlebt hat, wenn etwa Pastor K. ins Haus kam, wie überlegt und liebevoll alles vorbereitet wurde, besondere Kleidung angezogen und der Tisch feierlich gedeckt wurde. Sie sagte, die Abendmahlsfeier hätte zu den für sie unvergessenen, ganz großen Augenblicken im alltäglichen Familienleben gehört. Ich habe besonders bei F. B. gespürt, wie das Abendmahl eine durch Krankheit Ausgeschlossene aus ihrer Isolierung herausgeholt und sie in die Gemeinschaft mit Christus und mit unserer ganzen Gemeinde hineingestellt hat.

Auch in anderen Häusern habe ich regelmäßig, mindestens einmal im Jahr, oft um Ostern, zu Pfingsten oder zum Erntedankfest, das Abendmahl gereicht. Immer war die Feier eingerahmt von einem ausgedehnten Gespräch, jeder erzählte Neues, wie es ihm inzwischen ergangen sei, ich berichtete aus dem Gemeindeleben. Nach der eigentlichen Abendmahlsfeier gab es meistens köstlich zubereitete Schnittchen für alle Teilnehmer. Man blieb noch eine Weile zusammen und verabschiedete sich dann.

Über viele Jahre habe ich regelmäßig zweimal im Jahr das Abendmahl im „Höfchen“ gereicht. A. H. saß im Rollstuhl und wurde von A. S. und R. S. betreut, die als Vertriebene kurz nach dem Kriegsende ins Haus kamen. Hinzu kam das Ehepaar R. aus Berleburg. Hier traf ich auf eine besondere Schicksalsgemeinschaft. Das Ehepaar S., das aus dem sog. „Warthegau“ stammte, hatte einige Jahre zuvor seinen einzigen Sohn G. bei einem Wildwasserunfall verloren und kam über diesen Verlust nicht hinweg. Oft sah ich Tränen in ihren Augen, wenn sie Wein und Brot empfingen und ich ihnen die Gnade Gottes zusprach. Bei der Andacht, die ich der Abendmahlsfeier voranstellte, habe ich abwechselnd auf den Monats- oder Wochenspruch oder auch auf die Predigt zurückgegriffen, die ich am Sonntag zuvor gehalten hatte. Der Brückenschlag zum Leben in der Gemeinde war mir beim Hausabendmahl immer wichtig. Ich habe viel erzählt von den Frauenhilfen und ihren jährlichen Ausflügen, über die Ereignisse im Dorfleben, etwa wenn Gäste aus den USA oder Holland kamen, über Familien- und Tauffeiern usw. Ich würde heute sagen, hier geschah so etwas wie eine Vernetzung der Hausgemeinde mit der Gemeinde und dem übrigen Dorfleben.

Regelmäßig wurde ich auch von H. R. und E. R. ins Gründchen eingeladen. Der alte Förster E. R. betrat das Wohnzimmer immer in Uniform und zog den Hut bei der Begrüßung. Mit Frau R. habe ich mich oft über die Theologie Rudolf Bultmanns unterhalten, sie kannte die Diskussion um den Marburger Professor aus der Kirchenzeitung und von der Kanzel. Auch zu aktuellen politischen Fragen konnte sie ein überlegtes Urteil abgeben. Die würdige Abendmahlsfeier an dem langen Wohnzimmertisch habe ich auch selbst immer als Stärkung des Glaubens erlebt. Oft schloss die Hausfeier mit leckeren Schinkenschnittchen und einer „Exkursion" in den gepflegten Garten, wo es prächtige Gemüse und Salate zu bewundern gab. Herr R. führte mich fachkundig in die Geschichte und Problematik des Streitwaldes ein, sein Revier, das er nie mit dem Auto durchfahren, sondern immer zu Fuß betreten hatte. Darauf war er natürlich stolz, aber deswegen kannte er auch jeden Wildwechsel und jeden „Monarchen", wie er die herausragenden Einzelbäume nannte.

Im Laufe der 80er Jahre kam es zur Gründung einer weiteren Abendmahlsgemeinschaft. Die älteren Frauen der Frauenhilfe in Diedenshausen konnten nur noch unter Mühen den steilen Hügel zur Kirche erklimmen und baten mich darum, nach dem Gottesdienst am zweiten Pfingsttag mit ihnen in einer Wohnung das Abendmahl zu feiern. Frau K. H. leitete damals noch die Frauenhilfe. Ihr war die Tradition des Hausabendmahls ganz geläufig und so lud sie in ihre Wohnung ein. Am festlich dekorierten Wohnzimmertisch traf ich dann auf eine Reihe betagter Damen, die ich alle aus der Frauenhilfsarbeit kannte. Später schlossen sich weitere Frauen diesem Kreis an, auch wechselte der Ort der Zusammenkunft und ich konnte eine wachsende Beliebtheit und Bevorzugung dieser häuslichen Form des Abendmahls beobachten. Der Brückenschlag zum übrigen Leben in der Gemeinde fand dadurch sichtbaren Ausdruck, dass ich das Brot vom Abendmahlstisch des vorangehenden Pfingstgottesdienstes mit in die Wohnung brachte. Natürlich war diese Hausgemeinschaft zugleich eine Erinnerungsgemeinschaft, es wurde viel erzählt aus den gemeinsamen Jahren, von dem Leid, das jede Frau, zumeist Witwen, auf ihre Weise zu tragen hatte.

Natürlich fanden hier die Pfingstbotschaft vom „höchsten Tröster in aller Not" (EG 124,4) und das Votum „Gott hat uns nicht gegeben einen Geist der Verzagtheit, sondern einen Geist der Kraft und der Liebe und der Besonnenheit" (2Tim 1,7) einen besonders fruchtbaren Boden. Den kräftigen Gesang der Frauen habe ich noch heute im Ohr, allerdings gab es da einen kleinen Unterschied. Die betagten Damen kannten die schönen, alten Pfingstlieder alle auswendig, während ich zum Mitsingen unbedingt das Gesangbuch brauchte.

Über viele Jahre traf sich eine Hausgemeinschaft regelmäßig im Kraftsholz (Bergschusters). Zu ihr gehörten die älteren Bewohner aus vier weiteren Außenhöfen und Frau L. R., die ich aus Wunderthausen im Auto mitnahm. Das Besondere dieses Hausabendmahls lag wohl darin, dass es sich über einen ganzen Vormittag hinzog. Es gab einfach zu viel zu erzählen. F. B. setzte mich immer wieder in Erstaunen, wie gut er über den Gesundheitszustand der Gemeindeglieder Bescheid wusste, und er wünschte von mir, auf den neuesten Stand gebracht zu werden. Außerdem besaß er ein phänomenales Gedächtnis, und wenn er mit seiner gewaltigen Stimme einmal in Fahrt war, gab es kein Halten mehr. Mitunter musste ich ihn an den Zweck unserer Zusammenkunft erinnern. Aber ich habe viel von ihm erfahren und gelernt, zum Beispiel über Dr. Hermann Müller, der von 1919 bis 1926 Pfarrer im Nachbardorf Girkhausen war, und den ich in den 50er und 60er Jahren in meiner Heimatgemeinde Hilchenbach kennenlernte. Hinzu kam, dass die Gastgeberin Frau P. W. alles sorgsam vorbereitet hatte und köstliche, bunte Platten nach der Abendmahlsfeier auftischte, die jedes Mittagessen zu Hause in den Schatten stellten.

Auch hier habe ich das Hausabendmahl als eine besonders intensive, ja, durchaus urchristliche Form des Gottesdienstes bzw. des Agape-Mahls erlebt. Der Alltagsfluss wurde unterbrochen, es wurde ein ganz anderes Wort laut, das sich kein Mensch selbst sagen kann, Christus selbst gab sich uns in der Gestalt von Brot und Wein, leere Hände wurden gefüllt und er selbst sprach zu uns: „Wo zwei oder drei in meinem Namen versammelt sind, da bin ich mitten unter euch" (Mt 18,20). Zweifellos zeichnet Lukas ein Idealbild vom Leben der ersten christlichen Gemeinde in Apg 2,42–47, auf die ich oben Bezug nahm. Am Ende des „Berichts" hebt er hervor, dass die Gemeinde in den Häusern zusammenkam „mit fröhlichem und einfältigem Herzen" (Apg 2,46). Der griechische Text spricht von einer ganz besonderen Freude, der *agalliasis*, ein lautmalendes Wort, das die österliche Freude meint. Denn der ärgste Feind, der Tod, wurde besiegt. Der lateinische Text verwendet für das zweite Adjektiv die Worte *simplicitas cordis*, die Einfachheit oder Einfalt des Herzens. Das Hausabendmahl und die Hausgemeinschaft, wie ich sie erlebt habe, erinnerten mich immer wieder an diese beiden Charakteristika siegesgewisser Glaubensheiterkeit und der Lauterkeit des Herzens.

In Zeiten des kirchlichen Umbruchs besteht die Gefahr, dass diese Tradition und Form pastoraler Praxis in Vergessenheit geraten. In allen häuslichen Abendmahlsfeiern war ich zugegen als Begleiter, als Begleiter von liebenswerten Menschen in ihrem letzten Lebensabschnitt. Diese Lebensbegleitung wurde ergänzt durch weitere Besuche im Krankenhaus, bei Jubiläen und Geburtstagen usw. Das war möglich in einer überschaubaren Gemeinde von knapp tausend Gemeindegliedern. Das Hausabendmahl stand unter der Verheißung: „Solches tut zu meinem Gedächtnis“ (Mt 26,26; Lk 22,19), und wir haben die Feier als eine Art „Rastplatz“ in unserem Unterwegssein, als Wegzehrung und Glaubensstärkung erfahren. Nicht nur das nach außen Sichtbare und Spektakuläre macht die Gemeinde Jesu Christi aus!

BERUFLICHER WERDEGANG

Nach einer Ausbildung als Technischer Zeichner und dem Abitur am Siegerland-Kolleg begann ich mein Studium an der Kirchlichen Hochschule in Wuppertal und legte dort als Ergänzungsprüfung zum Abitur das Graecum ab. 1970 wechselte ich an die Philipps-Universität in Marburg und setzte mein Theologie- und Philosophie-Studium fort. Als Kollegiat wohnte ich im Collegium Philippinum. Vom 7. Semester an übernahm ich das studentische, später das akademische Tutorat in Altgriechisch. Nach dem 1. Theologischen Examen 1975 wurde ich Vikar in der westfälischen Landeskirche. Im ersten Jahr arbeitete ich als Vikarsassistent für Neues Testament (Prof. Dr. D. Lührmann) an der Kirchlichen Hochschule in Bethel. Das Schul- und Gemeindevikariat absolvierte ich anschließend in Stadt Allendorf (Hessen). Nach dem 2. Theologischen Examen 1977 wurde ich als Pastor i. H. in eine Kreispfarrstelle in Bad Laasphe (Kirchenkreis Wittgenstein) eingewiesen. Mein Dienst umfasste damals die Betreuung einer kleinen Schul- und Schlossgemeinde, Religionsunterricht an dem Gymnasium und der Realschule Schloss Wittgenstein, Konfirmandenunterricht für die Internatsschülerinnen und -schüler, Begleitung der Spätaussiedler-Schülerinnen und -Schüler des August-Hermann-Franke-Hauses, die am Städtischen Gymnasium ihr Abitur nachholten, und regelmäßige Übernahme von Gottesdiensten in Bad Laasphe, Niederlaasphe und Puderbach. 1978 beurlaubte mich das Landeskirchenamt in Bielefeld für eine Assistentur in der Praktischen Theologie und Religionspädagogik an der Wilhelms-Universität in Münster. Während dieser Jahre als Wissenschaftlicher Assistent schrieb ich eine Dissertation zur Theodizeefrage und der Konzeption eines schülerorientierten Bibelunterrichts, die Prof. Dr. E. Hübner betreute. Neben der Bibliotheksarbeit habe ich Proseminare, vor allem aber im Team Schulpraktische Seminare an Münsteraner Gymnasien durchgeführt. Von 1982 bis 1999 war ich als Gemeindepfarrer in der Ev. Kirchengemeinde Wunderthausen-Diedenshausen tätig. Zu meinem Dienst gehörte auch die Zusatzaufgabe, Religionsunterricht an dem Berufskolleg Wittgenstein in Bad Berleburg zu erteilen. Im Kirchenkreis Wittgenstein war ich als Skriba und Synodalassessor im Kreissynodalvorstand sowie in verschiedenen theologischen Ausschüssen tätig. 1998 wechselte ich auf die 1. Kreispfarrstelle des Kirchenkreises Wittgenstein.

Zu meinem Aufgabenbereich gehörte das Schulreferat, das heißt: die Fort- und Weiterbildung von Religionslehrerinnen und -lehrern, die Durchführung von Seminaren und Zertifikatskursen, Religionsunterricht an dem Johannes-Althusius-Gymnasium u.a.m. Während meiner Zeit als Gemeindepfarrer und Schulreferent übernahm ich verschiedene Lehraufträge an der Philipps-Universität in Marburg und der Universität Siegen. 2010 schied ich aus dem aktiven Dienst aus und übernahm anschließend ehrenamtlich Gottesdienst-Vertretungen und andere Aufgaben, die zum Teil in dem vorliegenden Band dokumentiert sind.

Ich bin verheiratet mit der Lehrerin Gudrun Hollenstein. Wir haben vier Kinder und sechs Enkelkinder.

Diedenshausen im Mai 2024 *Helmut Hollenstein*

VERÖFFENTLICHUNGEN VON HELMUT HOLLENSTEIN

- Literarkritische Erwägungen zum Bericht über die Reformmaßnahmen Josias (2Kön 23,4ff.), in: Vetus Testamentum (VT) XVII, Leiden 1977, 313-336.
- Der schülerorientierte Bibelunterricht am Beispiel der Theodizeefrage, Religionspädagogik heute (Rph) 16, Aachen 1984 (Dissertation).
- Thesen zur evangelischen Jugendarbeit, in: Reformierte Kirchenzeitung (RKZ) 126 (5/1985), 117-119.
- Reformierte Anliegen im Religionsunterricht, in: Der evangelische Erzieher (EvErz) 38 (6/1986), 566-576.
- Der nicht kalkulierbare Gott, in: religion heute 128 (1986), 128-131.
- Warum wirst du Christ genannt – Frage 32 des Heidelberger Katechismus, in: Reformierte Kirchenzeitung (RKZ) 128 (11/1987), 322-324.
- Den Sonntag entdecken ... Sabbatlichkeit als Lebensstil, in: Werkstatt Heidelberger Katechismus, hg. von PTI Rheinland / Reformierter Bund, Düsseldorf 1991, 79-101.
- Rezension zu „Praktisch-theologische Hermeneutik" (Festschrift Henning Schröer), in: Theologische Literaturzeitung (ThLZ) 117 (1992), 815-817.
- Die Anthropologie – ein Plädoyer für ein vernachlässigtes Thema, in: Reformierte Kirchenzeitung (RKZ). Theologische Beiträge 7/1992, 1-6.
- Die Anthropologie – ein Reizwort in den Diskursen, in: Der evangelische Erzieher (EvErz) 46 (6/1994), 472-486.
- Im Sohn ruht die Kirche. Vortrag zu Frage 54 des Heidelberger Katechismus, in: Reformierte Kirchenzeitung (RKZ) 136 (7/1995), 325-331.
- Artikel: Theodizee V. Praktisch-theologisch, in: Theologische Realenzyklopädie Bd. XXXIII, Berlin/New York 2001, 229-231.
- Die Kunst, symbiotisch zu leben. Friedensarbeit in Schule und Gemeinde, in: Marco Hofheinz / Georg Plasger (Hg.), Ernstfall Frieden. Biblisch-theologische Perspektiven, Wuppertal 2002, 197-215.
- Schule und Erziehung bei Althusius, Calvin und Comenius in ihrer Bedeutung für die Gemeinschaftsbildung, in: Frederick S. Carney, Heinz Schilling und Dieter Wyduckel (Hg.), Jurisprudenz, Politische Theorie und Politische Theologie. Beiträge des Herborner Symposiums zum 400. Geburtstag der Politica des Johannes Althusius 1603-2003, Beiträge zur Politischen Wissenschaft Bd. 131, Berlin 2004, 7-22.
- Des Keisers fürstliches Versteck und andere Beiträge, Bad Berleburg 2005.
- Johannes Althusius. Ein Historienspiel, Bad Berleburg 2007.